Shusui Komoda · Horst Pointner

IKEBANAPRAXIS

SHUSUI KOMODA
HORST POINTNER

IKEBANAPRAXIS

LEHRBUCH DER KLASSISCHEN
UND MODERNEN FORMEN
JAPANISCHER BLUMENKUNST

J. NEUMANN-NEUDAMM
MELSUNGEN · BERLIN · BASEL · WIEN

Ingeborg Beck, Monika Paul, Edith Seitz und Anneliese Vitense danken wir sehr herzlich für die wertvolle Mithilfe und dem Verlag Shufunotomo, Tokyo, für die harmonische Zusammenarbeit und Lieferung der Lithosätze zu den Farbtafeln 1—18, 20—30 und 32 sowie für die leihweise Überlassung der Fotos zu den Lektionen 22, 24, 29, 53, 58, 60 (je 4) und 23 (2) zu Reproduktionszwecken.
Für die vorstehend aufgeführten Abbildungen:
© photos by Shufunotomo Co., Ltd.
Alle übrigen Fotos und Zeichnungen zu diesem Buch stellten die Autoren zur Verfügung. Die nicht mit dem Namen des Künstlers versehenen Ikebana-Arrangements stammen von Shusui Pointner-Komoda. Das Titelbild wurde gestaltet nach einem Farbfoto von Shufunotomo.

CIP-Kurztitelaufnahme der Deutschen Bibliothek
Komoda, Shusui:
Ikebanapraxis: Lehrbuch d. klass. u. modernen Formen japan. Blumenkunst / Shusui Komoda; Horst Pointner. — 4. Aufl. — Melsungen, Berlin, Basel, Wien: Neumann-Neudamm, 1979.
NE: Pointner, Horst:

4. Auflage 1979
© Verlag J. Neumann-Neudamm KG, Melsungen 1976
Den Text setzte die Firma A. Schmidt, Hessisch-Lichtenau. Den Druck von Text- und Bildteil besorgte die Druckerei Heinrich Silber, Niestetal-Heiligenrode. Die Buchbinderarbeiten übernahm die Großbuchbinderei Klemme & Bleimund, Bielefeld.
ISBN 3-7888-0228-6

VORWORT

Ikebana, die in meiner Heimat Japan geübte Kunst des Blumenordnens, hat in den letzten Jahren auch in Europa immer mehr Freunde gefunden.

Ich freue mich, daß ich ein wenig zu diesem Erfolg beitragen durfte und möchte mich bei allen bedanken, die mich zu Unterricht und Vortragsreisen ermutigt haben, und auch bei denen, die sich meinen Anregungen gegenüber so aufgeschlossen zeigten, sie eifrig aufnahmen, verarbeiteten und weitergaben.

Der Presse danke ich für Hunderte von zustimmenden Zeitungsartikeln und dem Fernsehen, daß es mir in zehn Sendungen Gelegenheit gab, Ikebana einem größeren Kreis Interessierter vorzustellen.

Das vorliegende Buch kann den Lernbegierigen eine Hilfe beim Selbststudium des Ikebana sein und den Fortgeschrittenen dazu dienen, ihre Kenntnisse zu vertiefen. Es will aber auch aufzeigen, daß Ikebana mehr ist als nur Dekorieren flacher Schalen mit ein paar Blumen, Zweigen oder Früchten. Und schließlich soll das Buch einem wichtigen Anliegen dienen. Ich möchte in ihm deutlich machen, daß sich Ikebana zwar in Japan entwickelt hat, daß es aber auch für Europäer erlernbar und verständlich ist. Zehn Jahre Unterrichtstätigkeit in Europa haben mich davon überzeugt.

Die bedeutendsten Ikebana-Meister wie *Ikenobô*-Senei, *Fujiwara* Yûchiku, *Kashô* Kaneko, *Murata* Koushû, von der Ikenobô-Schule *Isseki* Kusunoki, *Kobayashi* Shishû, *Kumada* Kôshu, *Shimizu* Kôho von der Saga-Schule, *Ikeda* Masahiro, *Ikeda* Riei von der Koryu-Schule, *Ohara* Hôun, *Goshima* Taiun, *Oda* Shûko, *Yagi* Toshi von der Ohara-Schule sowie *Teshigahara* Kasumi und *Teshigahara* Sôfû von der Sôgetsu-Schule haben Aufnahmen ihrer Werke für dieses Buch zur Verfügung gestellt. Es ist mir eine Ehre, dafür besonders herzlich zu danken.

Shusui Pointner-Komoda

Ein Europäer, der wie ich mit einer Japanerin verheiratet ist, erfährt in seiner Familie immer wieder die Gemeinsamkeiten östlicher und westlicher Welten, erlebt aber auch die Unterschiede bewußter, die sich aus der Verschiedenheit der Herkunft und der anerzogenen Lebensauffassungen ergeben.

Deshalb entstand schon vor Jahren der Wunsch, gemeinsam mit meiner Frau ein Ikebana-Lehrbuch für Europäer zu schreiben. Es sollte an das europäische Kunstverständnis anschließen und doch die in Japan seit fast 1400 Jahren gewachsenen kulturellen Werte unverfälscht einbringen.

Viel Zeit verging über den Zweifeln an schönen Worten. Mußte denn alles geschrieben werden? Und doch begannen wir schließlich, Worte und Erklärungen zu Papier zu bringen, wie das nun einmal ein Lehrbuch erfordert. Wir sind uns aber ganz bewußt, daß das eine — nur der Not gehorchende — Umkehrung des *Weges* ist.

Der Anfang jeder Beschäftigung mit Ikebana sollte das eigene Tun sein, das wortlose Befragen der Pflanze, das feinfühlige *Begreifen*. Erst daraus entstehen dann *Begriffe* und Bedeutungen.

Ein mühevoller Weg. Es braucht Zeit, bis aus dem fortwährenden Handeln Haltungen entstehen. Diese Zeit wünschen wir dem Leser.

Horst Pointner

Puchheim bei München im Herbst 1975

INHALT

WEGE ZUM IKEBANA

Warum sollen Europäer die japanische Kunst des Blumenstellens nicht ebenso gut lernen und verstehen können wie die Japaner die Kunst Europas? Es wird immer wieder behauptet, daß ein Europäer niemals zum Wesentlichen des Ikebana vordringen könne. Wir glauben das nicht. Auch für den Europäer gibt es zahlreiche Zugangsmöglichkeiten zu dieser Kunst.

Nur die Wege über den Verstand allein werden nicht ganz zum Ziel führen. Im ersten Teil dieses Buches erklären wir notgedrungen manches über japanische Ästhetik, über die Liebe zu den Blumen hier wie dort, über den Begriff Ikebana und die Geschichte der verschiedenen Formen.

Doch Sie, lieber Leser, haben bestimmt einen anderen, viel richtigeren Weg eingeschlagen, als Sie dieses Buch zur Hand nahmen, den Weg über die Sinne. Haben Sie nicht zuerst die Bilder betrachtet und sich an den Farben und Formen der Pflanzen gefreut, an der Bewegung einer Linie oder der Kontur eines Blattrandes? Lassen Sie nochmals die Blumenanordnungen an sich vorbeiziehen! Verweilen Sie manchmal etwas länger! Aber warten Sie mit dem Lesen des Textes! Warten Sie mit der Frage *warum?*! Lesen Sie erst weiter, wenn Sie einen frischen Zweig in Ihr Zimmer geholt, seine Blätter zwischen den Fingern gespürt, seinen Duft wahrgenommen und nachdem Sie ihn schließlich in eine Vase gestellt haben.

DER WEG ÜBER DIE FREUDE AN BLUMEN

Es ist kein Privileg Japans, Blumen und Pflanzen zu lieben. Überall auf der Welt werden zu festlichen Anlässsen Blumen aufgestellt. Überall auf der Welt beschenken sich die Menschen mit Blumen, und überall auf der Welt pflücken die Kinder mit Begeisterung Blumen. Der einfache Strauß ist selbst in den abgelegensten Gegenden zu finden. In den alten Kulturen der Ägypter und der Kreter wurden den

Adeligen Blumen verehrt. Dieses *Prä-Ikebana* ist nicht an den japanischen Raum gebunden.

Die Mönche des Mittelalters pflanzten außer Heilkräutern und Gemüse innerhalb der Mauern des Klostergartens auch Blumen zum Schmuck der Altäre an. Zu dieser Zeit waren besonders beliebt: wilde Rosen, Nelken, Lilien, Iris, Päonien, Veilchen, Mohn und Immergrün, Stiefmütterchen und Akelei.

Das naturwissenschaftliche Interesse an den Blumen bekam im 15. Jahrhundert neue Impulse: ferne Länder und Erdteile wurden entdeckt, und von diesen Reisen brachte man eine Vielzahl von seltsamen Blumen und Pflanzen nach Europa. Naturgeschichtliche Bildersammlungen entstehen überall an den Höfen. 1543 wird in Padua der erste europäische Botanische Garten gegründet, dem zahlreiche weitere folgen. Die Begeisterung für Blumen wuchs noch, als die Spanier 1521 in Mexiko eindrangen und in den Palastanlagen des Montezuma herrliche Gärten vorfanden. Die Sonnenblume, die Wunderblume, die Balsamine und die Kapuzinerkresse sowie die Studentenblume wurden in dieser Zeit eingeführt. In der zweiten Hälfte des 16. Jahrhunderts holten Gesandte aus der Türkei die Tulpe nach Europa. Lange Zeit war sie dann eine Modeblume ersten Ranges. Noch Ende des 17. Jahrhunderts herrschte in England, Frankreich und Holland eine regelrechte Tulpensucht, der große Vermögen geopfert worden sind.

Für die aus Persien stammende Kaiserkrone zahlte man zu Beginn dieses Jahrhunderts hohe Preise. Für den Gegenwert einer einzigen Blüte konnte sich damals eine ganze Familie ein Jahr lang ernähren. Dabei war diese übelriechende Blume erst 1576 von dem Botaniker Charles de L'Escluse aus Konstantinopel nach Wien gebracht worden.

Die Geschichte des Arztes Noël Caperon aus Orléans zeugt auch vom leidenschaftlichen Interesse jener Zeit für die Botanik. Caperon hatte in der Umgebung seiner Heimatstadt die Schachblume entdeckt. Als er nach dem Blutbad der Bartholomäusnacht (1572) nach England flüchten mußte, war sie in seinem Gepäck und wurde so auf den britischen Inseln eingeführt.

Die ersten internationalen, alljährlich stattfindenden Blumenbörsen, auf denen mit ausgefallenen Blumen und Blumensamen spekuliert wurde, kamen in der ersten Hälfte des 17. Jahrhunderts auf. Hundert Jahre später erlebte England ein Börsenfieber wegen der Hyazinthe. 1760 kaufte der englische König Hyazinthenzwiebeln zu einem Preis von 100 Pfund pro Stück. Später, so wird berichtet, legte er sogar 150 bis 200 Pfund dafür an.

Die Beschäftigung mit Blumen, das Sammeln von wertvollen botanischen Raritäten und die Anlage von Gärten, aber auch das Aufstellen von prunkvollen Blumensträußen in kostbaren Vasen waren damals nur dem Adel und dem aufsteigenden Bürgertum vorbehalten, während die leibeigenen Bauern für Rechte beim Fischfang und für freie Pfarrerwahl kämpften. Aber auch im bäuerlichen Milieu wurden bunte Sträuße, Trockenblumen und knospende Zweige ins Haus gebracht, meist aus Anlaß eines religiösen Festes.

In der japanischen Kunst des Blumenordnens vollzog sich in mehreren verschieden starken Schüben ein Wandel von mehr konstruierten Formen zu natürlicherem Stil. Einmal stand der Gestaltungswille des Menschen mehr im Vordergrund, dann war wieder das natürliche Wachstum der Pflanzen wichtiger. Dieselbe Entwicklung stellen wir in der Gartenbaukunst Europas fest. Zur Zeit Goethes wurde der *Welsche Garten* in Weimar, ein streng geometrisch angelegter Hofgarten französischen Stils, als unmodern umgeformt. Laubengänge und gezirkelte Wege, Hecken und Alleen mußten unregelmäßigen Wiesen und Büschen weichen. Seltene Bäume wurden gepflanzt und — wohl das Wichtigste — der Park wurde der Allgemeinheit zugeführt. Bis dahin dienten die Bäume zur Verzierung der Architektur und wurden ihr untergeordnet. Für den Weimarer Herzog Wilhelm IV., der von 1626 bis 1662 regierte, wirkten die stattlichen Lindenbäume in der Mitte seines barocken Hofgartens nicht genügend künstlerisch. Deshalb ließ er im Jahre 1650 zwischen die Linden ein kreisrundes Holzgerüst setzen, das hoch über die Wipfel hinausragte. Eine schraubenförmige Rampe führte in die Höhe des seltsamen Bauwerks, und beim Aufstieg konnte man aus den Fensterhöhlungen beobachten, wie sich die Zweige der Bäume nach oben verjüngten. Man konnte das Wachstum nacherleben, und man verweilte schließlich hoch über den Wipfeln und genoß die Fähigkeit des Menschen, sich über die Natur erheben zu können. Welches Ansehen dieses Spiel mit Natur und Technik genoß, zeigt sich daran, daß die *Schnecke* erst 1808 abgebrochen wurde.

Auch in Europa betrachtete man die Pflanzen, besonders die Blumen und Blüten, nicht nur mit den Augen der Wissenschaft. Dichtung und Kunst nahmen sich ihrer liebevoll an. Sie waren und sie sind Symbol für Zusammenhänge, denen man mehr Bedeutung zukommen lassen will.

Zu den ersten Europäern, die japanische Pflanzen auch mit japanischen Augen sehen lernten, gehören Engelbert Kämpfer, der schon 1690—1692 in Japan war, und Philipp Franz von Siebold, der 1823—1830 und dann wieder 1859—1862 dort arbeitete. Wer heute aufmerksam durch die Botanischen Gärten geht, dem begegnen die Namen der beiden Wissenschaftler auf Schritt und Tritt. Zahlreiche Pflanzen, die sie aus Japan nach Europa gebracht hatten, tragen ihren Namen.

Freude an den Blumen, ganz naive und gar nicht wissenschaftliche Zuneigung zu ihnen, das kann schon ein Schritt zum Ikebana sein. Ob sich beim Europäer das Gefühl der Verwandtschaft mit den Pflanzen einstellen wird, wenn er Blumen liebevoll behandelt?

In Ostasien empfindet man die Unterschiede zwischen den Lebewesen nicht so stark wie in der europäischen Kultur. Die Pflanzen werden von jeher nicht als außerhalb stehende Objekte gesehen. Sie sind Teil der *Weltharmonie*, die der Mensch erst wieder erlangen muß. Der Umgang mit den Pflanzen kann ihm dabei helfen.

Um aber *Zwiesprache* mit den Pflanzen halten zu können, vergißt man alles bisher Gesagte am besten wieder. Es ist so einfach. Man braucht nur die Blume in die Hand zu nehmen. Wenn sie weich ist, wird man zart mit ihr umgehen, wenn sie Dornen hat, vorsichtig. Man freut sich über die frische Farbe, über die samtene Oberfläche der Blätter und den Duft. Der Blick folgt der geschwungenen Linie des Grashalmes. Ein Spiel mit den Sinnen. Wer will da sagen, daß das der Europäer nicht mehr kann?

DER WEG ÜBER DIE KUNST EUROPAS

Unabhängig von der Entwicklung der Künste in Japan kam man auch in Europa zu Erkenntnissen, die auf den ersten Blick nicht allzuweit von denen Japans zu liegen scheinen. Sicher kann deshalb der Umgang mit der Kunst Europas auch einige Türen für das Verständnis der fremden Ideen öffnen, und wenn das nur dadurch geschieht, daß die Andersartigkeit zum Erlebnis wird.

Wer sich über Jahre hinweg mit Ikebana beschäftigt hat, wer viele Leute in aller Welt getroffen hat, die Ikebana zum Lebensinhalt haben, der wird sicher Leonardo da Vinci verstehen, wenn er behauptet, ein bestialischer Mensch würde nichts als seine bloße Bestialität zum Ausdruck bringen können, wenn er die schönen Formen nicht genügend studiert hat. Die Japaner wissen das auch. Nicht erst seit der Psychologie unserer Tage. Sie wissen, daß die Begegnung mit dem Naturschönen auf den Betrachter zurückwirken kann, auch in sein Inneres hinein.

Symbole sind abhängig von Anschauungen und Ideologien. Aber die Fähigkeit zur Symbolbildung wird in allen Kulturkreisen gepflegt. Immer und überall ist neben den vom Menschen gemachten Dingen auch die Natur Gegenstand des interpretierenden Sehens. Da ist der Baum, von jeher Symbol des Lebens. Er steht auch für das Gesetz. Blühende Pflanzen auf christlichen Bildern des Mittelalters sind stets ein Hinweis auf die Anwesenheit von Heiligen. Diese Bildsymbole hatten in jenen Tagen eine noch viel wichtigere Stellung als heute, denn die Kunst des Lesens war den unteren Schichten noch vorenthalten. So wurden bestimmte Pflanzen zu Herrschaftssymbolen.

Auf dem rechten Flügel des berühmten Katharinen-Altares von Lucas Cranach d. Ä. in der Gemäldegalerie Dresden sieht man einen Engel, der der heiligen Dorothea Rosen bringt. Ein Engel in Kindergestalt — 1506 für die Kirche von Torgau gemalt — trägt ein Körbchen mit roten und weißen Rosen. Als Symbol der Reinheit gelten die weißen Rosen, die blutroten als Symbol der Passion. Auch in Japan findet man schon in alten Aufzeichnungen zahlreiche, oft mit Chrysanthemen gefüllte Blumenkörbe, die als eine Form des Ikebana angesehen werden und wer ein Liebhaber europäischer Blumenbuketts ist, der möchte sich bestimmt auch einmal mit der entsprechenden Erscheinung im ostasiatischen Kulturkreis beschäftigen.

Albrecht Dürer hat Blumen mit besonderer Geduld gemalt. Man meint, er hielte vor den Wundern der Natur den Atem an, um nur noch Auge zu sein. Auf einem Blatt in der Wiener Albertina hat er eine Akelei neben einem Büschel Rispengras gemalt. Dieses entzückende Aquarell von 1526 besticht durch seine natürliche Frische. Wenn wir die anmutig geformten, blauen Blütenglocken ansehen, so haben wir das Gefühl, tiefer in das Geheimnis der Natur einzudringen. Bescheidenheit und Einsamkeit sprechen aus dem Bild. Man spürt förmlich, daß die Pflanze damals nur weitab von bewohnten Orten wuchs, auf schattigen, feuchten Wiesen und am Waldrand. Nicht umsonst galt die *blaugehörnte Ranunkel* damals als Symbol verkannter Liebe.

Wer kennt nicht das berühmte Bild von Hieronymus Bosch: *Die Welt als Heuwagen*? Hier symbolisiert das dürre Gras die Vergänglichkeit des Lebens. Die Lilie ist das Bildzeichen für Unschuld und Reinheit.

Gegen Ende des 16. Jahrhunderts führten die Niederländer die botanisch richtige, objektive Malweise von Blumen ein. Mit der Lupe in der Hand schufen sie die schönsten botanischen Bildsammlungen. Auf diese sogenannten *Botanisten* folgte die bunte Reihe der *Floristen*. Nach dem Vorbild von Jan Davidsz de Heem schufen Generationen niederländischer Maler Blumensträuße und exportierten die Bilder in die übrige Welt. Ein Blumenstrauß de Heems macht den Eindruck eines wilden Gestrüpps. Barocke Rhythmik wird durch die Anwendung des Kontrastprinzips erreicht. Aber kaum eine Blume strahlt etwas aus. Man möchte wenigstens eine herausholen aus dem Wirbel der Farben und sie genauer betrachten. Und das könnte hinführen zur japanischen Sehweise von Blumen.

Auch dort im Fernen Osten gab es eine Epoche, in der prächtige Blumengebinde das Ansehen der Herrschenden erhöhen sollten. Wie in Europa unter dem Regime Ludwigs XIV. Monumentale Blumenstilleben hatten die Wohngemächer der neuen Paläste zu schmücken. Dabei wurden die Blumen durcheinandergeknetet, gepreßt und zerstückelt, so daß die Bildwerke wie struppige Blumenhaufen anmuten. Hier wie dort entstand aus der Vorliebe für Prunk und Pracht der Wunsch nach Einfachheit und Klarheit.

Für manchen Europäer können auch einige Gedanken Paul Cézannes den Blick auf die Einstellung der Japaner zur Natur lenken. In seinen Stilleben versuchte er, die *reine malerische Wahrheit der Dinge* herauszuheben. Dabei führte er die Naturformen auf einfache Formen wie Zylinder, Kegel, Kugel zurück. Auch in der Kunst Japans ist Vereinfachung ein tragendes Prinzip, wobei jedoch für Cézanne die Kunst *eine Harmonie parallel zur Natur* ist, während in Japan Kunstschönes und Naturschönes als eine Einheit gesehen werden.

Vielen japanischen Ikebana-Meistern, auch ganz modernen, könnte Georges Braque aus der Seele gesprochen haben, als er einmal sagte: „Ich arbeite mit Materie und nicht mit Ideen!" Die Tätigkeit ist das erste. Dann können Ideen folgen. Ideen brauchen immer als Grundlage das Tun, den *Begriff*. Auch heute ist es noch so: Millionen Japaner beherrschen Ikebana, aber nur ganz wenige können darüber sprechen. Vielleicht liegt das aber auch am Wollen.

Bei van Gogh zeigt sich schon der Einfluß aus dem Fernen Osten. Sein Werk markiert in der europäischen Kunst des 19. Jahrhunderts einen Wendepunkt. Seit der Expedition des Kommodore Perry im Jahr 1853, die die Öffnung einiger bis dahin für Ausländer verschlossener japanischer Häfen bringt und die den Abschluß von Handelsverträgen auslöst, tauchen japanische Exportkeramik und Holzschnitte auf. Man fand an diesen Produkten ihrer Exotik wegen Gefallen, und das führte zu einem recht anekdotischen Gebrauch japanischer Motive in der Malerei. Der Japonismus wurde zu einer Mode in Frankreich. Edouard Manets Portrait von Emile Zola, auf dem ein japanischer Holzschnitt und ein Wandschirm erscheinen, ist ein wichtiges Dokument einer Epoche, die japanische Motive in ihren kulturellen Horizont aufnahm. Es blieb bei diesem Exotismus bis zu den entscheidenden Bildern Vincent van Goghs. Fremde Motive wurden in eine Komposition eingefügt, die gänzlich aus der europäischen Tradition kam. Vincent nahm in den *Japonaiserien* ein japanisches Kunstwerk nicht nur als zusätzliches Motiv, sondern ging sogar in der Komposition davon aus. Damit ebnete er — zunächst einmal für sich selbst — den Weg zum Verstehen der Prinzipien und Wesensmerkmale der japanischen Bildkunst. Für van Gogh werden die japanischen Holzschnitte ein Vorbild für die Liebe zu den Dingen, für jenes Aufgehen in der Natur, das seine späteren Bilder so überzeugend machte. Er schrieb einmal seinem Bruder: „Könnte es nicht sein, daß man ein Ding, das man liebt, besser und richtiger sieht, als eines, das man nicht liebt?" So kommt es auch, daß Vincent Wurzeln intensiver erlebt und darstellt als viele seiner Zeitgenossen. Und so kommt es auch, daß er damit mehr als nur die Wirklichkeit abbildet. Die Wurzel führt ihn zu einer Interpretation des Lebens. Wer das in der Kunst Europas erlebt hat, der hat schon einen Zugang — wenn auch einen engen — zur Kunst des Ikebana.

Daß die Collage mit Ikebana verwandt sein könnte, wird selten bedacht. Im Bereich des Machens ist das aber sicher. Wie beim Ikebana wird vorgefundenes Material zu einer neuen Einheit zusammengefügt. Stets liefert sich der Künstler den Gesetzen des Materials aus, mindestens muß er sie berücksichtigen. Während aber totes Material herzlos behandelt werden kann, verlangen Blumen umsichtige Pflege. Sonst verwelken sie zu schnell.

Durch die *ready-mades* von Marcel Duchamp — denken Sie nur an den gewöhnlichen Flaschentrockner von 1914 — wird ein anderer Teilaspekt der japanischen Blumenkunst für den aufgeschlossenen Europäer erlebbar. Man erfährt nämlich hier, wie ein reiner Zweckgegenstand durch seine Aufstellung im Museum zu neuer Beachtung gelangt. Die Veränderung des Standortes führt zu einer Poetisierung. Es werden Eigenschaften sichtbar, die vorher nicht zur Gel-

tung gekommen sind. So ist es auch mit der einzelnen Blume vom Rande des Weges, die jetzt das Zimmer *belebt*.

Wenngleich sich in der Kunst — leider — immer mehr ein internationaler Stil entwickelt, so bleiben doch noch genügend Eigenheiten der verschiedenen Kulturen übrig, die sich nicht so leicht homogenisieren lassen. Hinter den Äußerlichkeiten (z. B. Verkehr und Kleidung) verbergen sich noch traditionelle Einstellungen, die sich viel langsamer und stetiger verändern. Und diese Einstellungen der Japaner werden durch den regen Austausch mit Europa immer leichter einsehbar.

Man muß Heinz Junker nicht zustimmen, wenn er behauptet: „Europa kommt aus Asien", doch es bleibt zu registrieren, daß die japanische Architektur auf den europäischen Bereich wirkte. Gropius und Le Corbusier holten die Schiebetüren und das funktionale Bauen aus Japan.

Zur selben Zeit baute man aber auch Türen zum Aufstoßen in das japanische Haus ein und errichtete Backsteinbauten nach dem Muster der *Alten Welt*. Von diesem gegenseitigen Geben und Nehmen soll man wissen, wenn man als Europäer Ikebana verstehen will.

In den letzten 30 Jahren verstärkte sich der künstlerische Austausch immer mehr. Japanische Kunstwerke werden ziemlich oft im Ausland gezeigt. Die Japaner haben aber auch tiefes Interesse an den Ausstellungen von Werken fremder Künstler, was sich an den hohen Besucherzahlen ablesen läßt. Die unter dem Namen *Tôkyô Biennale* bekannt gewordene *Japanische Internationale Kunstausstellung* zählt heute zu den vier größten der Welt.

In Japan wie in Europa zeigt sich, daß man auch Methoden und Inhalte der Künste eines anderen Bereiches anerkennen, verstehen und sogar lieb gewinnen kann, auch wenn man die eigene Kulturtradition akzeptiert und in ihr lebt. Wer nirgendwo zu Hause ist, wird auch in der Exotik des Ikebana keine Zufriedenheit erlangen können. Ikebana will weder Fluchtburg sein noch Pseudo-Religion. Es kann für den in seiner Tradition stehenden Europäer neue Bewußtseinsinhalte erschließen. Es kann für seine Kultur eine ebensolche Bereicherung sein, wie das die europäischen Künste für Japan geworden sind.

DER WEG ÜBER DAS INTERESSE AN JAPAN

Wunder machen neugierig. Deshalb hat mancher der Ikebanaliebhaber aus Europa, schon lange bevor er seine erste Blumenanordnung gestaltete, die Schlagzeilen über Japan gelesen.

Was ist das für ein Land, in dem ein Manager nach Abschluß eines Vertrages über einen 400 000-Tonnen-Tanker die Stille eines Teeraumes aufsucht und fast wortlos die Einfachheit genießt? Was ist das für ein Land, in dem auf 100 000 Einwohner nur acht Rechtsanwälte treffen? Was ist das für ein Land, in dem schon vor hundert Jahren von einem Buch mit dem Titel *Eine Ermahnung zum Lernen* 3,4 Millionen Exemplare verkauft wurden?

Man findet nirgendwo auf der Welt so turbulente Städte und so abgeschiedene, menschenleere Täler so dicht nebeneinander. Manche sagen, die besondere Naturverbundenheit der meisten Japaner hänge auch von der stetigen Bedrohung durch Erdbeben ab. Mit empfindlichen Instrumenten werden täglich etwa vier mittlere seismische Störungen festgestellt. Einmal im Monat, durchschnittlich, sind diese Erderschütterungen so stark, daß die Häuser ächzen und die Bodenbewegung zu spüren ist. Das größte Erdbeben neuerer Zeit war am 1. September 1923. Es zerstörte ganz Yokohama und einen großen Teil von Tôkyô. Auch die jährlich zwischen Sommer und Herbst wiederkehrenden Taifune, diese tropischen Wirbelstürme, sorgen immer wieder für großen materiellen Schaden und menschliches Leid. Weniger bekannt ist der *Pflaumen-Regen*, der mitten im heißen Juni und Juli schön gleichmäßig niedergeht und das Land in ein grünes Paradies verwandelt. Dieser *Bai-u* bewirkt auch, in Verbindung mit dem trockenen Wetter im August, die guten Reisernten in Japan. Eine weitere geographische Ursache der Naturverbundenheit kann wohl auch die Tatsache sein, daß Nippon aus 3325 großen und kleinen Inseln besteht, von denen die südlichsten schon tropisch bewachsen sind.

Viele Japaner bezweifeln, ob die von der *Encyclopedia Americana* als kulturelle Innovationen Japans angegebenen Leistungen wirklich die wichtigsten sind. Es heißt da: „Einige besondere Erfindungen japanischer Kultur schließen das tiefe heiße Bad ein und den ganzen Komplex des Verhaltens, von dem es umgeben ist, die charakteristische poetische Form des Gedichtes ohne Reim . . . und das leichte zarte Papier . . .“ Das Erziehungssystem Japans wird von der *Bolschaja Sovjetskaja Enziklopedia* besonders beschrieben. Es interessiert überall auf der Welt, wie es die Japaner fertigbringen, die 1850 Schriftzeichen zu lernen, die nötig sind, um allgemeine Schriftstücke zu lesen. Allein in der sechsjährigen Elementarschule müssen 881 verschiedene chinesische Ideogramme (= Kanji) gelernt sein. Die Mehrzahl dieser Zeichen besteht aus 10 bis 18 Einzelteilen. Die Zeichen für *Beispiel* (= kan) und für *nachfolgen* (= shû) werden sogar aus dreiundzwanzig Strichen zusammengefügt. Das Staunen steigt, wenn der Europäer erfährt, daß dazu noch zwei Silbenalphabete nötig sind, mit je 46 Buchstaben. Vor dem Krieg war das noch schlimmer: 3000 bis 5000 *Kanji* wurden in literarischen Werken benützt. Daß das Erlernen der Schrift ein sehr effektives Training der Formauffassung und der Erinnerungsfähigkeit ist, wird nicht bestritten.

Auch auf dem Gebiet der Musik zeigt sich der Lerneifer der Japaner. 1860 waren die ersten deutschen Musikanten auf japanischem Boden zu hören. Vierzig Seesoldaten spielten: „Ich bin ein Preuße, kennt ihr meine Farben?“ Der Weg bis zur Begeisterung für klassische Musik aus Europa war nicht einfach, denn die fremde Musik klang in den japanischen Ohren wie ein verworrenes Geräusch. 1860 soll es in Yokohama noch kein einziges westliches Musikinstrument gegeben haben. Heute ist Tôkyô eine der ersten Musikstädte der Erde. Das japanische musikliebende Publikum ist eines der andächtigsten der Welt. Japans Pianohersteller liegen längst auf Platz 1 der Weltliste.

Wenn man hie und da immer noch liest, daß der Europäer eine japanische Kunst niemals verstehen, geschweige denn ausführen könne, so sei es angesichts der genannten Fakten erlaubt, daran zu zweifeln. Auch die Erfahrung aus zehnjähriger Unterrichtspraxis in Europa hat ganz sicher gezeigt, daß Europäer sehr wohl fähig sind, Ikebana zu erlernen, auch den wesentlichen Teil des geistigen Gehalts. Denn Intuition — das weiß man seit der Mystik — ist nicht nur eine Gabe der Asiaten, wenn sie auch dort im Laufe der Geschichte besser gepflegt wurde als in Europa.

Jeder Japaner wird heute so erzogen, daß er sich in der modernen industriellen Gesellschaft ebenso zurechtfindet wie in seiner traditionell strukturierten Umwelt. Da entstehen aber nicht zwei Seelen in einer Brust, wie Europäer zunächst vermuten könnten, sondern beides wirkt gleichzeitig. Die Spannung zwischen zwei Kulturbereichen wird zur positiven Kraft, zu einem der Impulse für weiteren Fortschritt. Auf diesem Boden konnte sich ein umfangreiches und stark differenziertes kulturelles Leben entwickeln, das sich auch in der Vielfalt der modernen Ikebana-Formen zeigt.

Wen wundert es, daß das größte Holzbauwerk der Welt, die Halle des großen Buddha im Tôdaiji zu Nara, in Japan steht? Welche Vorliebe für Superlative! Welche Vielfalt der Kultur! Der schnellste Zug der Welt, die größten Tanker, die geringste Verspätungsrate bei Schnellzügen — nur 18 Sekunden pro Zug —, die größte Chrysantheme und der kleinste blühende und fruchttragende Kirschbaum (= Bonsai), der nur 4,8 Zentimeter mißt.

Wir würden uns wünschen, daß aus der Faszination, die Japan auf den Europäer ausübt, aus dem Staunen über zahlreiche Leistungen, nicht maßlose Begeisterung erwächst. Kritikloser Exotismus eines Europäers ist dem Japaner ebenso peinlich wie *Madame-Butterfly-Sentimentalität* oder *Geisha-Romantik*. Erst wer Distanz gewinnt, wer Japan kritisch sieht, wer die sozialen und ökonomischen Schwierigkeiten erkennt und die Irrwege entdeckt, der wird zum Freund dieses Landes und seiner Kultur. Der kann auch den Dingen nachspüren, die Europa nicht so sehr gepflegt hat. Und dazu gehört ohne Zweifel die Kunst des Blumenordnens auch.

DER WEG ÜBER DIE JAPANISCHE ÄSTHETIK

Mit dem Begriff *Japonismus* bezeichnet man den erst in unseren Tagen in seiner ganzen Tragweite erkannten Einfluß der japanischen Kunst auf die Kunst Europas. Die Japanbegeisterung des 19. Jahrhunderts führte zum Aufbau berühmter kunstgewerblicher Sammlungen, begünstigt durch die Tatsache, daß von dem durch die Meiji-Revolution verarmten Adel wertvolle Kunstwerke fortgegeben wurden. Claude Monet legte 1883 seinen Garten in Giverny ganz nach japanischem Vorbild mit einer Brücke, Wasserpflanzen und Schwertlilien an. Vincent van Gogh setzte sich, wie wir bereits dargestellt haben, in den Jahren 1886 bis 1888 mit japanischen Holzschnitten auseinander. Seine Kopie der *Ôhashi-Brücke im Regen* von Andô Hiroshige demonstriert die Ausstrahlung der japanischen Ästhetik. Ästhetik befaßt sich mit den Werten und Erscheinungen von Schönheit. Aber sie ist nicht statisch gleichbleibend. Was als schön empfunden wird, hängt ab von den Menschen. Ästhetische Grunderfahrungen müssen sich dynamisch verändern können, sonst wird jede kreative Weiterentwicklung von Kunst verhindert. Es ist auch nicht zuerst die Ästhetik da, sondern die Kunst kommt stets vor der *Wissenschaft vom Schönen*.

Auch in Japan ist der Inhalt der Ästhetik einem dauernden Wandel unterworfen. Das reine Japan existierte nur in der Phantasie europäischer Schriftsteller oder in den Schriften japanischer Gelehrter, die ihre Kultur gegen, wie sie glaubten, schädliche Einflüsse von außen abschirmen wollten. Gerade das Nebeneinander, Miteinander und schließlich das Ineinander von kulturellen Traditionen verschiedenster Herkunft ist für uns das Urjapanische. Manche Besucher erheben einen Klagegesang auf das entschwundene romantische Japan, in dem Geishas in buntem Kimono, der schneebedeckte Berg Fuji und blühende Kirschbäume die bestimmenden Elemente sind. Dabei sollten sie sich doch freuen, daß auch in Japan die ästhetischen Werte einem andauernden Bedeutungswandel ausgesetzt sind. Das zeigt sich, wie wir ihnen im Laufe des Buches noch ausführlich vorführen werden, auch im Ikebana. Und in diesem Sinne sind auch alle Regeln der japanischen Blumenkunst zu verstehen. Die Japaner erwarten sich auch von außerhalb ihres Landes neue Impulse für die Kunst des Blumenordnens. Das ist aber kaum möglich, wenn im Ausland nur oberflächlich erfahrene, starre Regeln angewandt werden. Die Regel muß lebendig werden. Erst wenn ihr Sinn und ihre Wirkung auf das Ikebana-Arrangement erfaßt sind, und zwar buchstäblich mit den Händen, nicht nur mit dem Verstand, dann wird sie sich auf gesunder Basis weiterentwickeln können. Daß dieser komplizierte Vorgang nicht in Schnellkursen, sondern erst nach jahrelanger, heiterer Übung oder möglicherweise noch später einsetzen kann, das zu zeigen ist auch ein Anliegen dieses Buches.

Wenn wir ihnen jetzt einige ästhetische Kategorien aus der Sicht des Ikebana darstellen, so soll stets auch die Mehrdeutigkeit dieser Begriffe bedacht werden. Die Bewertung richtet sich am Ende doch nach der Gestimmtheit des Betrachters. Er ist es, der in diese Kategorien positive Werte hineinsieht. Aus diesem Grunde sei auch uns erlaubt, diejenigen ästhetischen Kategorien auszuwählen, von denen wir glauben, daß sie für die Kunst Europas bedeutsam werden könnten — und diejenigen, denen wir selbst am meisten zugetan sind.

Harmonie und Eleganz, Schlichtheit und Asymmetrie, Vergänglichkeit und Naturnähe sind ästhetische Bereiche, die sich aber an vielen Stellen überschneiden, die sich auch gegenseitig bedingen aber nie ausschließen. Sie sind bezogen auf Ikebana, lassen sich aber auch auf andere Richtungen der Kunst übertragen.

Gerade in der heutigen Zeit gibt es kein *höchstes Schönes* mehr. Der allgemeine Consensus über ästhetischen Wert ist auch in Japan schon im 19. Jahrhundert verloren gegangen. Haben wir heute keine Richtschnur mehr dafür, was schön

sein kann? Aus der Sicht des Ikebana gibt es doch noch **zwei** Maßstäbe.

Einmal ist da der Maßstab *Natur*. Der Bereich des Ästhetischen geht nämlich über den Kunstsektor hinaus. Auch in der Natur, im realen Menschenleben, z. B. im Sport, und in den Bereichen der außerkünstlerischen Kultur finden sich ästhetische Erscheinungen. Weil wir uns aber im Ikebana mit der Natur, d. h. mit *Werkstoffen* aus der lebendigen Natur befassen, wird wohl die Ästhetik der Pflanzen auch in das von uns geschaffene Kunstwerk eingehen müssen. Je mehr wir uns aber von der Natur entfernen, desto unsicherer wird unser Urteil bezüglich *natürlicher Schönheit*.

Deshalb bietet sich für den Suchenden noch ein weiterer Wegweiser an: der Consensus innerhalb der einzelnen Ikebana-Schulen. Seit die Ikenobô-Ikebana-Schule geschichtlich nachweisbar ist, wandelten sich auch die Regeln. Herausragende Meister vermittelten neue oder veränderte Inhalte. Heute ist es so, daß sich die führenden Lehrmeister in unregelmäßigen Abständen treffen und die im Laufe der Zeit eingetretenen Veränderungen analysieren. Manchmal entstehen daraus wie von selbst, also organisch gewachsen, neue Regeln. So wurden z. B. 1958 die Regeln des Rikka erneuert und unserer Zeit angepaßt. Vier Jahre vorher hat dieselbe Institution *(Ikenobô-Bunka-Kenkyû-Sho)* das Shôka neu geregelt. Es entstand das Sanshuike-Shôka.

In Japan wird die Regelung durch die Autorität der Akademien nicht als geistige Bevormundung aufgefaßt. Der Schüler kann heute zwischen nahezu 3000 verschiedenen Schulen wählen. Allein die Ikenobô-Schule zählte im letzten Jahr mehr als 1,5 Millionen Schüler und ist damit die beliebteste Ikebana-Schule Japans, trotz oder gerade wegen ihrer Verbundenheit mit der Tradition und wegen ihrer Strenge, was das Studium und die einzelnen Prüfungen anbelangt. Auch die beiden großen neueren Schulen, Sôgetsu und Ohara registrierten etwa 1 Million Studenten pro Jahr.

Selbst im 20. Jahrhundert werden in Japan noch überindividuelle Orientierungsmaßstäbe geboten und angenommen. Die Natur und der *Meister* sind Lehrer geblieben.

8

Harmonie

Aus der langen Naturbeobachtung des Meisters erwächst ihm ein Gespür für die Harmonie, die der Natur zugrunde liegt. Harmonie ist eine Eigenart aller japanischen Künste. In dem berühmten Werk des Gartenkünstlers Sôami spiegelt sich diese Art von Harmonie wider. Jeder kennt die Anlage, die seit dem 15. Jahrhundert kaum verändert wurde. Aus feinem Kies erheben sich wie Inseln bemooste Felsen. Die verwitterte Lehmmauer umschließt den Bezirk. Besucher sitzen wortlos, aber heiter auf der Holzveranda des Zen-Tempels Ryôanji in Kyôto. Die Farben des Holzes kommen wieder in den Tönen der Mauer, das satte Grün der Moospolster in der Nähe wirkt wie das Grün der Baumkronen weit dahinter. Felsen, Kiesel und Trittsteine scheinen einer Familie zuzugehören. Obwohl nicht das ästhetische Vergnügen Hauptziel eines Zen-Gartens ist, so wird doch Ästhetik erreicht beim Befragen der Natur über die Stellung des Menschen im Kosmos. Der Betrachter fühlt sich einbezogen in den Zusammenklang der Farben dieses Gartens und erlebt sich als Teil des Kosmos.

Ausgewogenheit in Betonung und Andeutung, in Schriftstärke und Linienführung macht auch Kalligraphie, die Kunst des Pinselschreibens erst wertvoll. Jedes der chinesischen Ideogramme ist ein Mikrokosmos für sich. *Wa* (= Harmonie) wird zum Prinzip des Schreibens. Die Bewegungen beim Schreiben und die auf dem Papier entstehenden Zeichen wirken auf den Schreibenden. So kann die Harmonie beim Schreiben auch zur Harmonie der ganzen Person führen, genauso wie anderseits zerrissene Charaktere auch eine unharmonische Handschrift zeigen.

Seit Shôtoku-taishi (572—621) liegt auch im Ikebana der Geist des *Daiwa* (= große Harmonie). Er entsteht beim ruhigen Hantieren mit den Blumen. Der Künstler ergründet den Wachstumswillen der Pflanze, sein Auge folgt ihrem Wuchs. Er stellt sich mit seinem Gestaltungswillen auf die Eigenart der Pflanze ein; eine Einheit vom Schönen in Kunst und Natur entsteht im Ikebana. Und dieser Zusammenklang wirkt auf den Künstler zurück. In seinem Inneren entsteht ein *feiner Nachklang (yojô)*. Dieses positive Nachgefühl kann man vielleicht auch an der Übersetzung eines Gedichtes des adeligen Zen-Jüngers Fujiwara Sada'ie (1161—1241) erleben:

Der Pflaumenblüte Duft,
der Besitz genommen von meinem Ärmel,
mit dem durchs Dach tropfenden
Mondschein liegt er im Streite.

Besonders beim klassischen Ikebana offenbart sich manchmal auch *yûgen*. Das ist die unaussprechliche Eigenschaft des harmonischen Kunstwerkes. Darin zeigt sich etwas unergründlich Tiefes, etwas Außergewöhnliches und etwas von eigener Schönheit. — Wenn man über diese Begriffe spricht, oder sie wie hier erklären möchte, so klingt das allzu schnell pathetisch. Man sollte das Sprechen darüber besser sein lassen. Das Erleben ist wesentlich.

Harmonie wird auf einfachste Weise durch Wiederholung erreicht. Ruhe und Offenheit einer Chrysanthemenblüte spiegelt sich im Blick des Künstlers wider, sobald er sich ohne Hintergedanken den Blumen hingibt. Die geschwungene Linie des Berghorizontes vor dem Fenster des japanischen Hauses ist im Gleichklang mit der Bewegung des Kiefernzweiges einer Ikebana-Anordnung im Innern des Hauses. Herbst draußen, Herbst im Ikebana und Reife des Künstlers, das wäre ein Dreiklang vollendeter Harmonie. Form und Farbe, Blumen und Zweige, Blüten und Blätter verbinden sich harmonisch mit dem Gefäß und dem Raum, mit der Jahreszeit und mit der Gesinnung des Gestalters. Erst das moderne Ikebana darf das *Wa* vergessen. Dissonanzen treten hier auf. Die Harmonie in der Natur wird dadurch jedoch nur noch stärker betont.

Sicher wird es eine Utopie bleiben, daß durch das *Wa* im Ikebana auch *Hei-wa* (Friede, wörtlich: ruhige Harmonie) in die Welt kommt. 77 Nationen aus aller Welt versuchten 1970 in Ôsaka auf der Weltausstellung, unter dem Symbol der Pflaumenblüte zu zeigen, wie sie sich den Weg zu *Fortschritt und Harmonie für die Menschheit* vorstellen und was sie dafür zu tun gedenken.

„Fûryu"

Wer es schafft, wer über die Form zu *fûryu*, einer asiatisch-buddhistischen Harmonie des Geistes findet, der braucht nicht mehr viel zu reden über Sinn und Zweck einer Handlung. Er braucht sich nicht in philosophischen Spekulationen ergehen. Sein Ikebana ist *fûryu*. *Fûryu* ist etwas Geschmackvolles, das wertvoll, aber nicht prächtig ist. *Fûryu* ist die feine Eleganz des Unvollkommenen. Ikebana wird als *fûryu no asobi* empfunden, als *elegantes Amüsement*. Wenn ein Zweig nicht gerade zum Licht wachsen konnte, wenn er gewunden und gebogen ist, wenn er nur sparsam Knospen trägt anstatt einer Masse von Blüten, dann ist er *fûryu*. Schon daß in Europa keine treffende Übersetzung des Wortes existiert, zeigt, daß hier anders gedacht wird.

Schlichtheit

Selbst die mächtigsten Werke der traditionellen Architektur Japans strahlen Schlichtheit aus. Auch vom Meister, der große Blumenanordnungen aufbaut, wird Einfachheit gefordert. *Wabi* und *sabi* sollen japanische Kunstwerke auszeichnen. Wieder sind wir nicht in der Lage eine genaue Übersetzung dieser Begriffe zu bieten. Sie könnten im Umfeld von Einsamkeit und Zerbrechlichkeit angesiedelt sein. Erinnern Sie sich an die Bedeutung von Ikebana? Die Pflanzen sollen zur Geltung gebracht werden. Aber Eimer voll Rosen und Nelken zeigen nichts von der Anmut dieser Blumen. Vereinfachung und Beschränkung auf das Wesentliche, das sollte geübt werden. Eine Blume, richtig im Raum aufgestellt, kann einen ganzen Sommertag ins Haus bringen. Weniger ist mehr. Suzuki hat einmal gesagt: „Um die Windrichtung festzustellen, genügt es, einen einzigen Grashalm anzusehen." Wer hat nicht schon erlebt, daß eine große Rede kaum mehr über die Sache aussagen konnte als die nur angedeutete Geste. Oft kommt es nur auf den Standpunkt an.

Ein kleines, liebenswürdiges, japanisches Gedichtchen gibt dieser Situation bildhaften Ausdruck:

Wenn ich bei Musashi
im Gras liege
dann sehe ich größer als den Fuji
das Blümchen Tausendgüldenkraut.

Ein wichtiger Bestandteil eines Ikebana ist der freie Raum. Erst in ihm kann sich die Kraft der Linien fortsetzen. Erst das nicht Dargestellte fordert den Geist des Betrachters. Beim Tuschebild sind die leeren Stellen ein positives, unerläßliches Ausdrucksmittel. Im Nebel, in den nicht dargestellten Wolken ist Freiheit für die durch die Linien des Bildes angeregte Phantasie. Sesshû (1420—1506), der begabte Zen-Maler, der nach China zum Studium geschickt worden war, setzte Maßstäbe für alle späteren Tuschmaler. Zwei seiner großartigen Landschaftspanoramen existieren noch. Auf mehr als 16 Meter langen Rollbildern stellte er Panoramen von Wasser, Bergen und schneebedeckten Tempeln dar. Welche Zurückhaltung und subtile Einfachheit! Nur wenige Pinselstriche skizzieren einen vom Wind gebeugten Baum und zerklüftete Felsen darunter. Schiffe treiben im Nebel dahin, vor dem zart gemalten Himmel erheben sich ferne Berge, oft nur kaum sichtbar angedeutet.
Die chinesische Kunst und Architektur der T'ang-Dynastie war einmal für Japan das große Vorbild. Das zeigte sich besonders im 8. Jahrhundert, als man die Hauptstadt Nara nach chinesischen Plänen neu anlegte. Die charakteristisch geschwungenen Dächer waren mit grünen Ziegeln bedeckt. Die Säulen wurden rot gestrichen. Die großartigen Gesten und die Prunksucht setzten sich auch im Inneren des Hauses fort. Aber schon zu Beginn der *Heian*-Zeit (794—1192), als die Hauptstadt nach Kyôto verlegt wurde, wandelte sich der Geschmack. Man erkannte wieder die Einfachheit und Schlichtheit der früheren Kunst an. Die Dächer wurden statt mit glasierten Ziegeln wieder mit Schindeln oder Rinde gedeckt. Auch im Inneren der Gebäude legte man sich wieder mehr Zurückhaltung auf. Verzichtet wurde auf die reiche Farbenpracht. Man bevorzugte wieder

das einfache, naturbelassene Holz, das in seiner Eigenfarbe am besten zur Geltung kommen sollte. Vom 10. bis zum 12. Jahrhundert entwickelten sich die eigentlich japanischen Ausdrucksformen. Zartheit, Würde und Eleganz herrschten in allen Künsten vor.

In Europa wurde im 20. Jahrhundert die Bewegung des stillosen Historismus abgelöst. Im Jahre 1919 verbanden sich in Weimar Kunstakademie und Kunstgewerbeschule zu einem bald richtungsweisenden Kunstinstitut, dem Bauhaus. Besonders die Architekturabteilung, geleitet von Walter Gropius, bemühte sich um Integration von künstlerischen Erkenntnissen aus Japan. Dank der kunsterzieherischen Arbeit des Bauhauses, die noch heute im europäischen Design nachwirkt, wurden Werte wie Klarheit und Sachlichkeit, Zweckmäßigkeit und Einfachheit wieder belebt. Ein besonderes Verdienst dieser Bewegung war es, daß auch die Gegenstände des täglichen Gebrauches und Formen der Technik in das Kunstschaffen einbezogen wurden. Namhafte Vertreter der Kunst gingen aus dem Bauhaus hervor: Feininger, Itten, Marcks, Muche, Schlemmer, Moholoy-Nagy, Klee und Kandinsky.

Deshalb scheint uns auch, daß die Schlichtheit als ästhetisches Prinzip Japans leicht akzeptiert werden kann von Europäern, die einen Zugang zur japanischen Blumenkunst suchen.

Asymmetrie

Die Symmetrie empfindet der Japaner als etwas allzu Abgeschlossenes. Die Symmetrie wirkt auf den Menschen wie ein den Dingen der Natur aufgezwungenes Gesetz. Denken wir nur an die nach allen Seiten ausgefüllten Blumensträuße des Barock. Da ist kein Platz für eigene Gedanken. Der Blick hastet wirr von Blume zu Blume. Dabei ist es gerade die nicht nach allen Seiten eingerahmte Form, die Form mit Freiräumen, die das Auge zu eigener Bewegung reizt. Das Unvollständige möchte vervollständigt werden. Alles, was unvollständig erscheint, unvollendet, das ist wohl Symbol der Dynamik des Lebens.

Ein hervorragender Wesenszug der japanischen Malerei, aber auch der Blumenkunst ist die Rahmenlosigkeit. Der Hintergrundraum in den japanischen Genrebildern wirkt unendlich und geht übergangslos im Bildgrund auf. So verschwimmen Raum- und Landschaftskulissen in der Leere der Bildfläche, und dadurch sprechen die Motive nur noch mehr. Selten finden wir symmetrische Anordnungen in diesen Bildern. Die verschieden großen Raumflächen vermitteln den Eindruck des Dynamischen.

In der Architektur und in der Gartengestaltung vermied man die Symmetrie geflissentlich. Die Epochen, in denen im *Kara-yô*, dem chinesischen Stil, gebaut wurde, waren verhältnismäßig kurz. Die Symmetrie der Tempelanlagen entsprach stets sehr bald nicht mehr dem Geschmack der Japaner. Der *Wa-yô*, der japanische Baustil, löste den chinesischen ab. Die einzelnen Häuser der Wohn- und Sakralbauten wurden wieder asymmetrisch angeordnet. Verschieden breite und unterschiedlich hohe Gänge sorgten für die Verbindung der Gebäude. Es gibt keinen Brennpunkt, auf den die Anlage zustrebt. Eine zentrale Achse fehlt. Selbst die kaiserliche Villa Katsura bei Kyôto, die im 17. Jahrhundert errichtet wurde, folgt diesem Prinzip. Dem Betrachter fällt auf, wie elegant hier jede Art von Symmetrie vermieden wurde. Leichtigkeit und Offenheit wird durch die rhythmische Zuordnung der Einzelelemente erreicht.

Auch im japanischen Wohnhaus aller Schichten ist kaum Symmetrisches zu entdecken. Die Wände sind in unregelmäßige Flächen aufgeteilt. Durch die Asymmetrie behalten die Teile ihr Eigenleben. Der Balken neben dem Tokonoma, dem Alkoven, lebt noch. Seine natürliche Krümmung nur sparsam zugehobelt, bringt Leben in das Innere des Hauses. Asymmetrie ist die Folge. Kein Fenster liegt in derselben Höhe, keines hat die gleiche Größe, wenigstens

Asymmetrie im Rikka 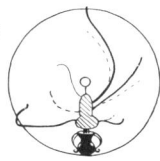   Symmetrie im Blumenbukett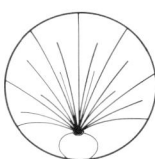

nicht innerhalb desselben Raumes. Und so empfindet auch der europäische Besucher das japanische Wohnhaus trotz seiner Ruhe als lebendigen Organismus und nicht als starren Käfig.

Im Ikebana streben wir immer wieder das ungleichseitige Dreieck an. Es ist unendlich oft variierbar und drückt etwas aus vor der Vielfalt und Dynamik der Welt. Nichts ist endgültig, alles im Wandel. *In* und *Yô,* das Negative und das Positive, sind in Wirklichkeit nie im völligen Gleichgewicht. Einmal überwiegt das eine, dann wieder das andere. Der Mensch (*Jin*) versucht den Ausgleich zwischen den Kräften des *Ten* (Himmel) und denen des *Chi* (Erde). Das ist wohl die eigentliche Ursache menschlicher Kreativität.

Naturnähe

Blumen sind ein Symbol für das Schöpferische in der Natur, und es besteht kein Zweifel, daß der Mensch, der die Kunst des Ikebana ausübt, ein besonderes Verhältnis zur Natur haben wird. Aber auch die übrigen Künste Japans lassen eine größere Naturnähe als die des Westens erkennen. Natur und Kultur sind in Asien weniger Oppositionen als im Westen. Kultur ist für den Japaner seit Anbeginn ein Geschenk der Natur gewesen. Die Kunst Europas erscheint aus dieser Sicht unter dem Zwang, Naturvorbilder zu überwinden. Man hat sogar das europäische Mittelalter mit dem Stichwort Naturferne gekennzeichnet. Weder die Größenordnungen noch die Raumbeziehungen der realen menschlichen Umwelt haben in der Kunst dieser Zeit noch Gültigkeit. Gewiß werden Menschen, Tiere und Pflanzen gezeigt, doch stehen sie gleichsam in einer außerweltlichen Beziehung zueinander. Sie wollen *gelesen* werden. Die Lust des *In-der-Natur-seins* war dem Betrachter jener Bildwerke — Kirchenfenster, Bauwerke, Tafelbilder, Fresken — verwehrt.

Wie *natürlich* ist das japanische Haus, auch der Schrein oder Tempel, verglichen mit einem Bauwerk der Gotik. Menschliches Maß für die Umgebung des Menschen. Formen der Natur, der Berge und Bäume, der Weiher und Seen

wiederholen sich im Haus. Das Haus ist Teil der Natur. Durch seine vom Klima ermöglichte Offenheit läßt es den Bewohner an dem Wandel der Jahreszeiten teilnehmen. Auch in der bildenden Kunst Japans spiegeln sich die Jahreszeiten wider. Die Rollbilder *(kakemono)* im Tokonoma (Ehrennische) des Hauses wechseln gemäß den Jahreszeiten. Auch das Ikebana steht immer im Einklang mit dem Lauf des Jahres. In der Kunst Europas, besonders in der niederländischen Blumenmalerei, kann man oft beobachten, daß Maler, wie z. B. Jan Brueghel (1568—1625) versuchen, alle Jahreszeiten in einem Bildwerk zu vereinen. Da sieht man z. B. auf dem Bild *Der Geruchssinn* Schwertlilien, Kaiserkronen, Schneeglöckchen, Strandlilien, Primeln und Tulpen, Rosen und Narzissen zusammen arrangiert. Das Schneeglöckchen blüht im Februar, die Schwertlilie erst im Juni. Das Unnatürliche feiert — trotz aller Genialität der Meister — Triumphe. Wichtig ist der Plan, die *Idee* des Künstlers. Die Natur liefert den Hintergrund und das Material. Naturschönes hat aber andere Gesetze als Kunstschönes.

Die Geschichte Japans hingegen ist begleitet von einer Religion, die die Natur in den Mittelpunkt gerückt hat, dem *Shintô.* Man sagt, es gibt mehr als acht Millionen Shintô-Gottheiten. Zu diesen *Kami* gehören Flüsse und Berge, besondere Naturphänomene, Feuer und Wasser, aber auch große Krieger, Denker und Mitglieder des Kaiserhauses. Noch immer wird das Fühlen und Denken der Japaner von dieser Religion ohne Dogma beeinflußt. So steht in einem Tempelbezirk von Kyôto ein uralter Baum, dessen Stamm von vielen Stützen getragen wird. Die Besucher sehen in ihm ein Wunder des Lebens. In ihm begegnen sie dem Absoluten. Man hört das Brausen des Autoverkehrs für ein paar Minuten nicht und ist Teil der Natur. In so einem Moment zählen Verstand und Wissen nicht mehr. Alle angelernten Dinge, auch die Moral, verlieren ihre Bedeutung. *Kimochi,* ein starkes Gefühl, kommt zum Tragen, ein Gefühl für die Natur. Berge, eine alte Kiefer, die Blumen haben eine Sprache, die jedermann versteht. Diese Gedanken sind für das japanische Empfinden selbstverständlich. Daß der Wert der Natur in Japan immer schon sehr hoch geschätzt wurde, kommt wohl auch von der Enge des bewohnbaren Landes her, von den überall vorhandenen Bergen, von dem Ausgeliefertsein an die Gewalt der Erdbeben und Taifune und vom Zusammenwirken von Meer und Land. Die Naturverehrung drückt sich nicht nur in den Pilgerfahrten zur Kirschblüte (Hanami) aus oder in den Massenwanderungen zu den Tälern, in denen sich im Herbst der Ahorn rot färbt. Sie zeigt sich auch in einem Brauch, der in vielen Gegenden Japans noch recht lebendig ist: An einem frühen Sommermorgen kommen zahlreiche Menschen zu den Lotosteichen um das Aufbrechen der Blüte zu hören. Für die meisten ist das einfach ein Schauspiel der Natur. Sie kommen aus Freude an der schönen Blüte, die sich entfaltet und denken nicht mehr an buddhistische Ikonographie. Der Lotos steht nämlich für Buddha. Aus dem schlammig-faulen Wasser des Tümpels wächst kraftvoll eine Pflanze, deren Blüte nichts mehr vom Schlamm und Schmutz des Grundes an sich hat: Wie die Erleuchtung Buddhas.

Liebe zur Natur drückte sich in Japan aber nicht nur im Genießen und Pflegen des Vorhandenen aus. Natur wird auch neu gestaltet, mit den Mitteln und nach den Regeln der Natur. So glaubt man beim Betreten des Saihôji-Moosgartens in Kyôto zunächst, man sei in unberührter Natur. In Wirklichkeit aber ist er mit unendlicher Sorgfalt angelegt. Über 40 verschiedene Moosarten wurden kunstvoll arrangiert und geben dem Park etwas Sanftes. Die Sinne sollen sich in natürlicher Spontaneität der Vielfalt der Grünschattierungen zuwenden: Blaugrüne Polster wechseln sich mit weichen, dicken, gelben Mooskissen ab. Vor dem künstlichen Hügel ein Teich. Beide verbunden durch Spiegelungen des Grüns.

In ganz besonderem Maße ist die Naturnähe in den Werken der Literatur zu spüren. Es war eine Frau, die Hofdame Murasaki Shikibu, die im 11. Jahrhundert die Geschichte des Prinzen Genji aufschrieb. Über eine halbe Million Schriftzeichen hat sie mit dem Pinsel aufgemalt. Die Geschichte ist eine bunte Folge kleiner Episoden aus dem Leben des Adels der Heianzeit. Kaum eine Seite ist ohne begeisterte Naturschilderung. Einmal ist die Natur melancholisch in Nebel getaucht, ein anderes Mal liegt Rauhreif auf den Zweigen der Kiefern. Es wird von Blumen geschwärmt und vom Wechsel der Jahreszeit. Erfrischende Blumenszenen folgen auf Momente der Trauer. Die Poesie der Blätter umspielt das Leben des schönen Prinzen.

Die Lebendigkeit der Natur wirkt sich wohl auch auf die Sprache aus. Der Künstler kann sich nur lebendig ausdrükken, wenn er ein lebendiger Mensch ist. Inspiration heißt, in einem gegebenen Augenblick der Arbeit ganz lebendig zu sein.

Wie wichtig die Natur auch für die Architektur sein kann, zeigt die Geschichte des Tôshôgû-Schreines in Nikkô. Dieser Schrein des Sonnengottes aus dem Osten ist dem Andenken und Gedächtnis des großen Generalfeldherrn Ieyasu Tokugawa geweiht. Er starb 1616. Zwanzig Jahre vergingen, bis sein Grabmal fertiggestellt war, denn man hatte, bevor man mit dem Bau begann, zuerst 40 000 Bäume gepflanzt. Heute bilden die mächtigen Baumriesen eine eindrucksvolle Kathedrale über den Gebäuden der ausgedehnten Anlage.

Aber auch das einfachste Haus in Japan hat einen Garten. Selbst in Tôkyô, wo man oft kaum mehr zwischen den Häuschen hindurchgehen kann, findet jede Familie noch ein Eckchen für einen winzigen Garten. Oft ist da nur Platz für ein Bäumchen oder für ein Büschel Bambus. Aber die Natur ist da. Vielleicht sogar noch deutlicher als in einem riesengroßen Park. Das traditionelle japanische Haus ist leicht gebaut. Das Drinnen ist vom Draußen nicht durch meterdicke Steinmauern getrennt. Ein leiser Lufthauch weht ständig, wenn im Sommer die kleinen Windfenster zurückgeschoben sind. Oft werden auch die Schiebefenster zum Garten in der warmen Jahreszeit durch leichte Bambusvorhänge ersetzt. Dann ist das Haus noch mehr ein Teil des Gartens, oder der Garten Teil des Hauses. Auch die Farbgebung der Wände entspricht der Natur draußen. Keine lauten Töne, keine aufdringlichen Muster. Eine natürliche Farbskala, vom frischen Grün zum verwitterten Braun, alles zusammengehalten durch das sanfte Gelb der Strohmatten (tatami), mit denen die Räume ausgelegt sind. Die Wirkung japanischer Architektur auf Europa haben wir bereits oben angedeutet. Europas Baukunst hat aber auch noch einen ganz eigenen Weg der Annäherung an die

Natur gefunden, der uns hilft, die Naturnähe Japans auch noch von daher zu interpretieren. Herbert Read berichtet über die Studien des tschechoslowakischen Architekten Karel Honzik, der schon 1937 aufzeigte, daß die Architektur nicht nur Proportionen aus der Pflanzenwelt übernommen, sondern auch deren mechanisches Bauprinzip studiert hat. Es gibt da z. B. in Südamerika eine Seerosenart, Victoria regia, deren schwimmende Blätter einen Durchmesser von zwei Metern erreichen, und auf denen ohne weiteres ein Kind stehen könnte. Die Blattrippen sind besonders kräftig und entsprechen ziemlich genau dem von Bauingenieuren entwickelten Gerüst von Dächern in Spannbetonbauweise. Honzik faßt zusammen: „Kegel, Pyramide, Parallelen, Ebene und Kugel sind allesamt ‚Konstanten' in der Technik der Natur. Die Natur strebt stets danach, ein ideales Gleichgewicht zwischen den Kräften herzustellen. In dem Augenblick, da ihr dies gelingt, hört sie auf, ungeformt zu sein; das Ergebnis sind die für Pflanzen, Kristalle und andere Naturprodukte charakteristischen Formen. Alles was lebt, wandelt sich und ist ständig in Bewegung; aber diese Bewegung läuft nach einem universellen Gesetz ab, dem Streben nach einem Zustand der Harmonie oder der Ruhe — Ebenmaß, Reife, Kristallisation. Die Gestalt, in der die Materie zu einem Kräfteausgleich gelangt, ist vollkommen ... Menschliche Erfindungen, einem Willensakt entsprungen, streben genauso nach der Vollkommenheit einer endgültigen Form, die nur durch das Auftauchen neuer Bedingungen ungültig werden kann."

In diesen Gedanken stecken auch die Erfahrungen, die Ikebana-Meister auf der anderen Seite der Welt im Laufe von vielen Generationen gemacht haben. Natürlich führen die Untersuchungen Honziks allein noch nicht zum Verständnis des Ikebana. Aber sie enthalten doch eine Ahnung von der Weltharmonie des Buddhismus, vom Prinzip des *in* und *yô* und von der Parallelität des *Kunstwollens* mit dem *Naturwollen*.

Naturnähe ist im Japan von heute aber weniger das Ergebnis meditativer Vorgänge als vielmehr Lebensnotwendigkeit für viele. Giftige Luft, verschmutztes Wasser, ungenießbare, gesundheitsschädigende Nahrungsmittel, die Hektik der Megapolis Tôkyô, der ohrenbetäubende Lärm und der Dauerstreß des Arbeits- und Geschäftslebens wären nicht erträglich, wenn sich die Japaner nicht noch ein paar Inseln der Ruhe und der Naturnähe bewahrt hätten. Vielleicht ist auch daraus die unvorstellbare Begeisterung aller Bevölkerungsschichten für Ikebana zu erklären, was sich auch darin dokumentiert, daß fast 10 % aller Japaner laufend Ikebana-Kurse besuchen.

Vergänglichkeit

Daß *Vergänglichkeit* zu den ästhetischen Kategorien japanischer Künste gehört, mag vielen Europäern zunächst nicht so einsichtig erscheinen. Ist nicht das bevorzugte Material der europäischen Bildhauer der Stein oder die Bronze, ist nicht der Künstler der *Alten Welt* bestrebt, sich der Nachwelt zu erhalten in seinen Werken? Wenn Kunst als Ware, als Objekt der Vermarktung angesehen wird, oder wenn sie als Demonstration sozialer und wirtschaftlicher Sonderrechte verstanden wird, dann müssen wohl Eigenschaften wie Dauer und Alter hoch eingeschätzt werden.

Die Kunst Nippons war nie in so hohem Maße Demonstration von Macht wie die Kunst Europas. Selbst Herrscherpaläste schmiegten sich fast unauffällig der Natur an, bemooste Waldhäuschen galten lange Zeit als Refugium der Noblen. Klassische japanische Tempel sind geradezu ein Symbol der Machtlosigkeit. Sie bestehen aus vergänglichem Holz. Die Holzgebäude, auch die Wohnhäuser aus unserer Zeit, schließen sich in das allgemeine Werden und Vergehen ein.

Ise, das Nationalheiligtum Japans, liegt mitten in dunklen Wäldern. Millionen moderner Japaner pilgern jedes Jahr dorthin, obwohl sie nicht mehr wörtlich an den Mythos der Sonnengöttin Amaterasu als Schöpferin des Landes und Volkes Japan glauben. Aber der Schrein von Ise, weit älter als tausend Jahre, läßt den Japaner erleben, wie gerade die Vergänglichkeit ein Zeichen für die Fortdauer natürlichen Lebens ist. Die überraschend einfachen, archaischen Konstruktionen des inneren Schreines sind aus Hinoki, dem

Holz japanischer Zypressen. Die Rinde dieses Baumes deckt das Dach. Alle 20 Jahre wird das Gebäude völlig neu errichtet, gleich neben dem alten. Dabei wird auch der letzte Holzstift aufs genaueste kopiert. Niemand findet diese präzise Nachahmung weniger wertvoll als eigenschöpferisches Gestalten. Hierin drückt sich die Ehrfurcht vor der Leistung der Vorväter aus. Wenn der alte Bau nach der Einweihungszeremonie des neuen abgebrochen wird, zersägt man ihn in winzige Stückchen, die an die Pilger verteilt werden.

Für den Ausländer ist es oft nicht verständlich, warum die Japaner einerseits unter Ikebana *lebende Blumen* verstehen, andererseits jedoch täglich einige tausend Tonnen verwelkter Blumen auf den Müll werfen. Warum werden seltene Blüten von der Pflanze getrennt, wo sie ihre Pracht doch als Topfpflanzen viel länger entfalten könnten? — Nun, es ist eben die Vergänglichkeit des Arrangements und der Blumen, die den eigenartigen Zauber der Kunst des Ikebana ausmacht. Gerade sie macht das Werk besonders wertvoll. Während der kurzen Zeit ihres Lebens müssen die Blumen besonders liebevoll behandelt werden. Und diese Zuwendung bewirkt die Selbstvergessenheit dessen, der Ikebana arrangiert. Für einen Moment wenigstens erlebt er die Einheit aller *Wesen*. Die Erkenntnis der Nichtzweiheit von Mensch und Umwelt *(= ninkyô-funi)* erfolgt in solchen Augenblicken nicht über den Verstand. Sie ist nicht die Folge logischen Argumentierens. Sie als Leser können sicher den Unterschied der beiden Erkenntniswege erfahren, wenn sie einmal diesen Text lesen, und dann aber alles Gelesene vergessen und sich dem Blumenordnen hingeben.

Vergänglichkeit bedeutet Veränderung. Alles ist im Fluß. Es gibt nicht d i e Gesellschaft, d e n Menschen oder d i e Blume. Dabei wirkt eine Naturkraft auf die andere. Jedes Tun des Menschen verändert die Umwelt. Sein Unglück macht die Umgebung unglücklich, sein Lachen bringt Heiterkeit in seine Umwelt. Die Blume verändert den Menschen, sie vermittelt Ruhe, Optimismus, Stille und Sicherheit des Wachstums, aber auch Zerbrechlichkeit, Natürlichkeit und Harmonie. Und der Mensch wirkt auf die Pflanze. Im Buddhismus heißt dieses Wirken und Beeinflussen *kannô,* das sympathische Wirken.

In den Haikus von Matsuo Bashô (1643—1694) finden wir auch das Spiel mit der Vergänglichkeit. Die anderen bisher genannten ästhetischen Kategorien der japanischen Kunst finden hier ebenfalls ihren Niederschlag. In diesen Haikugedichten, die nur aus siebzehn Silben bestehen, äußert sich Vergänglichkeit nicht in epischer Breite. Zarte Andeutung im Sinne des *sabi* sagt mehr:

> *Nur das Sommergras*
> *ist noch da von den Träumen*
> *früherer Helden.*

Auch im folgenden Gedicht können wir erleben, wie groß die Macht des Nichtgesagten sein kann. Wir sehen, wie eindringlich das Werden und Vergehen in der Natur auch in der Dichtkunst dargestellt wurde.

> *Vollkommene Ruh'.*
> *In den Felsen dringt hinein*
> *der Zikade Lied.*

Der Wert der Dinge liegt oft nicht so sehr in ihnen selbst als vielmehr in dem Akt des Hinstrebens auf sie, im langsamen Werden und im Vergehen. Wie schön ist doch die Spannung, die jedes Jahr vor der Kirschblütenzeit in Japan herrscht. Vielleicht haben die Japaner zu den Kirschblüten gerade wegen der kurzen Zeit ihrer Blüte eine solche Zuneigung entwickelt. Es kann aber auch die Lust an der Aktivität des Geistes sein, der das ganze Jahr über beim Anblick der charakteristischen Linie eines Kirschzweiges die Möglichkeit einer kurzen Blüte spürt. In der Malkunst Japans hat sich das oft ausgedrückt. Pflanzen werden mit Vorliebe unvollständig dargestellt. Erst der Betrachtende ergänzt das Fehlende und macht somit das Bild zu einem sich verändernden Gegenstand.

Auch die Kategorien japanischer Ästhetik sind in dauerndem Wandel begriffen. Die Kunstgeschichte ist voll von schillernden Nuancen. So ist selbst in der Blumenkunst, zu deren Eigenarten die Vergänglichkeit in hohem Maße gehört, in den letzten fünfzig Jahren ein Wandel spürbar geworden. Mit Dauermaterial und getrockneten Pflanzen versuchte man die Ikebana-Werke zu *everlastings* zu machen.. Für den modernen, vom Individualismus geprägten Menschen wurde es eben schwierig, seine ganze Kraft für ein Werk einzusetzen, von dem er weiß, daß es höchstens zwei oder drei Tage überlebt. Das *non-florale* Arrangement wurde entwickelt. Es genügt, ein plastisches Kunstwerk mit der im Ikebana erworbenen Materialsensibilität zu gestalten, um dieses Kunstwerk, das vielleicht nur aus Granit und Eisen besteht, *Ikebana* zu nennen. Hier taucht aber für uns die Grenze zur Plastik auf. Wir würden nur Werke plastischer Kunst, in denen auch wirklich lebende Pflanzen verwendet wurden, als *Ikebana* bezeichnen wollen. Im Ikebana geht es aber gar nicht primär um die statische Ästhetik des Werkes sondern auch um die Ästhetik des Handelns.

DER WEG ÜBER DEN BEGRIFF IKEBANA

Wenn ein Japaner von Blumenkunst spricht, sagt er nur *ohana*. Das heißt ganz einfach *Blume*. Der Buchstabe *o* ist eine Partikel, die besondere Verehrung ausdrückt.
Das früher gebräuchliche Wort für Blumenarrangements hieß *Shô-ka*. Es besteht aus zwei chinesischen Schriftzeichen, die man auch als *Sei-ka* lesen kann. Dieselben beiden Ideogramme schließen auch noch eine dritte Aussprachemöglichkeit ein: *Ike-bana*. Sie setzte sich im 18. Jahrhundert als Bezeichnung für die japanische Blumenkunst durch, während man mit *Shôka* und *Seika* nur noch eine früher entstandene Ikebana-Form bezeichnete. Damit man aber weiß, wann die gesamte Blumenkunst gemeint ist, wann man also *Ikebana* sprechen muß, umschreibt man die chinesischen Zeichen mit Buchstaben aus dem japanischen Alphabet: *i, ke, ba,* und *na*.
Beim Wort Ikebana denkt man in Japan wohl zuerst an die Blumenanordnungen in jeder Wohnung, in den Büros und Restaurants, an die Blumen der Jahreszeit, an die Millionen eifriger Ikebana-Schüler, an die traditionsreichen Schulen der Blumenlehre oder an die Regeln der einzelnen Richtungen, und man empfindet Ikebana als etwas zum Leben gehöriges. Nichts Elitäres haftet dem Wort heute an, obwohl diese Kunst früher nur von den Privilegierten ausgeübt wurde. Die eigentliche Bedeutung des Wortes schwingt dabei mit. Sie mag für den Europäer ein Zugang zum Ikebana sein und ihn von Anfang an vor dem Abgleiten ins rein Dekorative bewahren.

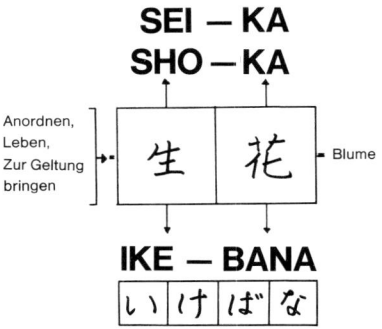

Die beiden Wortteile sind *ike* und *hana*, das in der Zusammensetzung als *-bana* gesprochen wird. *Hana* bedeutet wörtlich *Blume*, wird aber in diesem Zusammenhang auch als *Pflanze* oder *Pflanzenteil* verstanden. *Ike-* leitet sich von drei Verben her:

ikeru = Pflanzen stellen, anordnen;
ikiru = leben, am Leben sein, zur eigentlichen Gestalt kommen;
ikasu = zur Geltung bringen, zur eigentlichen Gestalt verhelfen, Leben deutlich sichtbar machen;

Durch den Akt des Anordnens wird also das Leben der Blumen deutlich sichtbar gemacht. Ikebana ist also nicht nur eine Art plastischer Kunst mit dem *Material* Pflanze. Es geht um mehr als nur um Form, Farbe und Schönheit der Anordnung. Es geht um das Am-Leben-erhalten und um den deutlichen Ausdruck des Lebens.

DER WEG ÜBER DIE GESCHICHTE DES IKEBANA

Europäer sind immer wieder fasziniert von der bewegten Geschichte der japanischen Blumenkunst. Sicher ist auch das Wissen über die historische Entwicklung der verschiedenen Ikebana-Formen eine Hilfe zum besseren Verständnis dieser Kunst, die gar nicht so esoterisch ist, wie viele glauben.

Vom Blumenopfer zur Blumenkunst

Mit dem Buddhismus war die Sitte des Blumenopfers aus China nach Japan gekommen. Es dauerte fast 800 Jahre, bis dann im 15. Jahrhundert Ikebana außer im Tempel und in den Palästen auch in Bürgerhäusern gepflegt wurde. Damals wandelte sich das Blumenopfer zur Blumenkunst und löste sich immer mehr vom Religiösen.

Die erste Form des Ikebana hieß *Rikka*. Zunächst ging es nur um die Darstellung des buddhistischen Berges der Erkenntnis, aber immer häufiger wollte man auch die Schönheit und Harmonie in der Natur darstellen.

Komplizierte Gestaltungsregeln verhinderten, daß diese Kunst von breiten Schichten der Bevölkerung ausgeübt werden konnte. Sie war nur den Adeligen und Priestern vorbehalten. Als Gegenbewegung dazu entstand eine neue Ikebana-Form, das *Seika*.

Sie ist geprägt von den Inhalten des Zen-Buddhismus und später auch vom Konfuzianismus.

In der strengen Ordnung drückt sich das Dreiprinzip in der Natur aus: Himmel — Mensch — Erde. Auch in dieser Form war für den Ikebanameister die allgemeingültige, überindividuelle Gestalt erstrebenswerter als der spontane Ausdruck selbstherrlichen Schöpfertums.

Aus den Blumenanordnungen für die Teezeremonie entstand dann noch eine neue Form des Ikebana, in der die strenge Ordnung des Shôka nicht mehr auf den ersten Blick sichtbar wurde. Die Blumen wurden locker, natürlich in eine Vase *hineingeworfen*. Daher kommt der Name *Nageire*. Solche Anordnungen sollten eine unaufdringlich heitere Atmosphäre schaffen.

Diese drei Formen haben sich nebeneinander weiterentwickelt und erscheinen heute im Stil unserer Zeit. Gegen Ende des vorigen Jahrhunderts wurde dann das *Moribana* entwickelt, die heute so populäre Blumenanordnung in Schalen. Es durften bis dahin in Japan unbekannte Pflanzen verwendet werden: Tulpen, Margeriten und Dahlien. Damals wurde auch der überaus hilfreiche *Kenzan*, der *Blumenigel*, erfunden, durch den die Technik des Anordnens weitgehend vereinfacht wurde.

Im Zuge der sprunghaft ansteigenden Einflüsse aus dem Ausland besannen sich in der 2. Hälfte des letzten Jahrhunderts viele Japaner wieder auf die traditionellen japanischen Werte. Ikebana wurde als Schulfach eingeführt. Bald beeinflußten auch außerjapanische Kunstprinzipien die Kunst des Blumenstellens. Kunststoffe und Metalle, sogar Schrott, werden heute als Kontrast zu den Blumen verwendet. Seit 1950 wurde Ikebana immer mehr zu einer internationalen Kunst.

Die nachfolgende Tabelle soll in vereinfachter Form zeigen, welche Entwicklung die einzelnen Ikebana-Formen durchgemacht haben. Sie möchte aber auch ausdrücken, daß sich alle diese Formen heute im Stil unserer Zeit darstellen und daß jede von ihnen noch lebendig ist. Uns ist aber bewußt, daß eine so übersichtliche Darstellung viele Tendenzen der Entwicklung des Ikebana unberücksichtigt lassen mußte und daß die kunstgeschichtlichen Epochen und ihre Aufeinanderfolge viel komplexer sind, als wir sie in einer Tabelle zeigen können.

RIKKA

Das Wort Rikka wurde auch „Tatebana" ausgesprochen. Es bedeutet „stehende Blumen" oder „aufgebaute Blumenpracht".

GESCHICHTE	GESTALT

6.—14. Jahrhundert

Zeit des Blumenopfers
bukka (Blumen für Buddha)

von den Priestern als Zeremonie im Tempel geordnet

Hauptsächlich Blüten, Knospen und Blätter des Lotos werden meist aufrecht in hohe, enghalsige Vasen gestellt
auch in Opferkörbchen *(kero)* und flachen Schalen werden Blumen dargebracht

12.—14. Jahrhundert

Zeit des Prä-Rikka
das *Mitsugusoku* (drei Dinge auf einem Tischchen) entwickelt sich als Dekoration für das neu entstandene Tatami-Zimmer in Tempeln und Palästen
älteste Arrangiervorschrift dafür:
Kadensho von Mon-ami (1131)

meist 3 Gegenstände auf flachem Tischchen angeordnet:

1. Blumenarrangement, das dem Rikka schon sehr ähnelt
2. Lichthalter (Storch auf einer Schildkröte)
3. Räuchergefäß mit Weihrauchdose und Feuergerät

14.—16. Jahrhundert

Entstehungszeit des Rikka
der neue Baustil sieht für das Blumenarrangement im Haus eine Ehrennische vor *(tokonoma)*.

Rikka wird von Priestern, Adeligen und Samurais ausgeführt

Hochburg der Blumenkunst: Rokkakudô-Tempel, Kyôto
(Ikenobô-Schule)

gerade, aufrechte Form, aus einem schlanken *Fuß* herauswachsend (Shin-Form des Rikka)
besonders in Bronze-Vasen oder prächtigen chinesischen und koreanischen Porzellangefäßen

BEISPIEL BEDEUTUNG

Opferblume („bukka")

Opfergabe für Buddha
Ausdruck der Naturliebe und des Göttlichen in der Natur
Lotos ist Symbol für die Reinheit, für Buddha
Zeremonie zur Ehre Buddhas

Mitsugusoku
aus dem „tiefen Lehrbuch":
Okusho-Hanafu

aufgestellt im Tempel oder im Wohnhaus des Adels, zu
Ehren eines hohen Besuches aus der kaiserlichen Familie
aufrechter Mittelzweig bedeutet schon *Wahrheit*
Wohlgeruch und Licht sollen sie zur Geltung bringen

Wahrheit (Shin) beherrscht das Arrangement
Darstellung der Weltordnung

Die Teile haben symbolische Namen: Wissen, Ehre, Weit-
blick, Nächstenliebe, Unterstützung, Opfer, Fluß usw.

aufgezeichnet von
Ikenobô Senkô I (1562)
im „Okusho-Rikka-Hiden"
(Rikka-Geheimlehrbuch)

19

GESCHICHTE	GESTALT
Noch **Entstehungszeit des Rikka**	bewegte, geneigte Form: *Nokijin-Form*
	ebenfalls meist in Bronze-Vasen arrangiert

15.—18. Jahrhundert

Blütezeit des Rikka

Ikebana wird eine eigenständige Kunst	Form wird noch breiter, weicher
berühmte Ikenobô—Meister an den Höfen	*Suna-no-mono* (Sandachse) wird in sandgefüllten Holz- oder Bronzewannen gestellt
ältestes Rikka-Lehrbuch: *Sendenshô* (1445)	
Blumenwettbewerbe und Ausstellungen in Palästen	7 oder 9 Hauptelemente der Anordnung
	farbenfroh
auch reiche Bürger pflegen Ikebana, besonders bei Festen und feierlichen Anlässen	seltene Pflanzen werden gern verwendet

18.—19. Jahrhundert

Zeit des formellen Rikka

Kaufleute, Bürger, Adelige und Priester führen es aus	Aufbau genau nach den überlieferten Vorbildern
neue Schulen entstehen	9 Hauptelemente
	ausgefallene, bizarre Pflanzenformen werden bevorzugt

das Herz des Menschen (Shin) und die Natur sind immer in Bewegung

Nokijin-Rikka
von Ikenobô Senkô (1587)
aus dem Buch
„Ikenobô-Senkô-Rikka-fu"

Darstellung der Landschaft des mythischen Berges als Symbol für die Welt

Suche nach neuen Formen

die *Wahrheit* (Shin) gerät in Bewegung

religiöse Inhalte treten noch weiter zurück

Darstellung einer Landschaft am Meer

Ausdruck von Schönheit und Harmonie in der Natur

idealistische Weltsicht

Demonstration von Reichtum

„Rikka, Suna-no-mono" von Meister Daijô-in,
veröffentlicht 1678 im „Suna-no-mono-Lehrbuch"

Schwerpunkt liegt besonders auf der äußeren Form und auf technischer Perfektion

der Mensch will sich durch die Bewältigung technisch schwieriger Arrangements stählen

Besinnung auf die Werte der japanischen Geschichte

Rikka von Ikenobô-Sen-i
aus dem Buch:
„Suna-no-mono-zu" (1761)

20. Jahrhundert

Zeit des modernen Rikka

Ikebana wird in der gesamten japanischen Bevölkerung sehr populär

weltweite Verbreitung

1958 Erneuerung des Rikka durch Ikenobô

Rikka in modernen Wohnungen, in Eingangshallen von öffentlichen Gebäuden und bei festlichen Anlässen

Ausstellungen in aller Welt

1. Klassisches Rikka:

   traditionelle Materialkombination

   Verwendung von klassischen Gefäßen

   Kompositionsprinzipien und Technik wie beim klassischen Rikka des 15. bis 19. Jahrhunderts

2. Modernes Rikka:

   freiere Kombination der Pflanzen

   vereinfachte Form

   kleines Rikka für das Heim und für Büros

   Verwendung des Kenzan (Blumenigel)

3. Kreatives Rikka

   sehr freie Form, aber immer noch aus einem Fuß aufsteigend

   neue Materialien wie Metalle, Kunststoffe usw.

   freier Einsatz der bildnerischen Mittel Farbe, Masse, Linie, Fläche, Leere zur Gestaltung eines Themas

   Arrangements ohne pflanzliches Material bilden die Verbindung zur abstrakten Skulptur

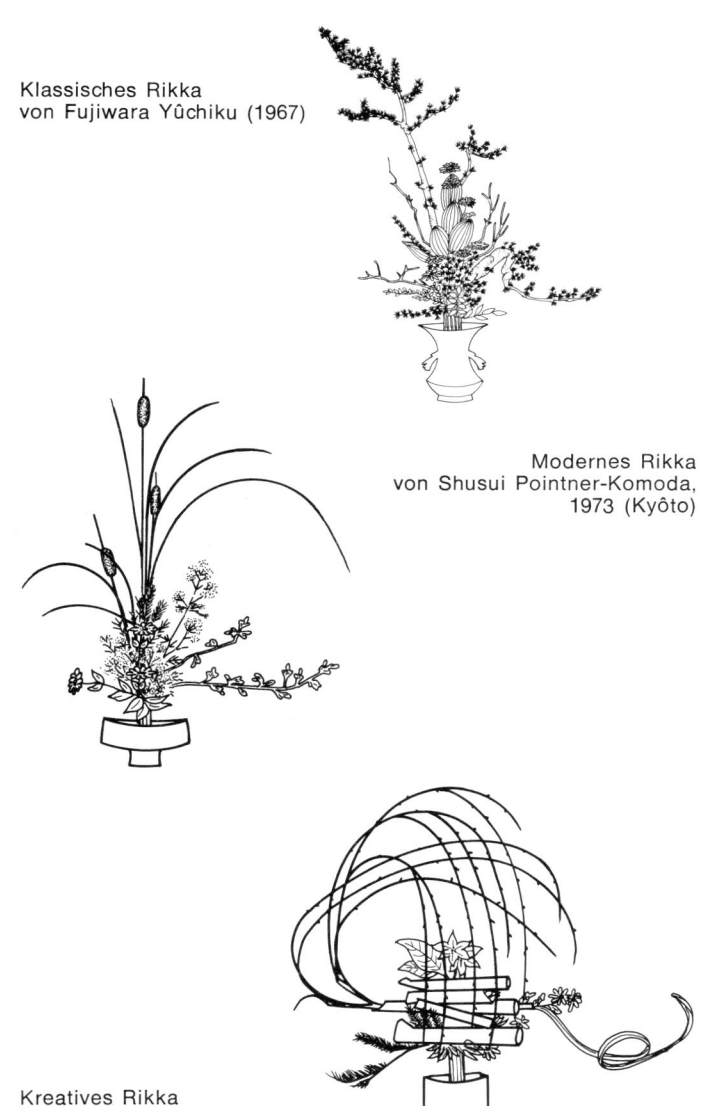

Klassisches Rikka
von Fujiwara Yûchiku (1967)

schwierige Gestaltungsregeln werden befolgt zur Übung der Konzentration und zur Steigerung der Sensibilität

Modernes Rikka
von Shusui Pointner-Komoda,
1973 (Kyôto)

Ausdruck des Wunsches nach Ordnung und Harmonie in der Welt

Darstellung des Allgemeingültigen in der Natur

Friedenssehnsucht

individuelle Aussage des Künstlers

originelle Gestaltung eines Themas aus Technik, Naturwissenschaft, Kunst, Politik, Philosophie usw.

Kreatives Rikka
von Shusui Pointner-Komoda,
1975

SHÔKA
SEIKA

Das Wort bedeutet „gestellte, lebendige Blumen". Ein Seika ist einfacher als ein Rikka, steigt aber auch aus einem Fuß auf.
Das Zeichen für Seika kann man auch als Shôka lesen.

GESCHICHTE	GESTALT
15.—17. Jahrhundert	
Vorbereitungszeit des Seika	im Gegensatz zu Rikka sehr einfach, klein und natürlich
unter dem Einfluß des Zen-Buddhismus entsteht *Chabana* (Blumenanordnung für die Teezeremonie)	oft nur eine Blume
	wirkt improvisiert
von Adeligen und Intellektuellen ausgeführt	nur wenige Regeln
gefördert von den einflußreichen Ratgebern für Kunst und Kultur bei Hofe *(dôhôshû)*	einfache, bescheidene Gefäße aus Bambus oder matt glasierter Keramik
17. Jahrhundert	
Entstehungszeit des Seika	2 bis 3 Linien aus einem *Fuß*
viele Lehrbücher entstehen	oft in einfacher Vase
Zeit des Sashibana (auch *Sôka* gelesen, arrangierte Blumen)	hängende Mond- und Schiffgefäße aus Kupfer oder Bambus werden beliebt (Tsuribana: Blumenampel)
Tsuribana als Schmuck des Hauses	für Seika werden Vasen, Schalen und Pokale benutzt
Seika oder *Shôka* werden als Alternative zum komplizierten Rikka gesehen	lockere Anordnung
	wirkt nicht zeremoniell
	Arrangements sind ziemlich klein und passen auch ins bescheidene Wohnhaus

BEISPIEL

BEDEUTUNG

Chabana
aus dem Lehrbuch
„Odayû-ran-no-kuden"
(1740)

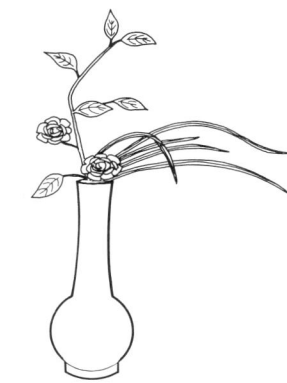

Sashibana
aus dem Lehrbuch
„Nageire Kadensho"
(1684)

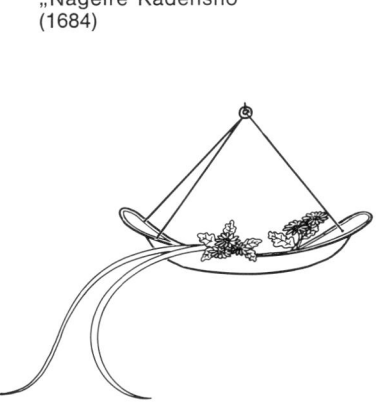

einfaches Herz, Stille, Schlichtheit, *Armut* (jap.: *wabi, sabi*)

Verbesserung der Atmosphäre zwischen den Menschen in einem Raum

stummer Willkommens- oder Abschiedsgruß

eine Linie ist für den Gast, die andere für den Gastgeber, beide bilden eine harmonische Einheit

natürliche Einfachheit

heitere Gelassenheit

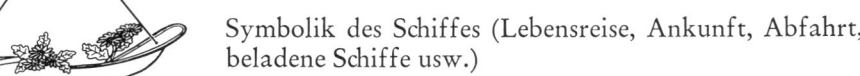

Symbolik des Schiffes (Lebensreise, Ankunft, Abfahrt, beladene Schiffe usw.)

Freude am Betrachten des Mondes

Pflanzensymbolik (z. B.: Kiefer bedeutet langes Leben)

Seika-Blumenampel in Schifform
aus dem Lehrbuch „Kodai-seika-zukan" (1710)

18.—19. Jahrhundert

Blütezeit des Shôka
(oder Seika)

unter Ikenobô Senjô werden 1816 die heute noch aner-
kannten Regeln für das klassische Shôka festgelegt

wohlhabende Bürger und Intellektuelle widmen sich
dem Shôka

ab 1888 ist Ikebana Schulfach für Mädchen

Mittel zur Besinnung auf japanische Kultur während einer
Zeit umwälzender Einflüsse aus dem Ausland

drei Linien steigen aus einer gemeinsamen Fußlinie auf

Benennung unterschiedlich

meist Shin, Soe, Tai oder Shin, Soe, Hikae

Gefäß und Material sind genau vorgeschrieben

strenge Anordnung

meist eine oder zwei Arten von Pflanzen

zunehmende Erstarrung

20. Jahrhundert

Zeit des modernen Shôka (Seika)

Ikebana war noch in keiner Epoche so populär wie in
diesem Jahrhundert

wie klassische Musik, so wird auch das klassische Shôka
(Seika) neben Shôka in modernem Stil von zahlreichen
Schulen gepflegt

modernes Shôka entsteht

geregelt 1954 von der Ikenobô-Akademie

(Sanshuike-Shôka)

von Rikka beeinflußt, internationale Verbreitung

1. klassisches Shôka:
   etwas strenge, aber edle und schlichte Anordnung

2. Shôka-Sanshuike (Shôka aus 3 Materialien):
   rundere, bewegtere, vollere Form

nicht mehr so schlicht

Verwendung von ausländischen Pflanzen und nicht-
pflanzlichem Material

bedeutsam sind Farbenzusammenstellung, Linienführung und Charakter der Pflanzen

freie Wahl des Gefäßes

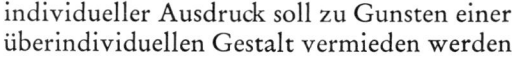

Seika-Arrangement mit Aspidistrablättern
aus dem Lehrbuch „Tokiwa-Kagami" (1852)

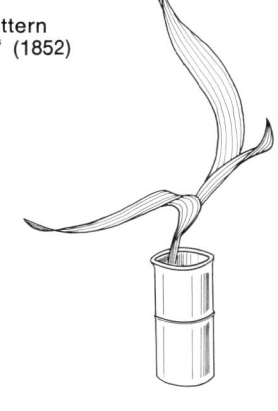

individueller Ausdruck soll zu Gunsten einer
überindividuellen Gestalt vermieden werden

Ausdruck des Systems in der Natur

Dreiheit aus Himmel, Mensch und Erde, oder aus dem
Positiven, dem Negativen und dem Menschen

strenge Ordnung

in manchen Schulen wurde im Shin-Zweig der Kaiser
gesehen

als Gegenbewegung dazu: *Bunjin-bana,* das freiere,
ungebundenere Ikebana der Literaten

Klassisches Shôka-Arrangement
in traditionellem Bronzegefäß

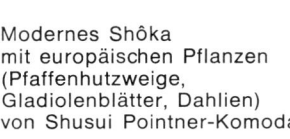

Vertiefung in die klassische Kunst führt zu Harmonie und
innerer Ruhe

nicht selten steht eine Thematik am Anfang der
Gestaltung

ein Titel kann die Intention des Künstlers verdeutlichen

die Individualität des Ausübenden darf durch die
überindividuelle Gestalt hindurch sichtbar werden

Modernes Shôka
mit europäischen Pflanzen
(Pfaffenhutzweige,
Gladiolenblätter, Dahlien)
von Shusui Pointner-Komoda

27

NAGEIRE
HEIKA

Nageire bedeutet „hineingeworfene Blumen" und kann auch als „Heika" gelesen werden. Es wird meist in Vasen arrangiert.

GESCHICHTE	GESTALT
15.—16. Jahrhundert	
Vorbereitungszeit des Nageire	einfach, ziemlich klein, natürlich
Blumen für die Teezeremonie (Chabana)	wirkt wie kunstlos hineingeworfen
vom Zen-Buddhismus beeinflußt	kaum geregelt
von Adeligen und Intellektuellen ausgeführt	oft nur eine einzige Blume
17.—19. Jahrhundert	
Zeit des Nageirebana	meist zwei Linien in lockerer Anordnung
gleichzeitig Blütezeit des Rikka	die Gefäße sind nicht so prunkvoll wie bei Rikka
Shôka entsteht auch in dieser Zeit	klare, edle Linien werden betont
Adelige und Gebildete suchen das Einfache	neben Rikka und Shôka, die immer mehr formalisiert werden, besteht das Nageire als ziemlich regelloses Arrangement
	einfacher, meist dreiteiliger Bau
20. Jahrhundert	
Blütezeit des Nageire	besteht in allen Schulen aus drei Hauptlinien
europäischer Einfluß auf einzelne Ikebana-Meister	arrangiert in Vasen aller Art aus Keramik, Glas, Porzellan usw.
Verbreitung in aller Welt	

BEISPIEL

BEDEUTUNG

Chabana
von Senno Rikyû, 16. Jh.

Ergänzung der Teezeremonie

Arrangement soll nicht auffallen aber doch wirken

Natur in ihrer jahreszeitlichen Erscheinung soll durch das Chabana in komprimierter Weise ins Innere des Teeraums gebracht werden

Nageire von Ikenobô Senyô
aus dem Buch
„Kodai Ikebana-Zukan" (1697)

Sôka
mit japanischem Aprikosenzweig,
aus dem Buch
„Sôka-hyaku-binzu" (1812)

Natürlichkeit wird angestrebt

weniger ist mehr

Nageïre soll auch in den immer größer werdenden Städten etwas von der Natur und ihrer Atmosphäre vermitteln

Modernes Nageire aus Haselzweigen,
kleinen Gladiolen und Iris (1973)

die natürlichen Eigenschaften der verwendeten Pflanzen sollen auch heute noch die Atmosphäre und den Charakter des Arrangements bestimmen

Verfremdung des Materials ist seltener anzutreffen

MORIBANA

Moribana bedeutet wörtlich „aufgehäufte Blumen". Heute wird es meist mit „Blumenbusch" übersetzt.

GESCHICHTE	GESTALT
Ende des 19. Jahrhunderts	
Anfangszeit des Moribana	natürliche Anordnung in flachen Schalen
zahlreiche Ikebana-Meister entwickelten hauptsächlich aus dem alten Rikka-Sunanomono (Sandarrangement) ein formloses Landschaftsarrangement	Verwendung ausländischer Blumen (Tulpen, Margeriten, Dahlien)
	die drei Hauptlinien schließen ein ungleichseitiges Dreieck ein
um 1900 geregelt von Ohara Unshin	Erfindung des *Nadelblumenhalters (kenzan)* ermöglichte es jedermann schnell einfache Ikebana-Anordnungen zu schaffen
Blütezeit des Moribana 20. Jahrhundert	technisch einfach
sehr populäre Ikebana-Form	kein großer Zeitaufwand nötig
findet wegen seiner Einfachheit Aufnahme in allen Kreisen der Bevölkerung	Zweige, Blätter und Blumen werden in flache Schalen, aber auch in Pokale und Kelche geordnet
verbreitet sich nach 1945 auf der ganzen Welt	nicht von einer Seite zu betrachten wie Rikka, Shôka oder Nageire
außerjapanische Kunstprinzipien fließen ein	Tischarrangements
Jiyû-ka, der *freie Stil*, entsteht	von allen Seiten zu betrachten *(Shimentai)*
ab ca. 1930	
Avantgarde-Ikebana (Zenei-ka)	neben frischen und getrockneten Pflanzen aller Art werden auch Stein, Metalle und Kunststoffe zu Werken plastischer Kunst verarbeitet
besonders gefördert von Teshigahara Sôfu	
im sog. *non-floralen Ikebana* verschwimmt die Grenze zur abstrakten Skulptur	es entstehen auch Plastiken aus Wurzeln, ohne Gefäß

BEISPIEL

Natürliches Moribana
von Ohara Unshin (ca. 1909)

Moribana
von Shusui Pointner-Komoda
(1971)

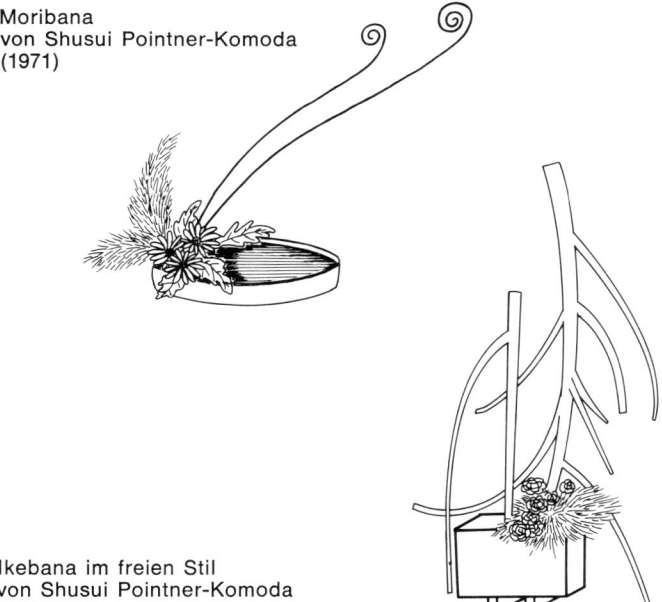

Ikebana im freien Stil
von Shusui Pointner-Komoda
(1972)

BEDEUTUNG

ein Miniaturkosmos soll ins Heim kommen

Miniaturlandschaft

Darstellung der Jahreszeiten

Moribana symbolisiert Freiheit, Weltoffenheit und Frieden

das Prinzip *Himmel—Mensch—Erde* wird von den einzelnen Ikebanaschulen verschieden ausgelegt: einmal mit *Himmel* als höchstem Zweig oder im asiatisch-buddhistischen Sinne mit dem wichtigsten Element *Shin* als *Mensch*

Ausdruck der Freude über die Natur

eine Idee wird künstlerisch dargestellt

die Absicht des Künstlers kann manchmal durch einen Titel deutlicher gemacht werden

z. T. Betonung des rein dekorativen Moments

---

durch die freie Kombination von natürlich-pflanzlichen oder künstlichen Linien, Farben und Massen drückt der Mensch bestimmte Gedanken und Empfindungen aus

es eröffnet sich für den Künstler ein weites Experimentierfeld in Richtung Kunst der Skulptur

wesentliche Inhalte des Ikebana, die diese Kunst eben von der Kunst der Plastik abheben, werden von einigen Schulen aufgegeben

---

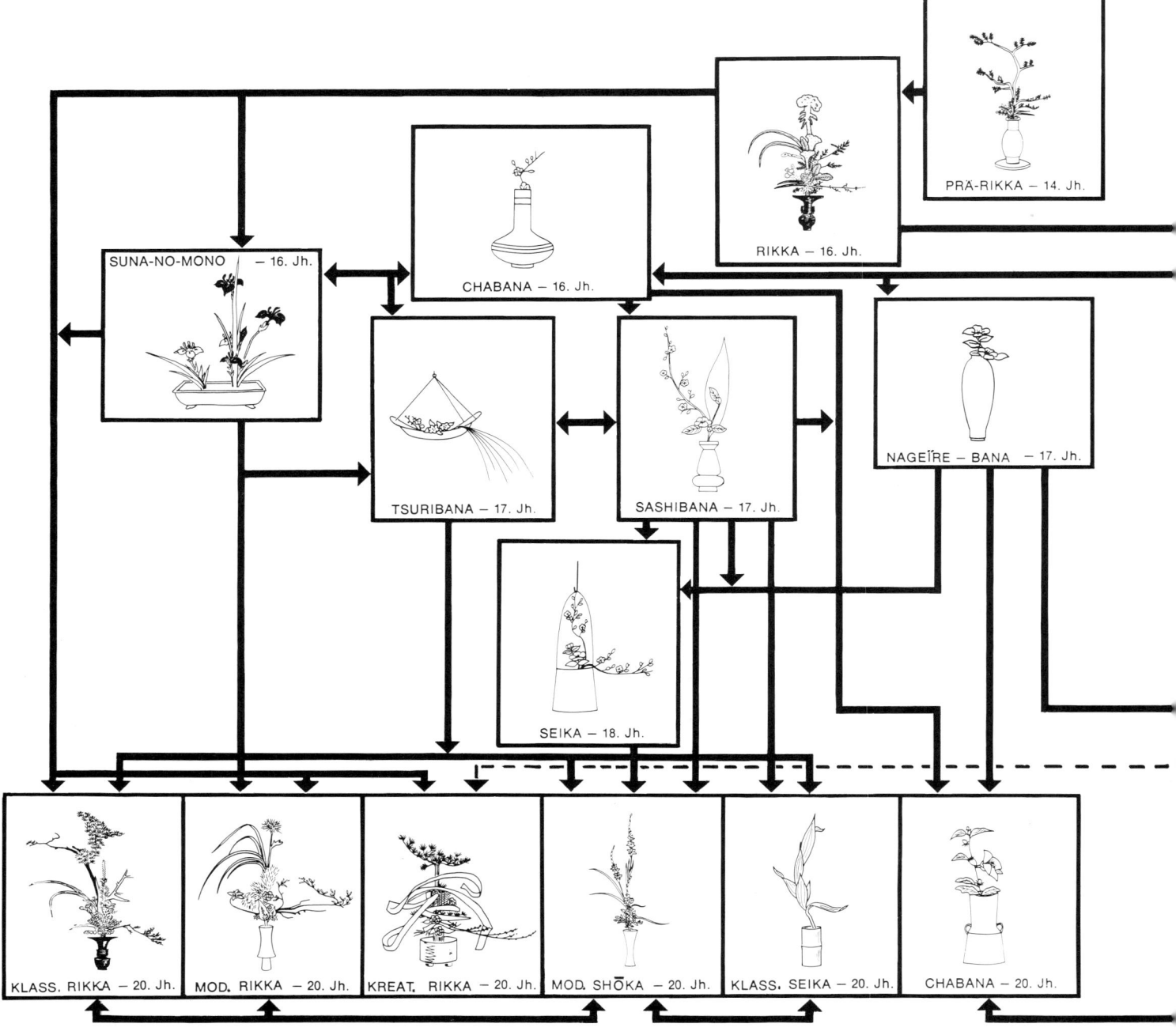

PRÄ-RIKKA – 14. Jh.

RIKKA – 16. Jh.

CHABANA – 16. Jh.

SUNA-NO-MONO – 16. Jh.

NAGEÏRE – BANA – 17. Jh.

TSURIBANA – 17. Jh.

SASHIBANA – 17. Jh.

SEIKA – 18. Jh.

KLASS. RIKKA – 20. Jh.

MOD. RIKKA – 20. Jh.

KREAT. RIKKA – 20. Jh.

MOD. SHŌKA – 20. Jh.

KLASS. SEIKA – 20. Jh.

CHABANA – 20. Jh.

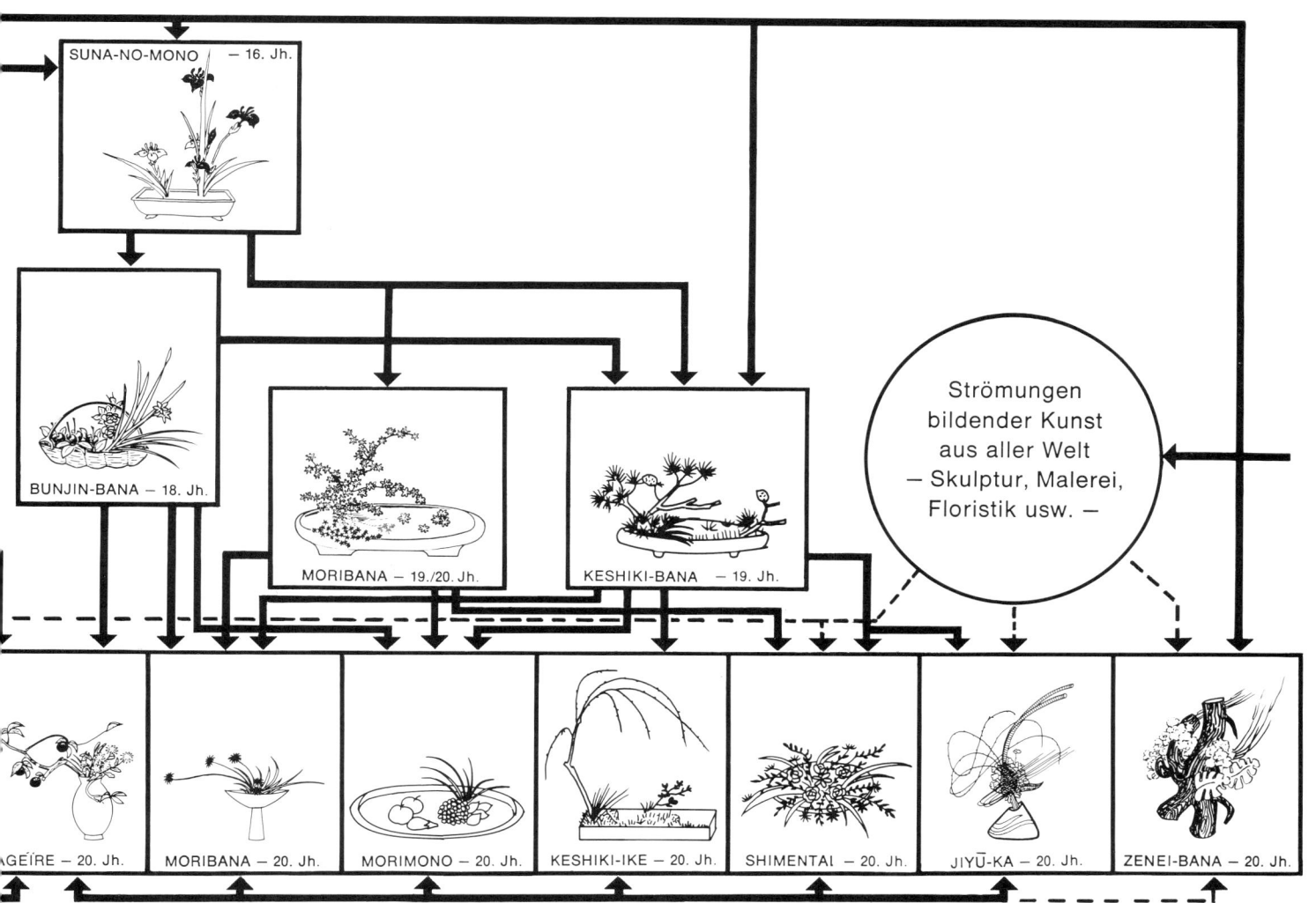

SUNA-NO-MONO — 16. Jh.

BUNJIN-BANA — 18. Jh.

MORIBANA — 19./20. Jh.

KESHIKI-BANA — 19. Jh.

Strömungen bildender Kunst aus aller Welt — Skulptur, Malerei, Floristik usw. —

...GEIRE — 20. Jh.

MORIBANA — 20. Jh.

MORIMONO — 20. Jh.

KESHIKI-IKE — 20. Jh.

SHIMENTAI — 20. Jh.

JIYŪ-KA — 20. Jh.

ZENEI-BANA — 20. Jh.

IKEBANA HEUTE

Durch eine gar nicht so kleine Zahl von Publikationen über Ikebana in Europa könnte der Leser den Eindruck gewinnen, Ikebana sei nur *Blumenstellen in flachen Schalen*. Aber mit Ikebana ist es wie mit der Musik. Auch hier kann man nur mit einer Weidenholzflöte vorliebnehmen.

Man kann dieses erste Spiel aber auch als Anfang eines Lebens mit der Musik und für die Musik sehen. Daß man mindestens Harmonielehre und Spieltechnik beherrschen muß, um die Meisterwerke der Klassik interpretieren zu können, verwundert niemanden. Einen Musiker, der gar nichts davon kann, der weder ein Instrument spielt, noch Noten lesen kann, der jegliche Musiktradition ablehnt, den wird man kaum mehr als solchen bezeichnen wollen. Bestenfalls kann er Geräusche oder Lärm hervorbringen. Musik aber ist das nach dem überall auf der Welt herrschenden Konsens noch lange nicht.

Da das Ausgangsmaterial beim Ikebana, die Blumen und Pflanzen, auch ohne Bearbeitung schon *schön* ist, fällt es manchmal schwerer, den *Lärm* von der *Musik* zu unterscheiden. Umgekehrt bietet aber gerade diese Tatsache jedermann die Möglichkeit, schon vom ersten Versuch an *schöne* Arrangements zu gestalten.

Das Schaubild auf den Seiten 32/33 will dreierlei zeigen:

1. Ikebana ist nicht statisch. Ikebana bedeutet nicht Kopieren von Kunstformen längst vergangener Zeiten. Ikebana war trotz seiner Gebundenheit an die Tradition in allen Epochen progressiv und dynamisch. Erscheinungsbild und Techniken haben sich laufend verändert. Selbst der Maßstab *Natur* ist nicht gleich geblieben, denn auch er ist der Dynamik der Entwicklung und Veränderung unterworfen.

2. Das Ikebana von heute wurzelt fest in der Tradition japanischer Kunst und verarbeitet auch Einflüsse aus der übrigen Welt. Rikka ist die Wurzel des Ikebana, aus dem sich alle heute üblichen Formen mittelbar oder unmittelbar herleiten.

3. Niemals in seiner langen Geschichte wies Ikebana eine so große Zahl von Möglichkeiten auf. Heute ist alles möglich vom esoterischen Arrangement, das ganz aus buddhistisch-konfuzianischer Weltsicht heraus geschaffen wird, bis zum sinnlich-äußerlichen Werk plastischer Kunst, das sich zwischen Dekoration und bloßem Effekt bewegt.

Die einzelnen Epochen japanischer Blumenkunst werden in unserem Schaubild durch Bilder typischer Arrangements aus der jeweiligen Zeit verdeutlicht. Die fließenden Übergänge und die vielen unterschwelligen Beeinflussungen der Richtungen untereinander, sowie die Unzahl der Möglichkeiten des modernen Ikebana können hier nur angedeutet werden. Wir möchten hier auch anmerken, daß die Erforschung der Geschichte des Ikebana bis heute immer noch keine so klaren Ergebnisse vorweisen kann, wie das beim Studium dieser vereinfachten Übersicht erscheinen könnte.

DER WEG ÜBER KADO

Zum Wesen der Kunst gehört wohl auch das Suchen nach der Wahrheit. Aber was ist die Wahrheit? Sie hat wohl zu tun mit Vollkommenheit und Vollendung, mit Lebendigkeit, Richtigkeit und Ganzheit. Nur wie man zu dieser Wahrheit gelangt, das wird unterschiedlich gesehen. Die eine Seite sieht den einzigen Weg dorthin über die Leistungen des Verstandes, unter Einsatz der Gesetze der Logik. Das Planen und Verwerfen, das Einteilen und Zusammenfügen, das Vergleichen und Messen sind dazu nötig. Aber das Erleben und das Erfühlen der Wahrheit ist im modernen Leben weniger gefragt. Das ist auch das Problem dieses Buches. Natürlich müssen wir erklären und argumentieren, um den Leser in den Geist und die Technik des Ikebana einzuführen. Uns ist aber klar, daß eigentliches Ikebana durch Worte nicht recht darstellbar ist. Deshalb sollten Sie als Leser auch zuerst die Bilder betrachten, sie sollten Blumen auswählen und in Ihr Heim holen. Sie sollten sich über die Naturschönheit freuen.

Die japanischen Künste als Weg

Wenn also Kunst zur Wahrheit führen soll, dann muß sie nicht nur von den Kräften des Verstandes getragen sein, sondern auch vom Gefühl. Künstler und Betrachter werden als ganze Menschen gefordert. Und nur der ganze Mensch erfährt die Wahrheit. Vielleicht können wir so auch ohne die Erkenntnisse des Zen-Buddhismus einsehen, daß Kunst ein *Weg* sein kann, wenn wir voraussetzen, daß Kunst Wahrheit will.

Die japanischen Künste werden seit langem als *Weg* verstanden, obwohl *Dô* (Weg) nicht begrifflich festlegbar ist. Heute empfindet der Japaner dieses Weghafte unabhängig von der Religion. Der Ursprung liegt aber im Religiösen.

Boddhidharma wird als der achtundzwanzigste Patriarch des Buddhismus gesehen. Er glaubte, daß die wahre Lehre Buddhas nicht aus einem Buch gelernt werden kann, denn die Wahrheit sei zu tief, um durch Worte ausgedrückt zu werden. Stille Meditation, absichtsloses Verweilen, war für ihn ein Mittel, die *Erleuchtung* zu erlangen.

Aber nicht nur die Meditation im Sitzen oder im Gehen führt zur tiefen Sammlung. Unter dem Einfluß des auf Boddhidharma zurückgehenden Zen-Buddhismus wurden die japanischen Künste so vergeistigt, daß sie zum *Dô* wurden. Der Prozeß in der Kunst wurde wichtiger als das daraus entstehende Produkt. Das Handeln in Harmonie war wesentlich. Der schaffende Mensch suchte Harmonie zur sozialen Umwelt und zur Natur.

Vollkommenheit kann man erlangen, wenn man einen der *Wege* geht. Für den Europäer ist es oft nicht so leicht verständlich, daß in Japan auch das Schwertfechten zu den Künsten gezählt wird. In dieser Körperkunst sieht man in Japan auch heute noch einen Weg zur Vervollkommnung. Der Fortgeschrittene in dieser Kunst wird sich selbst vergessen. Er empfindet nicht mehr, daß er schlägt, sondern *es* schlägt. So wie hier, im *Ken-dô* ist es auch in der Kunst des Bogenschießens, dem *Kyû-dô*. Überall auf der Welt wird auch durch *Jû-dô* zum richtigen Sportgeist und zur Selbstbeherrschung erzogen. Es gibt noch mehr Methoden, die dem Menschen helfen zum Ursprung seiner selbst zurückzukehren: *Sho-dô*, die Kunst der Kalligraphie, *Sa-dô*, die Kunst des Teebereitens, die man meist *Teezeremonie* nennt, und schließlich die Kunst des Blumenordnens, *Ka-dô*, den Blumenweg.

„Ka-dô", der Blumenweg

Sicherlich kann der Weg-Charakter der japanischen Blumenkunst nicht allein über dieses Buch erlebt werden. Das Buch soll aber anregen, sich auf den Weg zu begeben. Wer die angebotenen Lektionen mit Bedacht durcharbeitet, wer jedes der Arrangements in jeder Jahreszeit und mit verschiedenen Pflanzen gestellt hat, der wird bezeugen können, daß das *Weghafte* des Ikebana unabhängig von jeder Religion besteht.

Beim Anordnen von Blumen werden wir zuerst den Wachstumswillen der Blumen und Zweige zu erkunden versuchen. Erst dann gilt es, diesen Wachstumswillen mit unserem Gestaltungswillen harmonisch zu vereinen. Dieses schöpferische Tun kann zu *tiefer Sammlung* führen. Doch diese *Versenkung* (sanmai) sollte durch Ungeschicklichkeiten in der Behandlung einer zerbrechlichen Blüte oder durch Schwierigkeiten beim Befestigen der Zweige in der Vase nicht gestört werden. Die Techniken des Blumenstellens müssen so vollkommen beherrscht werden, daß die einzelnen Handgriffe vom Unbewußten gesteuert werden.

Wer so weit ist, der kann die Macht des *Blumenweges* spüren. Er erlebt, wie sich seine Bewegungen, seine Mimik und seine Handgriffe dem Charakter der jeweiligen Pflanzen anpassen. Ein Kiefernzweig verlangt eine andere Behandlung als zarte Grashalme.

Ikebana-Lehrer stellen bei Ihren Schülern eine Haltungsbeeinflussung fest. Durch das absichtsfreie Arrangieren von Blumen werden viele ruhiger und ausgeglichener. Ihre psychische Belastbarkeit erhöht sich, was bedeutet, daß sie auch im Berufsleben Konflikte leichter bewältigen können. Durch den andauernden Umgang mit lebendigen Blumen geht etwas vom Wesen der Pflanze in das Wesen des Menschen ein. Gelassenheit tritt ein, die Sensibilität steigert sich und der Mensch wird stiller. Wie stark ist doch die Lebenskraft der Pflanzen, auch ohne Lärm und Hast. Stille wird zum Wert. Wenn das Blumenhafte das Handeln des Menschen auch in anderen Lebenssituationen bestimmt, dann sprechen die Japaner vom *Blumenherzen* (hananokokoro), das er erlangt hat.

Wir möchten nicht behaupten, daß am Ende des Blumenweges für jeden die Erleuchtung stehen wird. Aber die meisten Europäer werden doch durch Ikebana auf den Weg zu größerer Harmonie geführt und sie werden manchmal recht glücklich sein, ohne genau sagen zu können, warum.

Der Weg über das eigene Gestalten

Durch das Sprechen oder Bücherlesen über die japanische Blumenkunst können nicht die wesentlichen Erfahrungen gesammelt werden. Erst die Liebe zu den Blumen ist es, die Ikebana zu mehr als nur plastischem Gestalten macht. Lebende Blumenanordnungen bleiben nur einige Tage frisch. Sie lassen sich nicht vermarkten, Ikebana kann nicht wie das dekorative, transportable Blumengebinde Europas zur Ware werden. Beim Ikebana ist das Werk nicht so wichtig. Die Harmonie des Arrangements entsteht wie von selbst, wenn der Künstler in Harmonie ist mit der Tradition und der Natur. Ein Blick auf die anderen typisch japanischen Künste zeigt, daß auch dort der Akt wichtiger ist als das Werk.

Nehmen wir nur den Tee-Weg (*Sa-dô*) als Beispiel. Sein Geheimnis besteht ganz einfach darin, Tee zu bereiten und zu trinken in Harmonie mit dem Gast und der Umwelt. Jeder Handgriff bei der Zubereitung des Tees wird zum Kunstwerk, jede Bewegung wirkt auf den Ausführenden, auf den Gast, aber auch auf den Tee. Und somit ist das *Werk*, der aromatische, schäumende, richtig temperierte Tee, nur ein Ergebnis des *Aktes* und der dadurch geschaffenen Atmosphäre.

Durch den ständig wiederholten Akt des *ikeru* bilden sich Haltungen der Pflanze gegenüber. Die stille Beobachtung der Natur, sie sinnliche Verbindung mit den Blumen führen oft zu innerer Ausgeglichenheit, zu Ruhe und Heiterkeit, zu höherer Konzentration. Man denkt nur an die Pflanzen, wenn man Ikebana ausübt. Wer oberflächlich arbeitet oder hektisch, der wird bald feststellen, daß die Blumen schneller verderben.

In der Musik kann nur der seine Gefühle und Intensionen genau ausdrücken, der mit der Technik der Instrumente vertraut ist, der die Gesetze der Harmonielehre beherrscht, dessen Finger ohne Überlegung, *automatisch* die gewünschten Tasten drücken. Auch Sprachkunst ist wohl nur dem möglich, der die Ausdrucksmittel der Sprache beherrscht.

Die vollkommen freie Verwendung von Tönen und Geräuschen, von Lauten und Worten, von Farben, Formen und Bewegungen führt wohl zum Chaos. Jede Kunst und jeder Künstler, aber auch der sogenannte *Laie* wurzeln in der Überlieferung. Auch wenn er sich mit aller Kraft von ihr lösen will, sie wirkt in ihm. Sein Schaffen wird von den Anschauungen seiner Zeit, seiner Gesellschaft oder seiner Schule entscheidend mitgeprägt. Selbst die größten Meister haben kein Werk aus dem Nichts oder allein aus sich selbst geschaffen, und doch hinterließen sie alle eine Welt, die es vor ihnen nicht gab. Mit dieser Feststellung wollen wir zeigen, daß die japanische Methode des Lernens doch ihren Wert hat. Der kreative Prozeß beginnt mit der Nachahmung des Meisters. Schon das immer wieder andere *Material* Pflanze verhindert auch bei den ersten Schritten das geistlose Kopieren.

Dieses Buch soll nicht den Lehrer ersetzen. Wem aber ein rechter Meister fehlt, dem wird es eine Hilfe sein, auf dem *Blumenweg* einige kleine Schritte voranzugehen. Eine stattliche Anzahl von Modell-Arrangements, einfache und schwierige Formen, laden ihn ein zum Nachgestalten. Dabei sollte er seine eigene Kritik so lange zurückstellen, bis er frei mit den gebotenen Formen spielen kann und die Pflanzen jeder Jahreszeit harmonisch mit den Formen verbinden kann.

Pflanzen
    Zebragras, gestreiftes Pampas-
    gras, Chinaschilf, chinesische
    Glockenblume (*Campanula
    platycodon* 'Grandiflorum'),
    Patrinia scabiosifolia
Gefäß
    japanischer Bambuskorb
Form
    Moribana, aufrechte Form
Meister
    Masahiro Ikeda (Koryû)

MORIBANA

1

CONVEX

Reiz der Vergänglichkeit

Wenn auf dem Bergland
Nicht nur so kurze Tage
Im Silberschimmer
Die Kirschenbäume blühten,
Wir hätten sie so lieb nicht.
  (Yamabe no Akihito + 675)

Meister
Masahiro Ikeda (Koryû)

MORIBANA

2

Pflanzen
    Magnolien, Hortensien
Gefäß
    Ashidaka-Suiban (Keramikschale mit drei hohen Füßen)

Form
    Kombination zwischen liegender und geneigter Form des Moribana
Meister
    Masahiro Ikeda (Koryû)

MORIBANA

3

Pflanzen
    große Pflaumenzweige mit Flechten, mittelgroße Pflaumenzweige,
    junge Pflaumenzweige, Pflaumentriebe, japanische Orchideen mit
    Wurzeln, Senryô *(Chloranthus glaber),* Narzissenzwiebel,
    alte japanische Zeder

MORIBANA

Gefäß
    zwei teilweise übereinandergestellte, rechteckige,
    große Keramikschalen
Form
    Moribana — Landschaftsarrangement
Meister
    Kumada Kôshû (Saga — Goryû)

Pflanzen
  Biwa *(Eriobotrya japonica)*, Margerite *(Chrysanthemum segetum)*,
  Aster
Gefäß
  Keramikvase aus drei Zylindern zusammengesetzt

Form
  aufrechtes Parallelarrangement
Meister
  Masahiro Ikeda (Koryû)

M O R I B A N A

5

Surrealistische Anlehnung

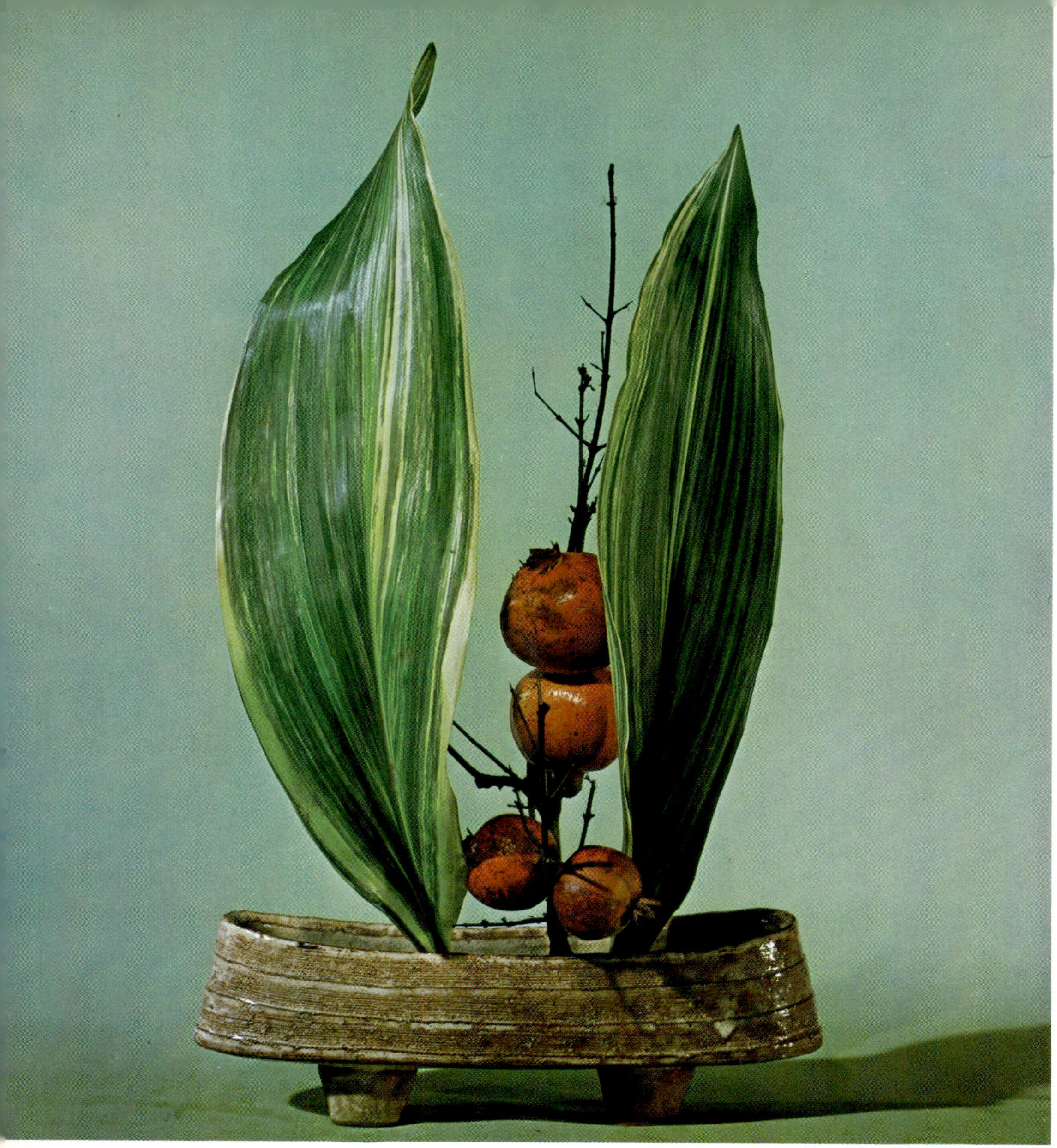

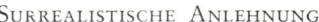

Pflanzen
Aspidistra-Blätter, Granatapfel
Gefäß
Igayaki-Keramikschale
Form
Moribana in freier Gestaltung
Meister
Sôfû Teshigahara (Sôgetsu-Schule)

MORIBANA

Pflanzen
    rote und weiße, kleine Chrysan-
    themen
Gefäß
    längliche, aufgebogene Schale mit
    Fuß und dicker Glasur
Form
    kreatives Moribana, aufrechte
    Form
Meister
    Hôun Ohara (Ohara-Schule)

MORIBANA

Pflanzen
　　trockene Fruchtstände des Lotos,
　　verwittertes Holz, wilde Rosen mit
　　Früchten, kleine gelbe Chrysan-
　　themen, getrocknete Lotosblätter
Gefäß
　　große Keramik-Wasserschale mit
　　Füßen
Form
　　Moribana — Landschafts-
　　arrangement
Meister
　　Hôun Ohara (Ohara-ryû)

MORIBANA

Pflanzen
  zwei Dieffenbachien, fünf rote Rosen
Gefäß
  blaugrünes Milchglas
Meister
  Taiun Goshima (Ohara-Schule)

MORIBANA

9

Pflanzen
  Wisteria mit Schoten,
  Chrysanthemen
Gefäß
  Keramikvase
Form
  Nageire, geneigte Form
Meister
  Kasumi Teshigahara (Sôgetsu)

NAGEÏRE

Pflanzen
  chinesischer Flieder, kleine Narzissen
Gefäß
  ein Paar italienischer Keramikvasen

Form
  Nageire-Kombination
Meister
  Sôfû Teshigahara (Sôgetsu)

NAGEÏRE

11

Pflanzen
  sechs Clematisblüten mit Ranke
Gefäß
  japanisches Bambuskörbchen
  mit zartem Griff
Form
  Nageire, geneigte Form
Meister
  Masahiro Ikeda (Koryû)

NAGEÏRE

Pflanzen
  Kosmeen
Gefäß
  originelle, gelb glasierte
  Keramikvase
Form
  Kombination aus aufrechter und
  hängender Form des Nageire
Meister
  Masahiro Ikeda (Koryû)

NAGEÏRE

FRÜHLINGSZEICHEN

Pflanzen
    Narzissenblüten und -blätter, Wicken
Gefäß
    Keramikvase von Man-no-suke mit drei Öffnungen
Form
    Nageire, freie Variation
Meister
    Fujiwara Yûchiku (Ikenobô-Schule)

NAGEÏRE

TRAUM

Pflanzen
  Nachtkerze, Wildrosen
Gefäß
  moderne Keramikvase mit Füßen
Form
  Nageire
Meister
  Shûko Oda (Ohara-Schule)

NAGEÏRE

Pflanzen
  Wacholder, Strelitzia, Alocasia
Gefäß
  alte japanische Bauchvase (Tsubo),
  Untertisch aus Holz (Kadai)
Form
  Nageire
Meister
  Toshi Yagi (Ohara-Schule)

NAGEÏRE

16

Kirschblüte

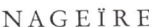

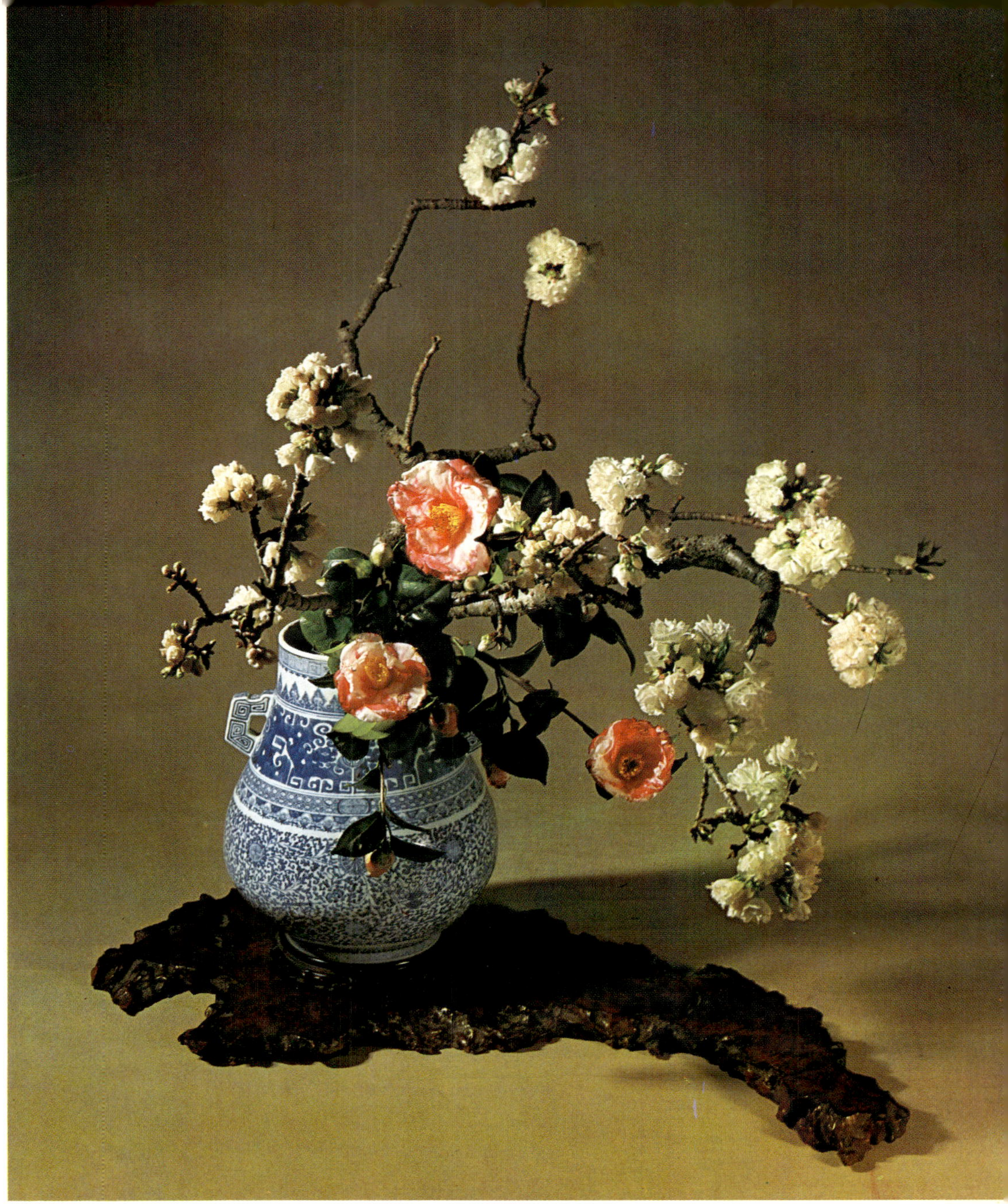

Pflanzen
Sakura (japanische, gefüllte Kirsche), Kamelie
Gefäß
alte chinesische Tsubovase auf einem Untersetzer in Wolkenform aus Wurzeln (Kadai Kumogata)
Form
Nageire, Kombination aus liegender und geneigter Form
Meister
Hôun Ohara (Ohara-Schule)

NAGEÏRE

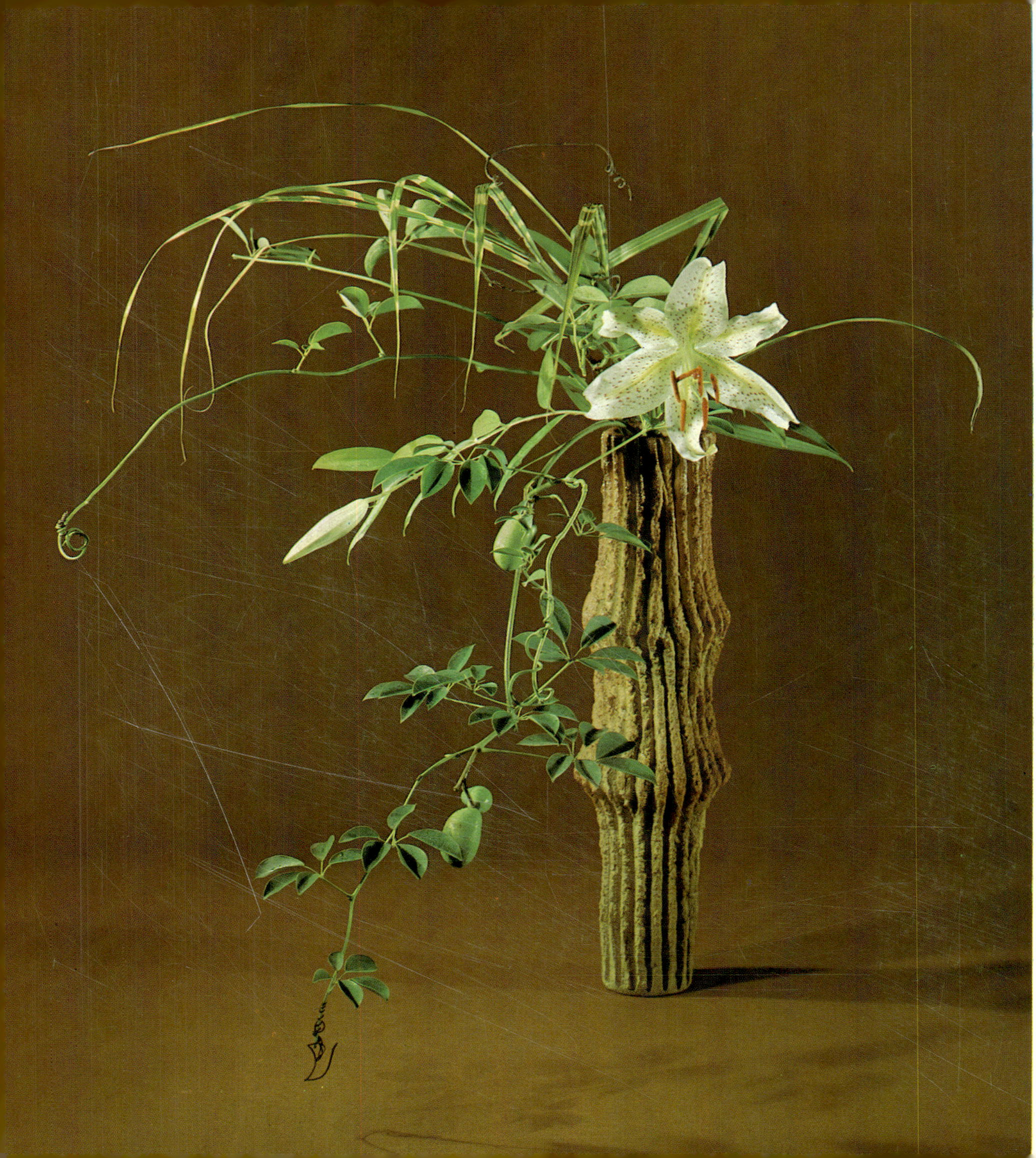

SOMMERWIND

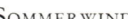

Pflanzen
Chinaschilf (*Miscanthus* 'Zebrinus'), Trichterlilien, *Stauntonia hexaphylla* (Mube/jap.)
Gefäß
Unglasierte, hohe Keramikvase
Meister
Taiun Goshima (Ohara-Schule)

NAGEÏRE

FRÜHSOMMERGEFÜHL
SHÔKA NO KOKORO

Pflanzen
  lila Glockenblume *(Campanula)*, englische Schwertlilie,
  Heckenkirsche
Gefäß
  gelbe, schifförmige Keramikschale mit Füßen
Form
  modernes Shôka-Sanshu-ike

Wenn man die hohe Glockenblume (Blütezeit Juni) sieht,
denkt man an den Frühsommer.
Wir benützen diese gerade nach oben strebende Blume gerne
als Shin und stellen sie in die Mitte.
Die zweite Campanula folgt als Shin-Ashirai, etwas links
hinter Shin in den Kenzan gesteckt. Als Dô dienen drei Iris,
Soe und Tai gestalten wir aus Heckenkirschenzweigen.
Die geraden Linien von Campanula und Iris stehen im
Kontrast zu den feinen Bewegungen der Zweige. Der gelbe
Punkt in der dunkellila Irisblüte wiederholt sich im
Glasurmuster der Schale.
Statt Campanula können auch Gladiolen, Fingerhut,
Rittersporn oder Eisenhut verwendet werden.

Meister
  Shûsui Pointner-Komoda (Ikenobô- und Saga-Schule)

SHÔKA

19

SHÔKA

Pflanzen
  Weidenkätzchen, Kamelie
Gefäß
  große, flache Keramikschale (Suiban)
Form
  Seika-Arrangement im Stil der Saga-Goryû
Meister
  Isseki Kusunoki (Saga-Schule)

20

Der Mond
Immer,
Wenn ich den Mond ansehe,
Fühle ich mich tausendfältig
einsam;
Aber der Herbst
Gehört nicht mir allein.
                (Ôeno Chisato ca. 877)

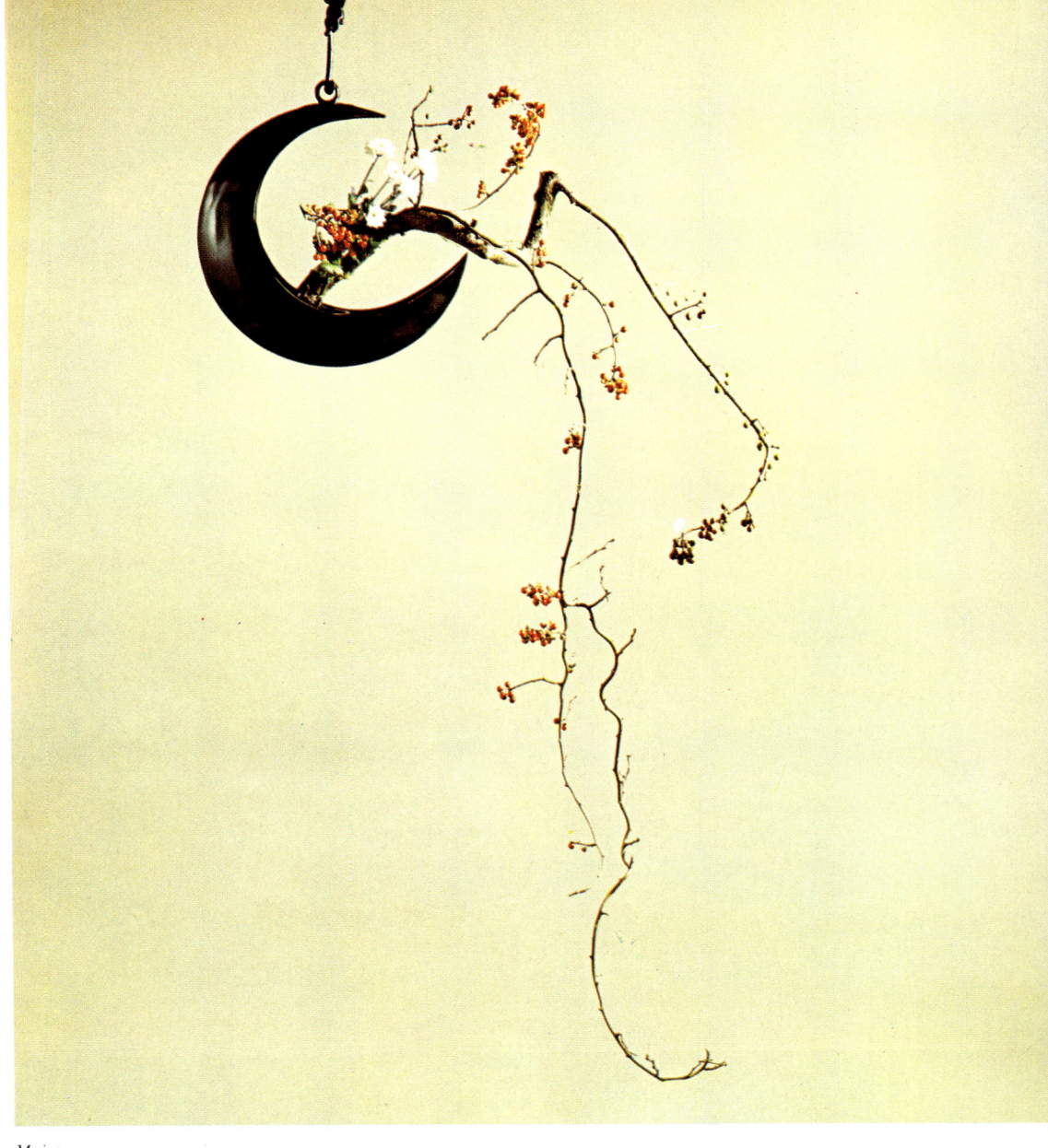

Meister
Isseki Kusunoki (Saga-Schule)

SHÔKA

21

Pflanzen
   Aspidistra elatior, kleine
   Chrysanthemen
Gefäß
   ein Paar hölzerne Schöpfeimer,
   als Unterlage dient die Schnur
   eines Ziehbrunnens
Form
   Seika
Meister
   Isseki Kusunoki (Saga — Goryû)

SHÔKA

Pflanzen
    Pflaume mit jungen Trieben,
    Rosen, alte bemooste Zweige
Gefäß
    besonders geformte Wasserschale
    mit Füßen
Form
    Seika
Meister
    Isseki Kusunoki (Saga — Goryû)

SHÔKA

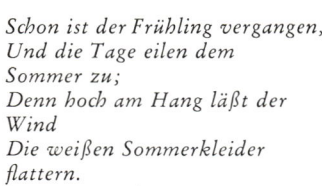

Schon ist der Frühling vergangen,
Und die Tage eilen dem
Sommer zu;
Denn hoch am Hang läßt der
Wind
Die weißen Sommerkleider
flattern.

(Jitô Tennô, 645—702)

Form
  Seika
Meister
  Shishû Kobayashi (Saga —
  Goryû)

SHÔKA

Pflanzen
 rote Gladiolen, gebleichte
 Papierbuschzweige (Mitsumata)
Gefäß
 Keramikpokal
Form
 Shôka (Seika)
Meister
 Riei Ikeda (Koryû)

SHÔKA

Pflanzen
  Afrikanische Lilien *(Agapanthus liliaceae),*
  Gelbe Sumpfblume *(Nuphar)*
Gefäß
  Japanische Keramikschale
Form
  Shôka (Seika) Sô-Form
Meister
  Yûchiku Fujiwara (Ikenobô)

SHÔKA

NIJÛ-IKE
(IKEBANA IN DOPPELTER BAMBUSVASE)

Pflanzen
   Gladiolen, Neuseeländer Flachs, japanische
   Campanula
Gefäß
   Bambusvase mit zwei Öffnungen
Form
   Shôka (Seika) Sô-Form
Meister
   Yûchiku Fujiwara (Ikenobô)

SHÔKA

27

Pflanzen
   Allium giganteum, Allium porrum, Neuseeländer Flachs,
   Johanniskraut, Pfingstrose, Funkienblätter
Gefäß
   Keramikpokal

Form
   modernes Rikka, Nokijin-Form
Meister
   Yûchiku Fujiwara (Ikenobô-Schule)

RIKKA

Froschsprung

Uralter Weiher
Verträumt,
Da platscht ein Froschsprung.
Nun tönt das Wasser!
(Matsuo Bashô, größter
Haiku-Dichter, 1643-1694)

Pflanzen
Lotosknospen, Lotosblätter,
Funkienblätter, Chinaschilf,
Berglilie, Liatris
Gefäß
Keramikvase mit roter Glasur
Form
modernes Rikka
Meister
Senei Ikenobô (Ikenobô-Schule)

RIKKA

Pflanzen
   Kiefer, weiße Pflaumenblüten, Trauerweide, Narzissen, Bambus-
   schilfblätter (Sasa);
Gefäß
   dreistufige Zylindervase aus Keramik

Form
   modernes Rikka, Noki-jin-Form
Meister
   Yûchiku Fujiwara (Ikenobô)

R I K K A

Pflanzen
    Pyramidenlilie, Lilienblätter, *Iris
    germanica,* Gerbera, Blutpflaume,
    Pfingstrosenblätter
Gefäß
    schifförmige Keramikschale mit Fuß
Form
    modernes Nokijin-Rikka
Meister
    Shûsui Pointner-Komoda (Ikenobô)

RIKKA

31

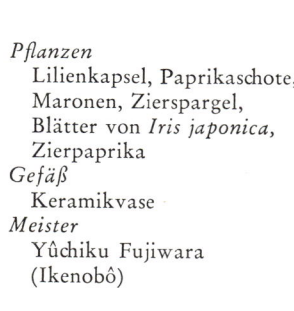

Pflanzen
  Lilienkapsel, Paprikaschote,
  Maronen, Zierspargel,
  Blätter von *Iris japonica*,
  Zierpaprika
Gefäß
  Keramikvase
Meister
  Yûchiku Fujiwara
  (Ikenobô)

RIKKA

32

IKEBANAPRAXIS

IKEBANA-FORMEN UND -STILE

Moribana

aufrechte Form	A
	B
	C
geneigte Form	A
	B
	C
hängende Form	A
	B
	C

Variationen der Grundformen
Kombinationen verschiedener Formen
Morimono (Anordnung von Obst und Gemüse in flachen Schalen)
Keshiki-ike (Landschaftsarrangement)
Futakabu-ike (zweiteiliges Moribana)

Nageire (Heika)

aufrechte Form	A
	B
	C
geneigte Form	A
	B
	C
hängende Form	A
	B
	C

Variationen der Grundformen
Kombinationen verschiedener Formen
Futakabu-ike (zweiteiliges Nageire)

Shôka (Seika)

klassisches Shôka	Shin-Form
	Gyô-Form
	Sô-Form
modernes Shôka	Shin-Form
	Gyô-Form
	Sô-Form

Rikka

klassisches Rikka	(Formen: siehe Seite 156)
modernes Rikka	Sugushin (Shin ist senkrecht)
	Noki-jin (Shin ist bewegt)
	Sunanomono (Rikka in Sandwanne)

Freier Stil

mit Gefäß
ohne Gefäß
florales Arrangement
non-florales Arrangement
Zenei-bana (Avantgarde-Arrangement)

Nachdem wir von den Wegen zu Ikebana gelesen haben, über die uns das Verständnis für die ferne Welt vermittelt werden kann, aus der die Kunst des Blumenordnens zu uns kam, und die dazu beitragen, Ikebana zu begreifen, wollen wir uns auf die praktischen Übungen vorbereiten.

Die Lektionen sind in der Praxis erprobt und auf das Verständnis und die Voraussetzungen abgestimmt, die ein Europäer für Ikebana mitbringen kann. Es ist darauf geachtet worden, daß für den Unterricht hauptsächlich Zweige und Blumen benutzt werden, die bei uns in der freien Natur und im Garten zu finden oder auch in Blumengeschäften und Gärtnereien zu kaufen sind.

Die einzelnen Lektionen sind so geordnet, daß vom Einfachen zum Schwereren fortgeschritten wird. Wir beginnen mit Moribana, um über Nageire und Shôka zu Rikka fortzuschreiten.

Ganz bewußt ist die Behandlung des freien Stils an den Schluß des Buches gestellt worden, weil wir glauben, daß man die Freiheit des Gestaltens erst dann sinnvoll nutzen kann, wenn Techniken beherrscht werden, Erfahrungen gesammelt und Haltungen erworben sind.

Welche Vielfalt an Formen und Stilen bei Ikebana möglich sind, zeigt die nebenstehende Übersicht.

Über Kurse und Lektionen

Die Einführung in die japanische Kunst des Blumenstellens soll die einfache Form des Moribana geben. Das hat sich gut bewährt. Fortgeschrittenen sei empfohlen, zur Auffrischung ihrer Kenntnisse immer wieder einmal alle Moribana-Arrangements zu üben, bevor sie sich an Nageire wagen. Erst wenn genügend Sicherheit erworben ist, sollte man sich mit Shôka befassen. Falls Sie aber gerade wunderschöne Zweige finden, die sich für Shôka besonders eignen, warum sollen Sie dann nicht auch vorgreifen dürfen? Rikka mit seinen vielen Linien und den hohen Anforderungen an das Feingefühl des Ausübenden für das Material sollte erst nach den ersten drei Kursen geübt werden. Danach könnte man dann hie und da auch frei gestalten. Für die eigene schöpferische Betätigung sind nun Hand und Geist bereit.

Das heißt aber keineswegs, daß nicht schon vom allerersten Moribana an kreative Kräfte geschult werden und wirken. In welcher Reihenfolge die einzelnen Lektionen durchgegangen werden, wird sich wohl nach den Blumen und Zweigen richten, die der Schüler gerade bekommen kann. Es wäre sinnlos, mit stark nach oben wachsenden Kiefernzweigen die hängende Form eines Nageire-Arrangements erzwingen zu wollen, bloß weil dieses gerade im Buch an der Reihe wäre. Man sollte sich dann nicht scheuen, noch einmal die aufrechte Form zu üben, diesmal mit anderen Zweigen und passenden Blumen.

Üben mit anderen Pflanzen

Ideal wäre es, wenn der Schüler alle gezeigten Formen mit möglichst verschiedenen Pflanzen zu allen Jahreszeiten arrangieren würde. Dabei könnte er einmal Blumen, Blätter oder Zweige verwenden, die denen in unseren Lektionen ziemlich ähnlich sind, und dann wieder welche, die in ihrem Charakter völlig davon abweichen.
Jedes neue Material verlangt schöpferische Fähigkeiten, trotz vorgegebener Form. Jeder, der Ikebana einmal selbst versucht und einige Zeit dabei bleibt, wird erfahren, daß die japanische Blumenkunst kein stures und mechanisches Anwenden von Regeln und Vorschriften ist, daß kein Arrangement dem anderen gleicht und jedes neue dem Gestalter ein bestimmtes Maß an Kreativität abverlangt. Wer in einer Heidelandschaft wohnt, der wird bei einem Aufenthalt im Gebirge oder an der Küste wieder neue Pflanzen entdecken, die ihn zum Gestalten anregen. Selbst Pflanzen der gleichen Art sehen im Flachland anders aus als in den Bergen, Freilandgewächse unterscheiden sich von Treibhauspflanzen und Blumen aus trockenen Gegenden erscheinen uns anders als ihre Verwandten im Moor oder am Flußufer. Deshalb wird es nie vorkommen, daß jemand zweimal das gleiche Ikebana arrangiert.

Pflanzen sammeln!

Wer Ikebana lernt, wer den Lektionen folgen will, der wird auch noch etwas anderes an sich erleben: Er wird wieder auf Wanderungen gehen, das Auto stehen lassen und Waldwegen folgen. Er wird auch feststellen, daß er plötzlich die Flora anders sieht, Pflanzen, an denen er bisher achtlos vorbeiging, fallen ihm nun auf. Im Geäst eines Baumes entdeckt er auf einmal Linien und Strukturen, die ihm vorher nichts bedeutet hatten, er nimmt auch die verschiedenen Grüntöne wahr, kurz, sein Verhältnis zu den Pflanzen hat sich geändert. Keine dicken, wahllos gemischten Blumensträuße wird er nach Hause tragen, sondern nur wenige, sorgfältig ausgewählte Blumen und dazu passende Zweige. Zarte Gräser und verwitterte Wurzeln erlangen wieder Bedeutung.

Zeit nehmen!

Ikebana braucht Zeit. Hektik und Hast sollen abgelegt werden für die Zeit, in der man sich mit Blumen beschäftigt. Ein Arrangement im Sinne des Ikebana kann man nicht heute beginnen und in der nächsten Woche vielleicht vollenden.
Die Eigenart der Blumen verlangt, daß man dabei bleibt, bis das Ikebana vollendet ist. Pausen im Gestalten und dauernde Veränderung des Standortes und der Lichtverhältnisse vertragen Pflanzen schlecht.

Meditation

Wir möchten das Wort Meditation ohne Pathos sagen. Meditation stellt sich von allein ein, wenn wir still werden wie die Pflanzen, wenn wir sie betasten und zuordnen. Jeder Ikebana-Schüler sollte versuchen, nachdem er die bei den Lektionen gegebenen Schemazeichnungen und Anweisungen studiert hat, den Verstand wieder abzuschalten. Er sollte nicht mit Pflanzen basteln wollen, sondern versuchen, mit ihnen zu leben und ihnen zu gestalteter Lebendigkeit zu verhelfen. Nach kurzer Zeit der Beschäftigung mit den Pflanzen gewinnt der Schüler Ruhe und Ausgeglichenheit. Er entspannt sich, er atmet ruhiger, er gewinnt an Gefühl für die Pflanzen in seiner Hand, er erfreut sich an ihrem Duft.

Jede Unkonzentriertheit wird von den Blumen quittiert: Stengel knicken ab, Zweige brechen und Blütenblätter lösen sich zu früh. Durch Ikebana kann jeder spüren, daß echte Kunst aus der Meditation entsteht, und daß Kunst wieder zur Meditation, zur Versenkung in das Werk führen kann.

Die Schemazeichnungen

In vielen Lektionen findet man eine Schemazeichnung, die die Hauptteile oder -linien des Arrangements vereinfacht zeigt. Damit jeder genau die Richtung der Zweige und anderer Pflanzenteile erkennen kann, wird die Blumenanordnung meist im Aufriß und im Grundriß dargestellt.

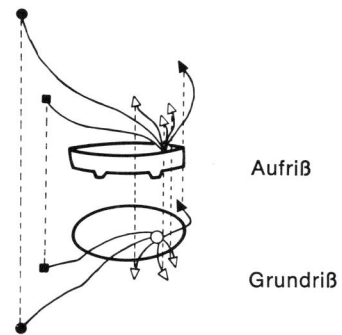

Aufriß

Grundriß

Die Aufrißdarstellung gibt die Ansicht des Arrangements von vorn wieder, aus ihr lassen sich die Neigungswinkel der Linien ablesen.
Die Grundrißzeichnung zeigt die Pflanzenanordnung von oben in der Draufsicht und läßt die Ausrichtung der Pflanzenteile nach vorn, hinten und seitlich erkennen.

Notizen

Der Ikebana-Freund sollte als Erinnerungsstütze von jedem seiner Arrangements eine Zeichnung anfertigen. Das Zeichnen hilft besser als das Fotografieren zu genauem Beobachten der Blumen und Blätter, der Proportionen und der Kontraste innerhalb der Anordnung.

Das richtige Werkzeug für den Anfänger

1 Die Schere. Am besten ist eine Original-Ikebana-Schere. Sie weist zwei messerscharfe Schneiden auf. Rosen- oder Baumscheren eignen sich zwar für Äste und Zweige, aber weniger für zarte Blumen und feine Blattstiele, weil sie die Gefäße der Pflanzen zu stark abdrücken. Ein scharfes Messer kann Ersatz sein. Für die Arbeit am Detail ist auch seine scharfe Spitze recht günstig.
2 Die Handsäge. Eine kleine Universal-Handsäge tut gute Dienste, besonders beim Schneiden von stärkeren Zweigen und Ästen.
3 Das weiche Tuch. Das Tuch dient zum Sauberhalten des Arbeitsplatzes. Dann vermindert es den Lärm beim Ablegen der Schere auf die Tischplatte. Man kann es aber auch gut zum Abdecken der Pflanze benützen, wenn man die Schnittstelle ansengen muß.
4 Das Wassergefäß. In dieser kleinen Schale ist während des Arrangierens Wasser. Man kann darin die Stiele unter Wasser zuschneiden, ohne das Wasser im Ikebana-Gefäß zu verunreinigen.
5 Der Kenzan. Es empfiehlt sich, schon gleich zu Anfang einen etwas größeren Blumenhalter (Kenzan, Blumenigel) zu besorgen, weil der auch bei ausladenden Arrangements weniger leicht kippt als ein Blumenigel mit geringerem Durchmesser. Die Grundplatte des Kenzan soll möglichst schwer sein (Blei-Antimon).
6 Das Kenzan-Naoshi. Ein nützlicher kleiner Gegenstand ist das Kenzan-Naoshi, ein dünnes Röhrchen, das man zum Geradebiegen der Nadeln des Kenzan und zum Putzen der Zwischenräume verwendet.
7 Blumendraht. Draht sollte man sich in verschiedenen Stärken anschaffen. Wenn die Oberfläche grün lackiert ist, um so besser.
8 Bast kann den Draht in manchen Arrangements ersetzen und hat den Vorteil, daß er nicht rostet.
9 Floristenband, das selbstklebende, wasserfeste Kunststoffband (grün oder braun), ist recht nützlich.
10 Kieselsteine oder Glasperlen. Sie dienen zum Beschweren oder Abdecken des Kenzan.

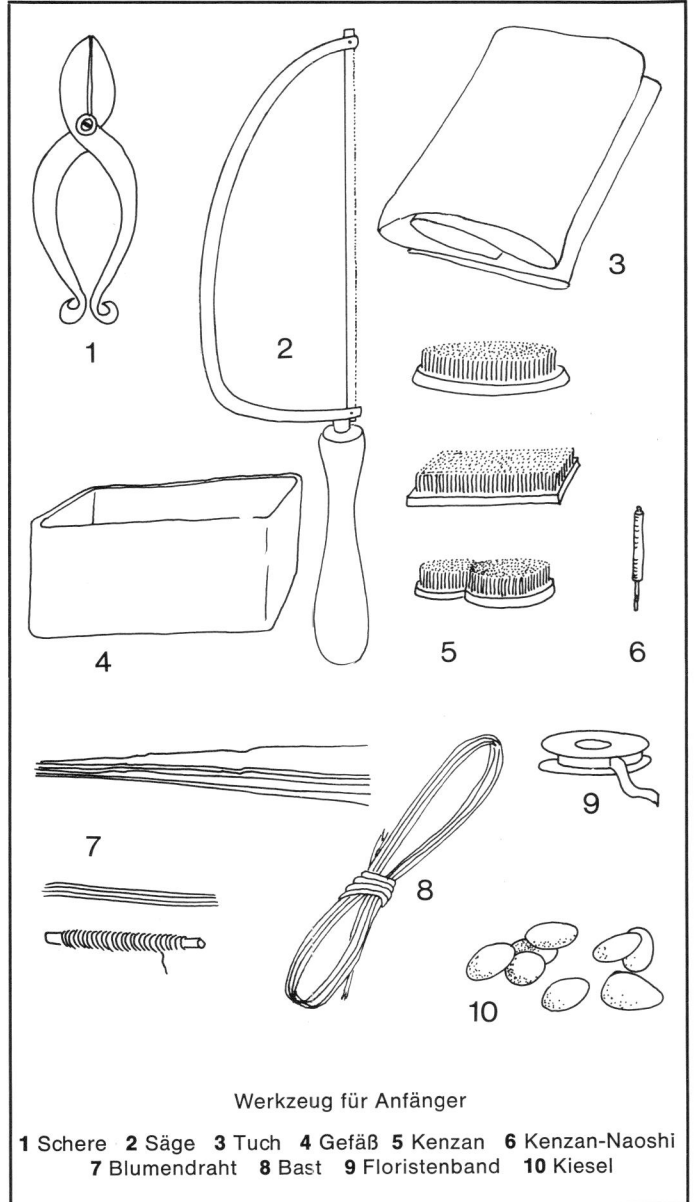

Werkzeug für Anfänger

1 Schere **2** Säge **3** Tuch **4** Gefäß **5** Kenzan **6** Kenzan-Naoshi
7 Blumendraht **8** Bast **9** Floristenband **10** Kiesel

Was bedeutet Moribana?

Moribana bedeutet wörtlich *aufgehäufte Blumen*. Man meint damit ein ziemlich freies, meist recht natürliches Blumenarrangement. Die Übersetzung *Blumenbusch* trifft vielleich am ehesten das Wesen des Moribana.

moru — MORI BANA — **hana**
= etwas auf   = Blume,
   ein Gefäß häufen   Blüte

Der Blumenmeister und Gründer der Ohara-Schule entwickelte diese Form um die Jahrhundertwende aus verschiedenen traditionellen Arrangements, deren strenge Regeln er vereinfachte und der neuen Zeit anpaßte. Im Moribana werden Ideen aus dem Sunano-mono-Rikka sichtbar. Auch Suriku-ike, das Land-Wasser-Arrangement, und Gyodô-ike, das Fischweg-Arrangement, zwei Arten des zweiteiligen Shôka, standen Pate für diese neue Form.
Dem Anfänger bietet Moribana einen ersten und unproblematischen Einstieg in die Kunst des Blumenstellens.
Moribana ist eine Ikebana-Form, die meist in einer Schale oder einem Pokal arrangiert wird. Als Blumenhalter dient oft der *Kenzan* (Blumenigel), seltener der *Shippo* (Blumenhalter) oder ein anderes Befestigungsmittel.

Wie benützt man den Blumenigel?

1. Sehr dünne Zweige oder Blumenstiele lassen sich nicht auf den Nadelhalter (Kenzan) stecken. Deshalb bindet man mit feinem Blumendraht oder Floristenband noch ein Stückchen eines Zweiges oder Hölzchens dazu.

2. Besonders Gräser und Blütenstiele lassen sich leicht mit einem Streifen Papier, den man um ihr Ende wickelt, verdicken.

3. Man kann sehr dünne Stiele auch in ein Stückchen eines anderen Stieles einstecken, wenn dieses hohl, fleischig oder mit Mark gefüllt ist.

4. Wenn sich die Zweige stark neigen sollen und der Kenzan dabei umkippt, so beschwert man ihn mit einem anderen Blumenigel.

5. Zweige werden meist schräg abgeschnitten, dann senkrecht in den Kenzan gesteckt und erst jetzt in den richtigen Neigungswinkel gebogen.

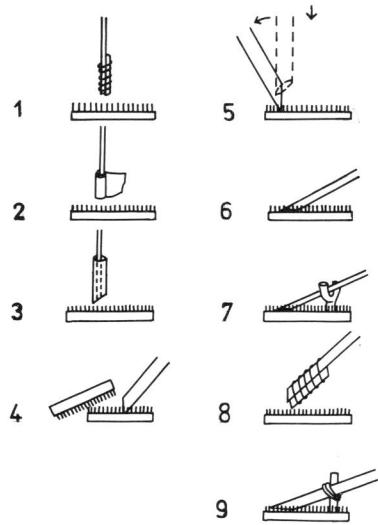

Stielbefestigungen im Blumenigel

6. Sehr weiche Zweige können auch mit der Schnittstelle nach unten auf den Kenzan gesteckt werden.

7. Wenn sich gerade Zweige sehr weit zur Seite neigen sollen, so kann man sie mit einer kleinen Astgabel stützen.

8. Wenn schwere Zweige sich stark neigen sollen, kann man ihren Fuß auch mit einem anderen Aststück verstärken, so daß sie von mehreren Nadeln gehalten werden.

9. Hier wird ein sehr weit ausladender Zweig von einem kleinen Stückchen Holz gestützt, nach dem selben Prinzip wie bei Nummer 7.

MORIBANA

	3
1	4
2	5

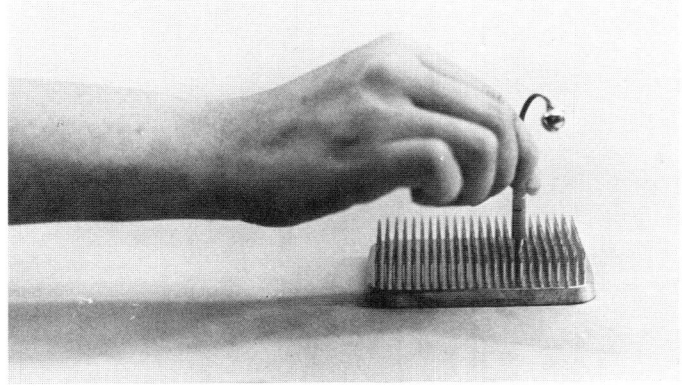

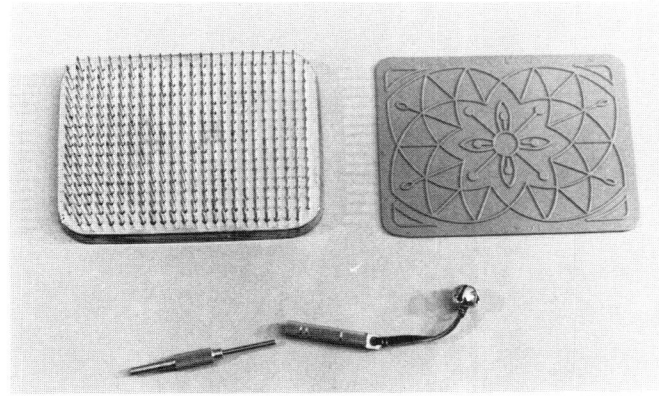

44

◀ | 6 | 7 | 8 |
| 9 | 10 | 11 |

12	13	14
15	16	17
18	19	20

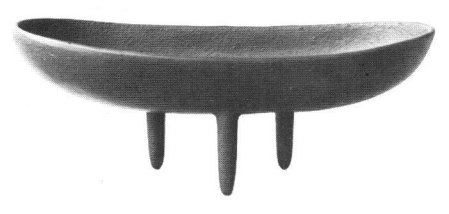
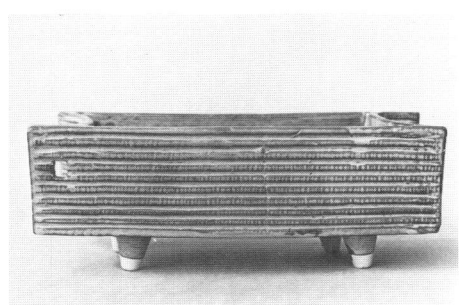

45

Welche Gefäße eignen sich für ein Moribana-Arrangement?

Anfänger legen sich am besten zunächst einmal eine einfache, flache Schale zu. Sie kann rund oder rechteckig, oval oder quadratisch sein. Größe, Farbe und Material richten sich nach der Umgebung, für die das Arrangement gedacht ist und nach der Art der Blumen und Zweige. Einfarbige Gefäße sollte man anfangs den bunten oder gemusterten vorziehen. Wichtig ist, daß die Gefäßwand nicht niedriger als ca. 4 cm ist, andernfalls kommt der Blumenhalter (Kenzan) nicht unter die Wasseroberfläche.

Für das Moribana-Arrangement passen viele Arten von Schalen und Pokalen aus Keramik, Porzellan, Metall, Glas oder Kunststoff. Auch Körbchen, in die ein kleines Keramikgefäß eingestellt ist, eignen sich, hauptsächlich für zarte Arrangements zur Sommerzeit.

Aus welchen Teilen besteht ein Moribana?

Moribana, Nage-ire und Shôka bestehen stets aus *drei Hauptteilen.* Darin herrscht unter den zahlreichen Schulen Einigkeit. Der Begriff *Hauptteile* ist besser als *Hauptlinien,* denn manchmal bestehen diese Elemente eben nicht aus *Linien* von Zweigen, sondern werden durch die *Fläche* eines Blattes oder die *Masse* zusammengebundener Blüten und Blätter gebildet. Diese drei Hauptteile bilden mit ihren Endpunkten (Blüten) oder optischen Schwerpunkten ein *ungleichseitiges Dreieck,* das mit seiner Fläche weder senkrecht noch waagrecht liegen soll. Bitte kontrollieren Sie jedes Ihrer Arrangements hinsichtlich dieser Tatsache, denn uns ist besonders hier in Europa aufgefallen, daß viele Anordnungen sehr flach sind und keine *Raumwirkung* besitzen. Das kommt ganz sicher daher, daß viele Europäer eben Ikebana aus Büchern gelernt haben, in denen das Räumliche nun einmal nicht so deutlich darstellbar ist.

Auf unseren Schema-Zeichnungen stellen wir die drei Hauptteile durch die Symbole *Kreis, Quadrat* und *Dreieck* dar, die wir an die Enden der Hauptlinien zeichnen. Die Hauptzweige sind dabei mit ausgefüllten Symbolen dargestellt, und die unterstützenden Teile des Arrangements, wie

einzelne Blumen oder kleine Zweige, werden mit einem *leeren* Dreieck, Quadrat oder Kreis markiert, je nach der Zuordnung zu einem Hauptteil der Blumenanordnung.

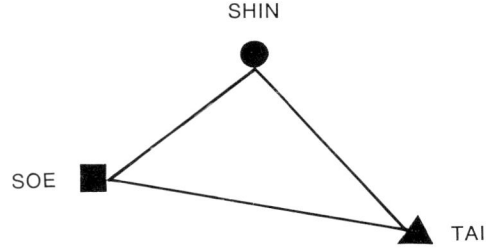

Was bedeuten die Bezeichnungen *Shin, Soe, Tai?*

SHIN = Wahrheit ●
Dieser Teil ist das stärkste, wichtigste, oft auch das längste Element des Arrangements. In einigen Ikebana-Schulen symbolisiert er den Himmel, die Ikenobô-Schule versteht ihn als ein Symbol für den Menschen, der durch eigene Kraft zur Erleuchtung kommt.

SOE = Unterstützung, Hilfe ■
Nach Länge und Gewicht ist Soe der zweitwichtigste Teil der Blumenanordnung. Für die meisten Ikebana-Schulen symbolisiert diese Linie den Menschen, der zwischen Himmel und Erde steht.

TAI = Körper ▲
Tai symbolisiert in vielen Ikebana-Schulen die Erde. Dieser Teil ist der kleinste und kürzeste im Arrangement.

Wie lang sind die Hauptlinien?

Die Länge der Hauptlinien richtet sich nach der Größe des Gefäßes, aber auch nach der Art der verwendeten Pflanzen. Als Faustregel für den Anfänger gilt:

$$\text{Länge von Shin} = \left[\frac{\text{Durchmesser}}{\text{des Gefäßes}} + \frac{\text{Höhe des}}{\text{Gefäßes}} \right] \times 1{,}5 \text{ bis } 3$$

IKEBANA-LEKTIONEN

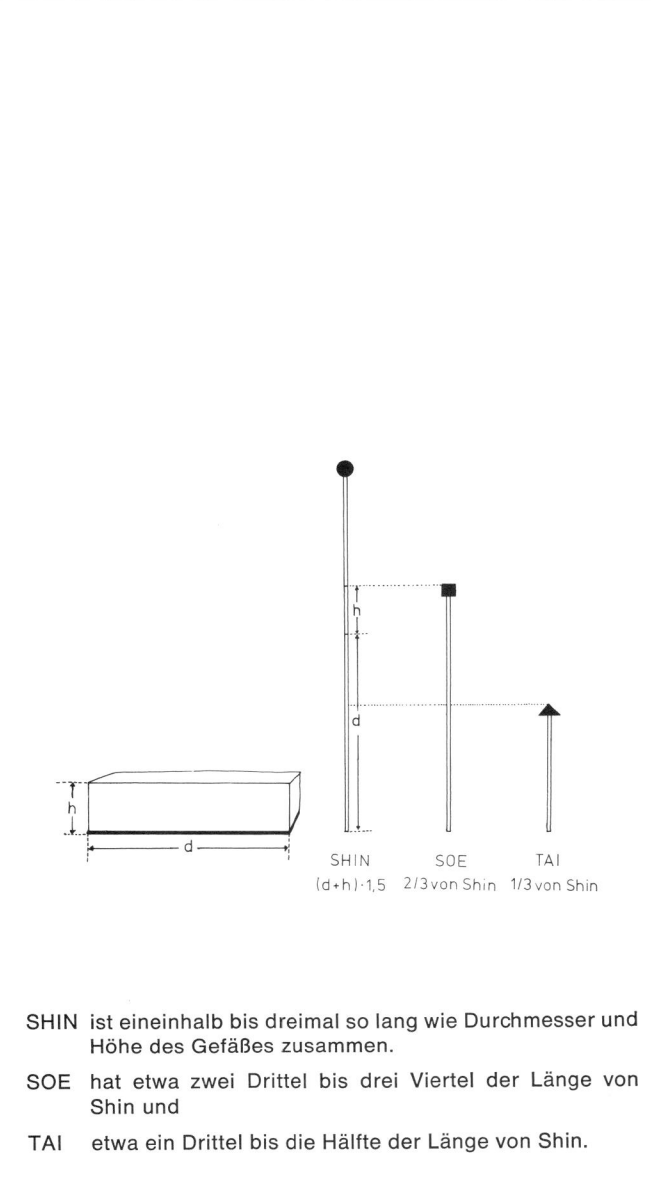

SHIN   SOE   TAI
(d+h)·1,5   2/3 von Shin   1/3 von Shin

SHIN ist eineinhalb bis dreimal so lang wie Durchmesser und Höhe des Gefäßes zusammen.

SOE hat etwa zwei Drittel bis drei Viertel der Länge von Shin und

TAI etwa ein Drittel bis die Hälfte der Länge von Shin.

Pflanzen drei Eichenzweige, drei Chrysanthemen

Gefäß runde schwarze Keramikschale
von 25 cm Durchmesser und 4,5 cm Höhe

Die beiden verwendeten Pflanzen sind zäh, kräftig, robust, wirken vielleicht etwas ernst und schwerfällig und wachsen langsam. Die Eiche genießt bei vielen indogermanischen Völkern große Verehrung als Symbol für Freiheit und Kraft. Die Chrysantheme ist die Nationalblume Japans. So bietet sich als Thema für dieses einfache Arrangement an, die Möglichkeit harmonischen Miteinanders westlicher und östlicher Welten zu versinnbildlichen.

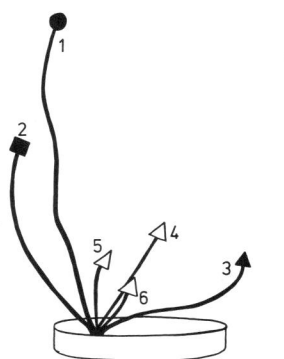

Kompositionsskizze

Bei der aufrechten Form steht *Shin* senkrecht im Kenzan oder wird bis zu 30 ° geneigt (Abb. IV, Aufriß). Für diese Form eignen sich deshalb nur Zweige, die gerade nach oben wachsen oder gerade Blumen. Herabhängende oder seitlich weit ausladende Zweige werden für die geneigte oder hängende Form verwendet.

48

● **Shin** ist hier etwa 10° geneigt und richtet sich nach links vorne.

■ **Soe** neigt sich etwa 40° und richtet sich nach links hinten.

▲ **Tai** neigt sich hier etwa 75° und weist nach rechts vorne.

△△△ **Tai-Hilfslinien (Ashirai** oder **Jushi)** neigen sich freundlich nach vorne.

Position der Stiele im Blumenigel (Grundriß)

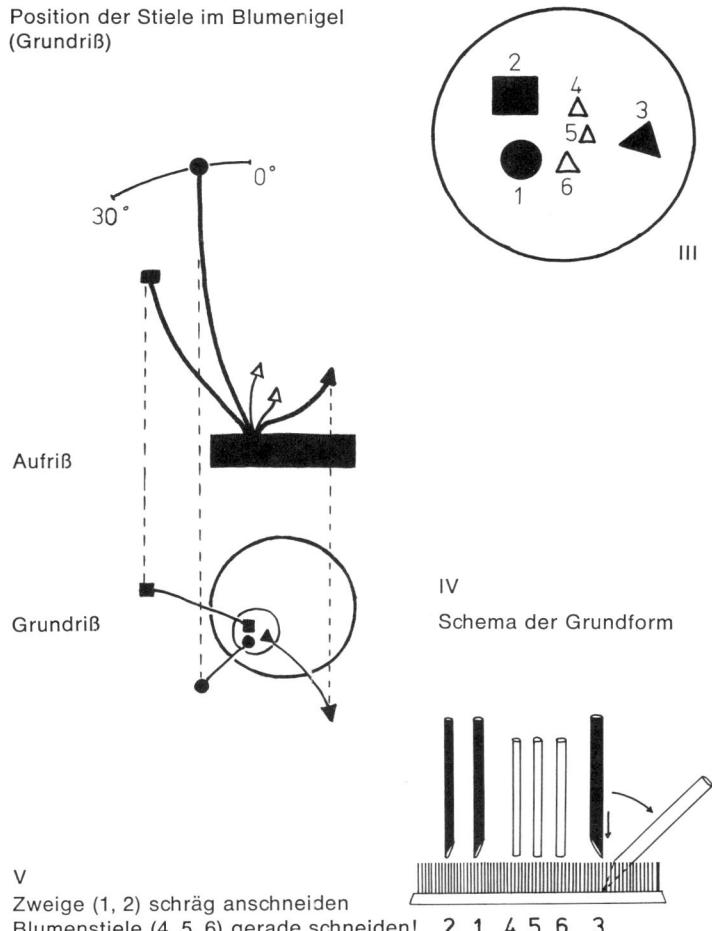

Aufriß

Grundriß

V
Zweige (1, 2) schräg anschneiden
Blumenstiele (4, 5, 6) gerade schneiden!   2 1 4 5 6 3

III

IV
Schema der Grundform

Stellen Sie den *Blumenigel* bei Moribana nie in die Mitte des Gefäßes, sondern immer in die rechte oder linke Hälfte der Schale. Bei unserem Arrangement ist der Kenzan links vorne.

Als *Shin* nehmen Sie einen kräftigen, aufrecht wachsenden Zweig. Er soll etwa 1,5 bis 2 mal so lang sein, wie Durchmesser und Höhe der Keramikschale zusammen (hier 45—60 cm). Schräg abschneiden (Abb. V), senkrecht an der markierten Stelle (Abb. III) in den Blumenigel stecken und etwas nach links vorne neigen (ca. 10°)!

Der zweite Zweig, *Soe*, hat etwa 2/3 der Länge von Shin. Auch er wird schräg abgeschnitten (Abb. V), hinter Shin (Abb. III) zunächst senkrecht in den Kenzan gesteckt und dann etwa 40° nach links hinten geneigt.

Der dritte Zweig ist *Tai*. Er hat etwa 1/3 der Länge von Shin, wird rechts daneben in den Kenzan gesteckt und etwa 75° geneigt, so daß er nach rechts vorne gerichtet ist.

Die drei *Blumen* werden auf verschiedene Länge zugeschnitten. Der längste Stiel (4 in Abb. II) soll nicht länger als 1/3 von Shin sein. Er wird in die Mitte des Kenzans zwischen Shin-Zweig und Tai-Zweig gesteckt, davor (wie Abb. III zeigt) die anderen beiden Blumen (5 und 6). Die Blumen neigen sich etwas nach vorne. Sie sollen nicht so kurz sein, daß man das Gefühl bekommt, die Blütenköpfe würden vom Schalenrand abgeschnitten.

Die Enden der Zweige bilden ein ungleichseitiges Dreieck. Tiefe und Räumlichkeit des Arrangements werden unterstrichen durch die hintereinander angeordneten Blumen.

Pflanzen   zwei gelbe Flockenblumen *(Centaurea)*
drei dunkelblaue Iris

Gefäß   schifförmige Keramikschale mit Füßen

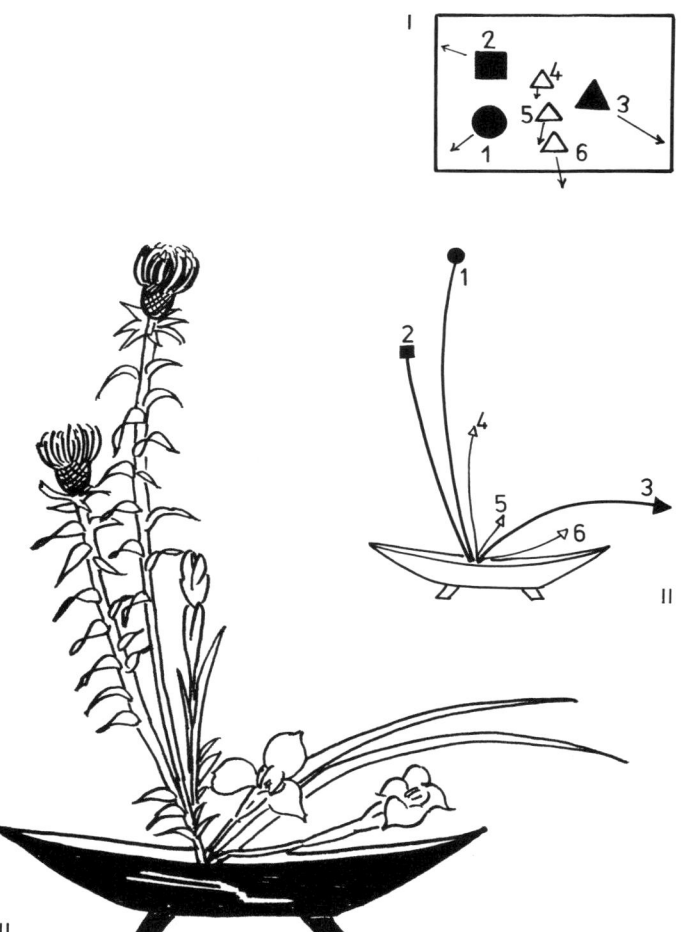

Wir üben noch einmal die wichtige Ikebana-Grundform aus der vorherigen Lektion (Abb. II). Diesmal verwenden wir nur Blumen.

Shin und Soe werden durch die Flockenblumen gebildet, Tai besteht aus Blättern und Blüten der Iris.

Alle Blumen gerade abschneiden, wie die Chrysanthemen bei der ersten Lektion!

Shin (1) neigt sich etwas nach links vorne, Soe (2) steht hinter Shin, ist etwa 30° geneigt und weist nach links hinten und Tai (3) ist etwa 70° geneigt und zeigt nach rechts vorne. Die längste Iris (4) hat etwa 2/5 bis 1/3 der Länge von Shin, wird in die Mitte gestellt und etwas nach vorne geneigt.

Die nächste Iris (5) hat etwa 1/5 der Länge von Shin und zeigt nach vorne.

Die dritte Iris (6) weist nach vorne rechts und mißt ca. 1/3 der Länge des Shin-Stieles.

Variationen

Statt der Flockenblumen *(Centaurea)* kann man auch Liatris, Rittersporn, Eremurus, Eisenhut, Lupine, Gilbweiderich *(Lysimachia)* verwenden.

Zur *Liatris* passen dann: blaue oder gelbe Iris, drei rosa Nelken, fünf Margeriten, fünf rosa Rosen

Zu *Rittersporn, Eisenhut* und *Lupine* passen: rosa Rosen, dunkelrosa oder gelbe Nelken, Pfingstrosen, gelbe Margeriten, gelbe Iris, gelbe Lilien;

Zum *Gilbweiderich,* passen: dunkelblaue Glockenblume (Campanula), Iris, Kornblumen;

Zum *Eremurus* (gelbe Steppenkerze) passen: Feuerlilie, dunkelblaue Iris, dunkelrote oder dunkellila Dahlien;

50

Pflanzen Schlehenzweige, Tulpen oder Narzissen

Gefäß japanische Keramikschale mit Füßen
oder deutsche Keramikschale (rund)

Der Arbeitsplatz der Ikebana-Schülerin ist für die neue
Stunde vorbereitet (Foto rechts). Zweige und Blumen werden aus dem Wassereimer genommen. Die Keramikschale,
etwas Blumendraht verschiedener Stärke, ein zweiteiliger
Blumenhalter und die Ikebana-Schere sind bereitgelegt. In
die Blumenschale ist schon Wasser gefüllt, damit wir die
Blumen gleich unter Wasser schneiden können. Die Schere
legen wir immer auf einen Lappen, um Lärm zu vermeiden.

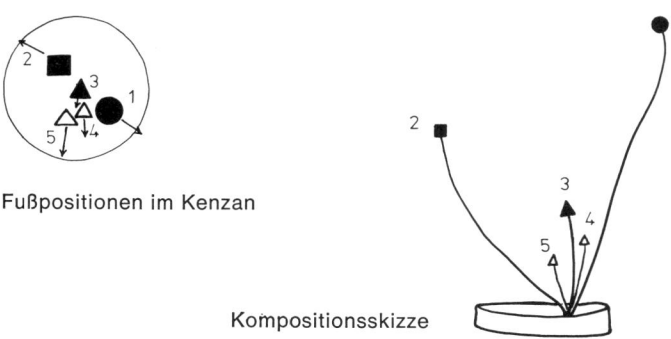

Fußpositionen im Kenzan

Kompositionsskizze

Shin (Schlehenzweig 1) ist etwa 20 ° geneigt und weist
nach rechts vorne. *Soe* (Schlehenzweig 2) hat 2/3 der Länge
von Shin, ist etwa 45 °—50 ° geneigt und weist nach links
hinten.
Tai (Tulpe 3) wird in die Mitte des Kenzans gesteckt
hat ein Drittel der Länge von Shin und neigt sich leicht nach
vorne. Die *Tai-Hilfen* (4 und 5) sind Tulpen von unterschiedlicher Länge und werden vor Tai gestellt und etwas
nach vorne geneigt.

Das Arrangement der Schülerin ist hier in zwei verschiedene Keramikschalen gestellt. Man erkennt dabei, daß sich für diese Zweige die etwas höhere japanische Schale weniger eignet. Das Gefäß wirkt etwas zu eng. Die Atmosphäre des Frühlings wird dadurch nicht erzeugt. Das selbe Arrangement in der eierschalenfarbenen, flacheren und weiteren Keramikschale wirkt schon frischer.

So sieht das Arrangement aus, nach der Korrektur durch die Lehrerin. Die Linien der Zweige wurden besser sichtbar, weil die Ikebana-Lehrerin einige Blätter und Nebenzweige weggeschnitten hat, nach dem Prinzip: Weniger ist mehr. Vereinfachung ist bei jedem Blumenarrangement japanischer Art besonders wichtig. Erst dann kommt die Schönheit der Linien und Formen zur Geltung, in der Fülle verschwindet sie. An diesem Beispiel sieht man auch, was es ausmacht, wenn der Kenzan aus der Mitte gerückt wird.

52

Pflanzen Kirschzweige mit Knospen
drei rote Tulpen
drei gelbe Freesien *(Freesia refracta)*

Gefäß halbmondförmige Keramikschale mit Füßen

Arrangements im Winter haben auch ihren Reiz. Wenn es keine belaubten Zweige gibt, so nimmt man eben kahle. Dazu wählt man am besten Blumen mit Blättern, wie hier die Tulpe, oder immergrüne Zweige und Blätter. Auch das Winterarrangement soll etwas Leben enthalten. Es kann Ausdruck der Frühlingserwartung sein.

Tulpen

Die Tulpe hat sich von der Türkei aus auf die ganze Welt verbreitet.

Unzählige Arten und Neuzüchtungen der verschiedensten Farben, Formen und Größen findet man heute.

Die Stiele kann man nicht biegen, denn sie brechen leicht ab.

Selbst in der Vase wachsen die Tulpen manchmal pro Tag 1—2 cm, sodaß sie zurückgeschnitten werden müssen.

Die schönen, großflächigen Tulpenblätter kann man auch ohne Blüten verwenden.

Versuchen Sie einmal ein Moribana-Arrangement nur aus Tulpen! (Isshu-ike = Arrangement aus einer Pflanzenart) Achten Sie dabei besonders auf die Blätter!

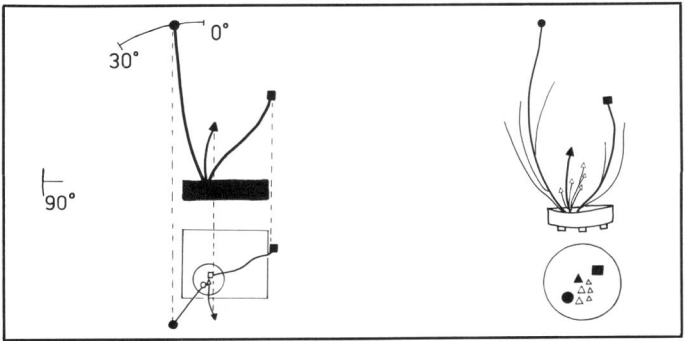

53

Pflanzen drei Gladiolen

Gefäß rechteckige Keramikschale

1	2	3	4
5	6

1 Die erste Gladiole wird Shin.
2 Die zweite Blume rechts ist Soe.
3 Eine kurz geschnittene Gladiole, nach vorne geneigt, ist Tai.
4 Shin-Ashirai ist aus Blättern.
5 Auch Soe erhält Hilfslinien aus Blättern.
6 Die Blätter des Tai-Ashirai richten sich nach vorne.

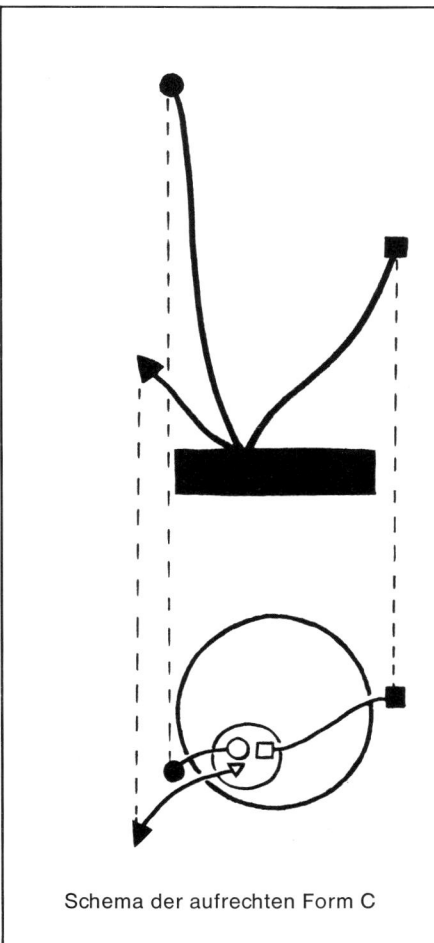

Schema der aufrechten Form C

1 So schneidet man eine Blattspitze ab.
2 Blätter immer mit einem Stück des Stieles abschneiden!
3 Wie man Gladiolenblätter biegt.
4 Wie man Gladiolenblätter biegt.
5 Wie man Gladiolenblätter rollt.

	3
1	4
2	5

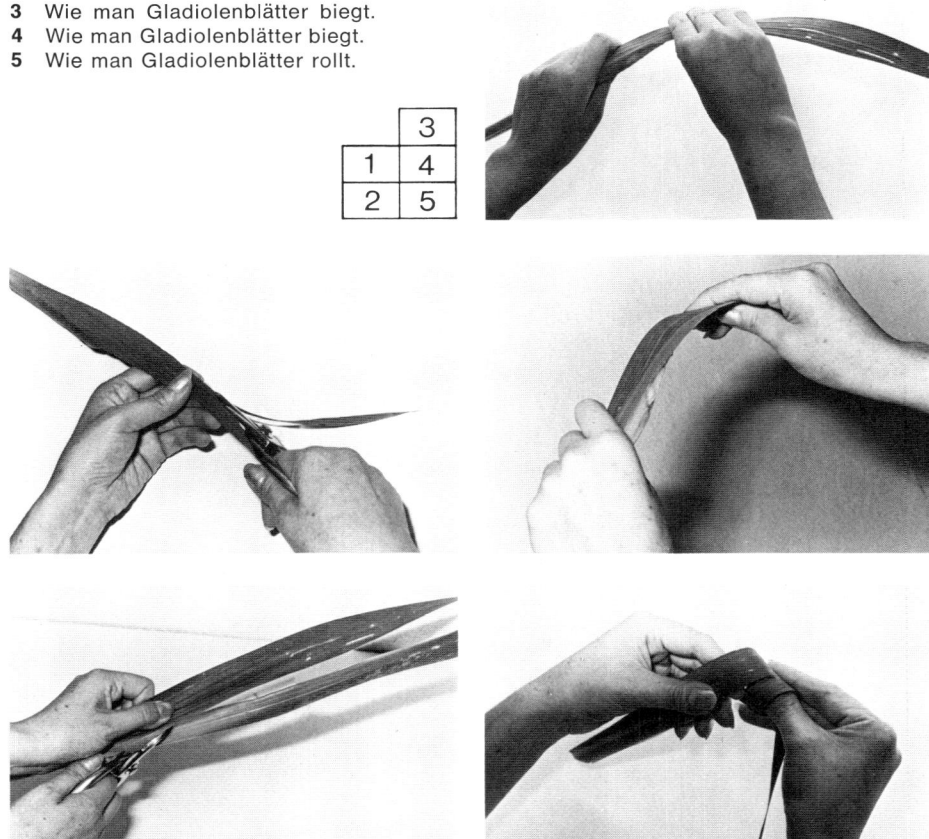

55

Pflanzen Zweige der Korea-Heckenkirsche *(Lonicera)*
rote Buschnelken (Gartennelken)

Gefäß hellbraune rechteckige Keramikschale
mit Füßen

Mit diesen anmutig geschwungenen Zweigen variieren wir die aufrechte Form des Moribana. Zu jeder Jahreszeit können wir uns freuen an der zarten, weich gebogenen Linie. Die kleinblütigen Buschnelken harmonisieren dazu gut. Man kann aber auch Moosröschen, Freesien oder Anemonen verwenden. Im Spätsommer schmücken sich die Zweige der Heckenkirsche mit leuchtend roten Beeren. Dazu passen dann weiße Margeriten.

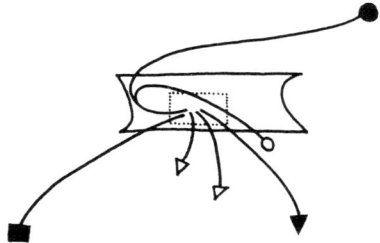

Grundrißskizze

Die nebenstehenden fünf Abbildungen zeigen den Vorgang des Arrangierens, Schritt für Schritt. Auch die Neiguungswinkel der Zweige und Blumen sind aus diesen Zeichnungen abzulesen. Die Grundrißskizze zeigt die Richtung der einzelnen Linien an.

56

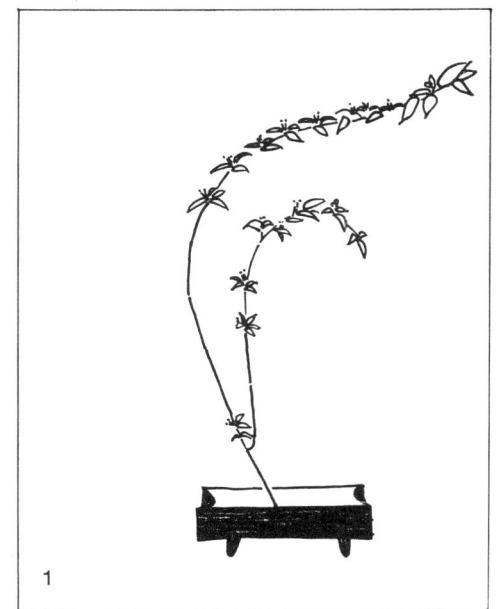

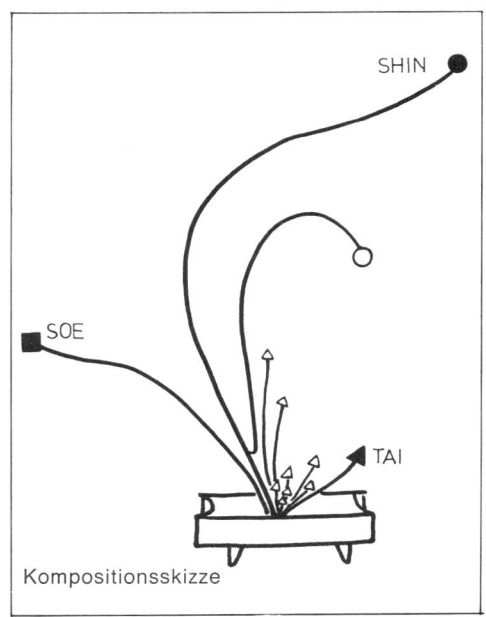

SHIN

SOE

TAI

Kompositionsskizze

Pflanzen zwei Schilfrohre mit Blättern (*Arundo phragmitis*)
        drei dunkelblaue Iris

Gefäß schifförmige schwarze Keramikschale

An einem heißen Sommertag wünschen wir uns Kühlung am Wasser. Solch ein Gefühl der Kühle können die blauen Blüten der Iris und die leicht beweglichen, feinen Blätter des Schilfes vermitteln. Auch das Gefäß erinnert an einen See.

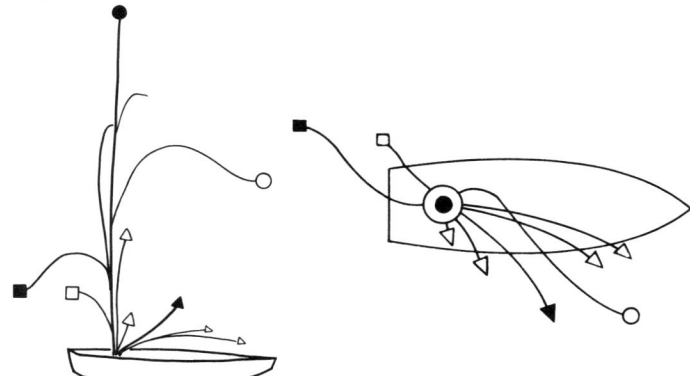

Dieses einfache Arrangement mit wenigen Linien und Pflanzen führt uns zu einem Teich. Es vermag die Stimmung und all die Erinnerungen an einen heiteren Sommertag in uns wachzurufen.

Schilf hält sich in einem Arrangement nicht lange frisch. Man muß es vorher auf besondere Weise behandeln. Klopfen Sie zuerst die Schnittstelle mit dem Griff Ihrer Blumenschere etwas und stellen Sie die Halme anschließend in Essig oder verdünnte Salzsäure, etwa 5—10 Minuten. Danach sollen sich die Pflanzen im tiefen Wasser (Eimer, Badewanne) zwei Stunden erholen können. Erst jetzt können Sie das Schilf arrangieren.

Pflanzen kahle Zweige mit Moos oder Flechten überzogen,
kleine Chrysanthemen

Gefäß halbmondförmige Keramikschale mit Füßen

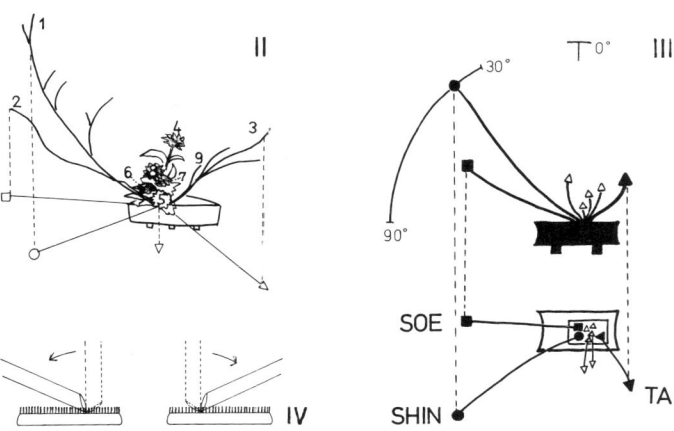

Durch die verwendeten Zweige und Blumen erwecken wir November-Stimmung. Der Winter steht vor der Tür. Dieser Jahreszeit entspricht weniger die aufrechte als die geneigte Form des Moribana. Bei dieser Form ist der Shin-Zweig noch weiter von der Senkrechten weggeneigt. Sein Neigungswinkel beträgt zwischen 30° und 90° (siehe Abb. III).

Shin (1 in Abb. II) ist hier zweimal so lang wie Durchmesser plus Höhe des Gefäßes. Der Zweig wird schräg angeschnitten, dann zuerst senkrecht (Abb. IV) in den Kenzan gesteckt und schließlich nach links vorne geneigt. (Abb. III) Mit Soe (2 in Abb. II) verfahren Sie genauso. Soe mißt 2/3 von Shin, steht hinter Shin im Kenzan und neigt sich auf dieselbe Seite.

Tai ist wieder ein bemooster Zweig (3 in Ab. III), wird etwa 45° geneigt und weist nach rechts vorne. Bei einer spiegelbildlichen Anordnung, wenn also Shin und Soe nach rechts gewandt sind, würde Tai nach links vorne zeigen.

Wie der Grundriß (Abb. III) zeigt, werden nun die Blumen in die Mitte des Kenzans gestellt. Eine Chrysantheme (4 in Abb. II) hat etwa 2/5 der Länge von Shin und steht nahezu senkrecht. Eine andere (5 in Abb. II) kommt ziemlich weit nach vorne über den Gefäßrand. Zwischen diesen beiden Blumen werden die anderen drei von vorne nach hinten gestaffelt.

Kleine bemooste Zweige (9) unterstützen Tai bei Bedarf. Die geneigte Form des Moribana ist verhältnismäßig breit. Deshalb sollten die Blumen mehr die Tiefe des Arrangements zur Geltung bringen.

Unterhalb von Shin und Soe erscheinen keine Blumen.

Pflanzen neun Zweige des Spierstrauches *(spiraea vanhouttei)*
mit jungen Blättchen
zwei dunkelblaue Iris
drei dunkelrosa Nelken

Gefäß japanischer Keramik-Pokal mit heller Kristallglasur

Versuchen wir einmal ein Arrangement mit vielen Linien. Nicht nur im Ikebana, sondern auch in der japanischen Malerei und Schriftkunst spielt die Linie eine wichtige Rolle. Wenn alle Zweige des Arrangements aus einem Punkt aufsteigen, dann zeigt sich dadurch die Kraft des Frühsommers.

Andere Pflanzenzusammenstellungen

Je nach Jahreszeit und künstlerischer Idee kann man auch andere Zweige und Blumen benützen. Statt der Spiraea können auch Korbweide, Salweide, Liguster oder Mandelzweige verwendet werden. Die zarten Knospen und die sil-

bernen Kätzchen sind besonders beliebte Zeichen des Frühlings.

Auch die Verwendung anderer Blumen ist möglich. Jede neue Farb- und Formkombination verleiht dem Ikebana neuen Reiz und eine andere Aussage. Wenn zwei verschiedene Blumenarten zusammen arrangiert werden, so kann man entweder in der Farbe kontrastierende Blüten auswählen, oder solche, die sich nur durch verschiedene Helligkeit innerhalb eines Tones unterscheiden.

Allzu ähnliche oder zwei verschiedene, aber sehr auffällige Blüten sollte man nicht gleichzeitig verwenden. Eine Blumenart sollte stets das Hauptmaterial sein und die andere als Nebenmaterial dienen. Beide bringen sich dann gegenseitig besser zur Geltung. Die folgenden, ungünstigen Kombinationen sollte man im Ikebana vermeiden, wenn man nicht eine spezielle Wirkung damit anstrebt: Gerbera und Margerite, weiße Lilien und Amaryllis, Rosen und Nelken, Chrysanthemen und Gerbera, Dahlien, Zinnien oder Margeriten.

Achten Sie auch darauf, daß Sie die Blumen nicht kunterbunt durcheinander arrangieren, sondern in stufenweise aufsteigenden und in die Tiefe gehenden Farblinien.

Shin, Soe und Tai werden durch Spiräen-Zweige gebildet (Abb. II). Shin (1) neigt sich nach links und etwas nach vorne. Soe (2) zeigt auch nach links, aber etwas nach hinten.

Shin und Soe müssen in der Bewegung der Linie harmonisieren. Tai (3) besteht ebenfalls aus Zweigen und zeigt nach rechts vorne.

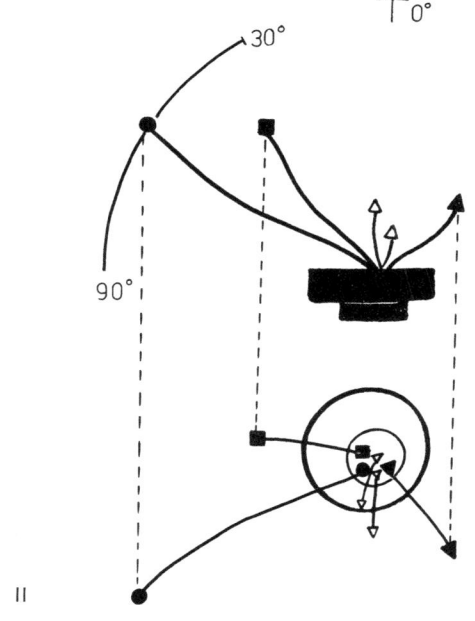

Schema
der
geneigten
Form B

II

Im Verhältnis zu unserem Pokal wäre das Arrangement bestimmt zu kärglich, wenn wir nur einen einzigen Zweig für jeden Hauptteil des Ikebana nehmen würden. Das würde auch dem natürlichen Wachstum des Spierstrauches widersprechen. Aus diesem Grunde ordnen wir jeder Hauptlinie einige Hilfslinien (Ashirai) zu. Die Zweige 4, 5 und 6 (Abb. III) dienen als Shin-Ashirai. Zwei weitere Zweige, (7, 8) werden als Soe-Ashirai zwischen Shin und Soe, leicht nach hinten geneigt angeordnet. Die beiden Iris mit ihren Blättern (9, 10) stehen rechts von Soe als Soe-Ashirai. Kleine Spiräen-Zweige (11, 12) unterstützen Tai ebenso wie die drei Nelken (13, 14, 15). Zu beachten wäre noch, daß die unterste Nelkenblüte (15) ziemlich weit über den Rand des Gefäßes hinausragt. Nicht zu kurz abschneiden!

1	**Shin**	Spiräe
2	**Soe**	Spiräe
3	**Tai**	Spiräe
4	**Shin-Ashirai**	Spiräe
5	**Shin-Ashirai**	Spiräe
6	**Shin-Ashirai**	Spiräe
7	**Soe-Ashirai**	Spiräe
8	**Soe-Ashirai**	Spiräe
9	**Soe-Ashirai**	Iris mit Blättern
10	**Soe-Ashirai**	Iris mit Blättern
11	**Tai-Ashirai**	Spiräe
12	**Tai-Ashirai**	Spiräe
13	**Tai-Ashirai**	Nelke
14	**Tai-Ashirai**	Nelke
15	**Tai-Ashirai**	Nelke

III

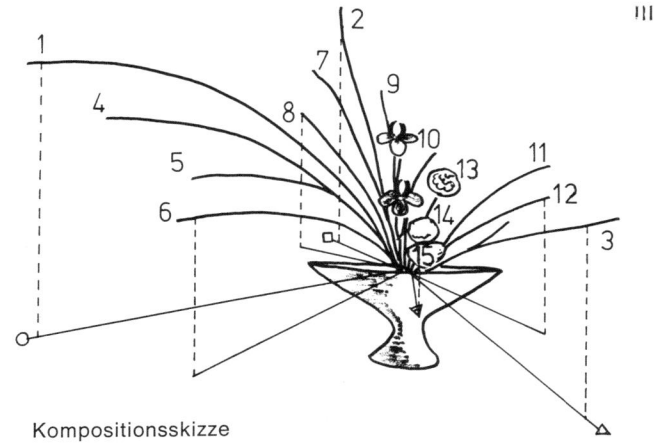

Kompositionsskizze

61

Pflanzen fünf Kirschzweige mit Knospen
fünf lachsrote Rosen
fünf japanische Farnblätter, getrocknet und gebleicht

Gefäß Keramikschale mit Füßen, türkis

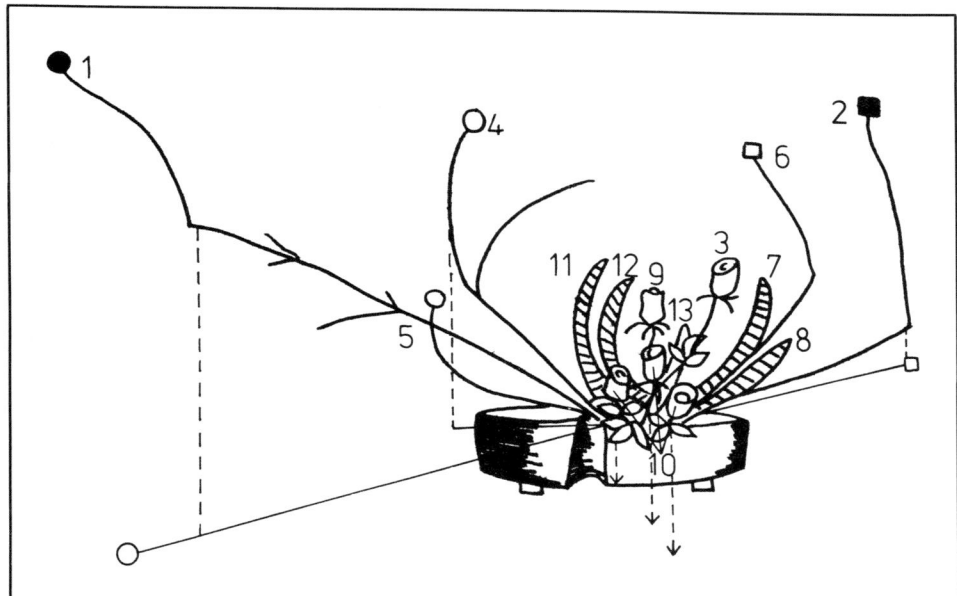

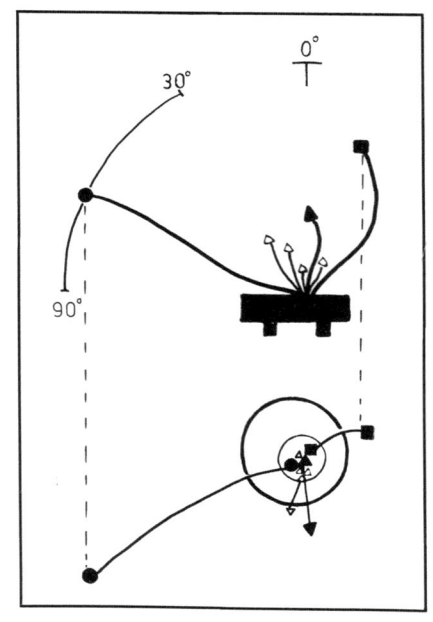

Erst wenn Sie einmal die Zweige ohne Blätter und Blüten, so wie Sie sie im Winter finden, genauer betrachten und arrangieren, entdecken Sie die Schönheit der Linien und die unterschiedlichen Wachstumsformen. Auch kahle Kirschzweige kann man lebendig arrangieren, wenn man, wie hier, die edlen Rosen und das zarte Weiß des Farnes als Kontrast verwendet. Auch das frische Türkis der Ikebana-Schale trägt zum Gesamteindruck bei.

Weißdorn- oder Schlehenzweige bringen auch interessante Wirkungen. Wechseln Sie ab!

Wir haben den Kenzan diesmal auf die rechte Seite des Gefäßes gestellt. Wie bei allen Arrangements kann er aber auch auf der anderen Seite sein. Die Linien des Ikebana werden dann eben spiegelbildlich angeordnet. Das richtet sich nach den Zweigen, die Sie haben, nach dem Ort, an dem

das Ikebana aufgestellt werden soll und nach dem Licht-
einfall.

Shin (1) besteht aus einem langen Kirschbaumzweig, der
zunächst senkrecht in den Kenzan gesteckt (siehe 8. Lektion)
und dann etwa 70° nach links geneigt wird, so daß er ein
wenig nach links vorne zeigt.

Soe (2) hat etwa 2/3 der Länge von Shin und schaut nach
rechts hinten. Die interessante Linie haben wir durch Abschneiden des Hauptzweiges erreicht.

Tai (3) besteht aus einer Rosenblüte, unterstützt durch
Hilfselemente aus Rosen (9, 10) und Farnblättern (11, 12,
13).

Shin-Ashirai (5, 4) wird durch Zweige gebildet, und Soe-
Ashirai durch einen Zweig (6) und zwei Farnwedel (7, 8).
Achten Sie darauf, daß sich die Rosen schön nach vorne
neigen, dem Betrachter zu, und nicht hinter dem Schalenrand verschwinden.

Pflanzen   Zweige der Eberesche (Vogelbeerbaum, *Sorbus aucuparia*)
drei Edelrosen

Gefäß   schwarzer, matt glasierter Keramik-Pokal

Mit den Zweigen der Eberesche kann man zu jeder Jahreszeit seine Freude erleben. Im Frühjahr bekommen sie durch die Knospen und jungen Blättchen einen besonderen Reiz. Die Frühjahrszweige der Eberesche heißen in Japan *Raidenboku* und die Bezeichnung *Nanakamado* gibt man dann den Zweigen im Sommer, wenn sie sich mit den eigenartigen, gefiederten Blättern geschmückt haben. Im Vergleich zu manchen Gefäßen und zu den verwendeten Blumen wirken alle Blätter so eines Zweiges erdrückend. Deshalb scheuen

wir uns nicht, zahlreiche Blätter abzuschneiden. Erst dann können wir das Filigranwerk auf uns wirken lassen.

Variationen
Statt der Rosen ordnen wir der Eberesche auch blaue Iris zu, Feuerlilien oder Dahlien. Im Herbst, wenn die Zweige leuchtendrote Beerendolden tragen, passen Chrysanthemen oder Astern am besten.

Pflanzen   drei Farnblätter
             drei Funkienblätter
             fünf Rosen

Gefäß   halbkreisförmige Keramikschale mit Füßen

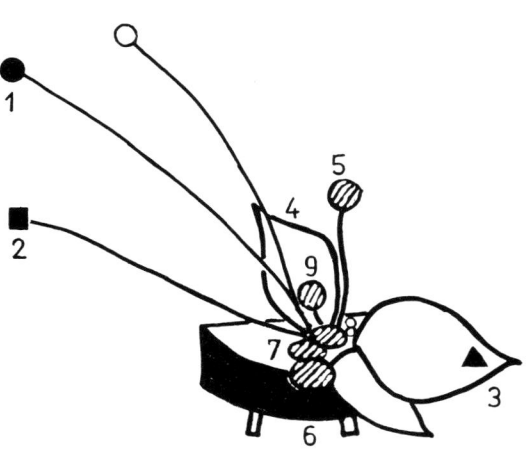

Zwei unterschiedlich lange Farnblätter binden wir mit feinem Blumendraht zusammen. Das ergibt Shin, der nach links vorne geneigt ist (1). Als Soe (2) wird ein weiteres Farnblatt hinter Shin angeordnet.

Zwei Funkienblätter ergeben Tai. Sie wenden sich nach rechts vorne. Als Hintergrund für die Rosengruppe stellen wir ein drittes Funkienblatt hinter Shin in den Kenzan (4). Eine Rose (5) wird in der Mitte arrangiert und reicht etwa bis zur halben Höhe des Arrangements, eine weitere Blüte (6) kommt ganz nach vorne, und die anderen (7, 8, 9) werden dazwischen in unterschiedlicher Länge stufenförmig angeordnet.

Rosen sind empfindlich. Sie sollen stets unter Wasser geschnitten werden. Weitere Tips zur guten Behandlung finden Sie im letzten Abschnitt dieses Buches (Seite 179).

Großflächige Blätter eignen sich gut für Ikebana, aber wir finden sie außer in südlichen Gegenden recht selten in Europa. Wir behelfen uns deshalb mit Zimmerpflanzen: Sansevieria, Graslilie, Gummibaum, Monstera (*Philodendron*), Zimmerpalme (*Phoenix*), roter Drachenbaum (*Dracaena*) oder Wunderstrauch (*Codiaeum*).

Pflanzen Wilder Wein, drei Ranken *(Parthenocissus quinquefolia)*
fünf rosa Rosen

Gefäß hellblauer Keramikpokal, der aus einer zylinderförmigen
Vase und einer kleinen Schale zusammengesetzt wird;
Schale und Vase können auch einzeln oder für eine
Kombinationsform benützt werden (Abb. I).

Bei der hängenden Form des Moribana *(Moribana suitai)* liegt der Neigungswinkel des Shin-Zweiges zwischen 90° und 180°. (Eine vom Kenzan aus senkrecht nach oben gedachte Linie markiert 0°.)

Für Suitai eignen sich natürlich besonders alle hängenden Zweige und Ranken. Für unser Beispielarrangement verwenden wir eine Ranke des Wilden Weines als Shin (1). Wenn wir unseren Shin-Zweig genau nach dem Schema der Grundform anordnen würden, käme die Rückseite der Weinblätter nach oben. Deshalb arrangieren wir diesmal spiegelbildlich, denn wir wollen diesen Zweig verwenden. Der Bewegung des Shin-Zweiges folgt, nur etwas weiter nach rechts vorne weisend, die Soe-Linie (2). Ihre Länge beträgt etwa 2/3 der Länge von Shin.

Tai (3) besteht aus einem hoch aufragenden, etwas nach links hinten zeigenden Zweig des Wilden Weines.

Wie bei den bisherigen Arrangements gelernt, stellen Sie bitte nun erst eine Rose in die Mitte (4) und lassen eine andere weit nach vorne blicken (5). Zwischen (4) und (5) werden dann die drei weiteren Rosen angeordnet.

Ein paar Weinblätter hinter den Blüten lassen die Rosen besonders schön leuchten und hervortreten.
Variationen

Verwenden Sie einmal ein anderes Gefäß! Vielleicht haben Sie einen hohen Kelch aus Glas oder Metall.

Moribana suitai wirkt als Herbstarrangement besonders gut, wenn Sie das Feuerrot der Weinblätter verwenden. Auch Efeu bringt neue Möglichkeiten der Variation von Stimmung und Aussage.

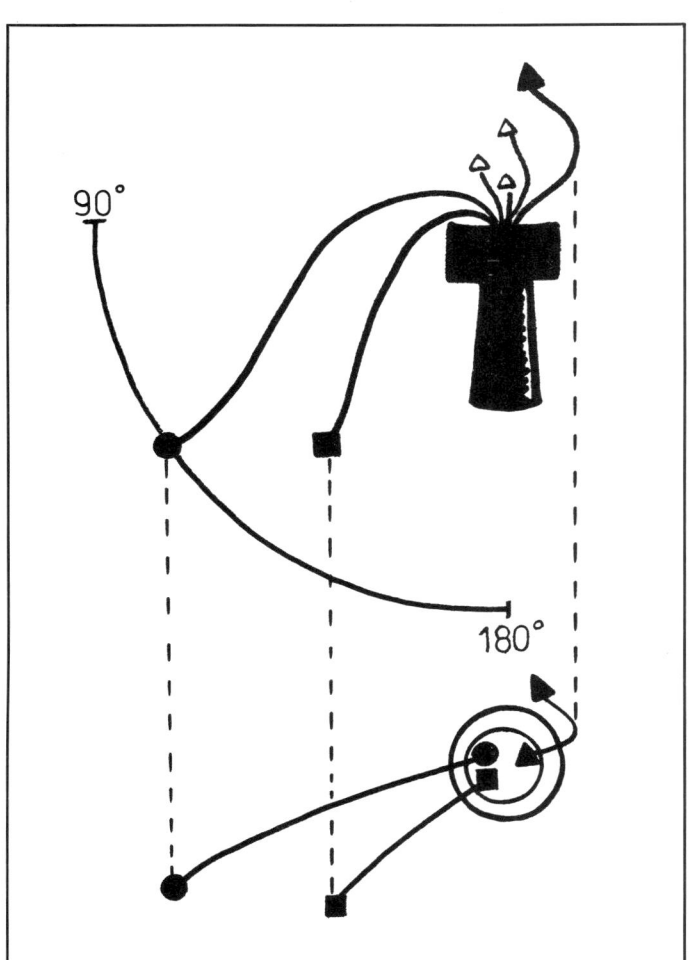

90°

180°

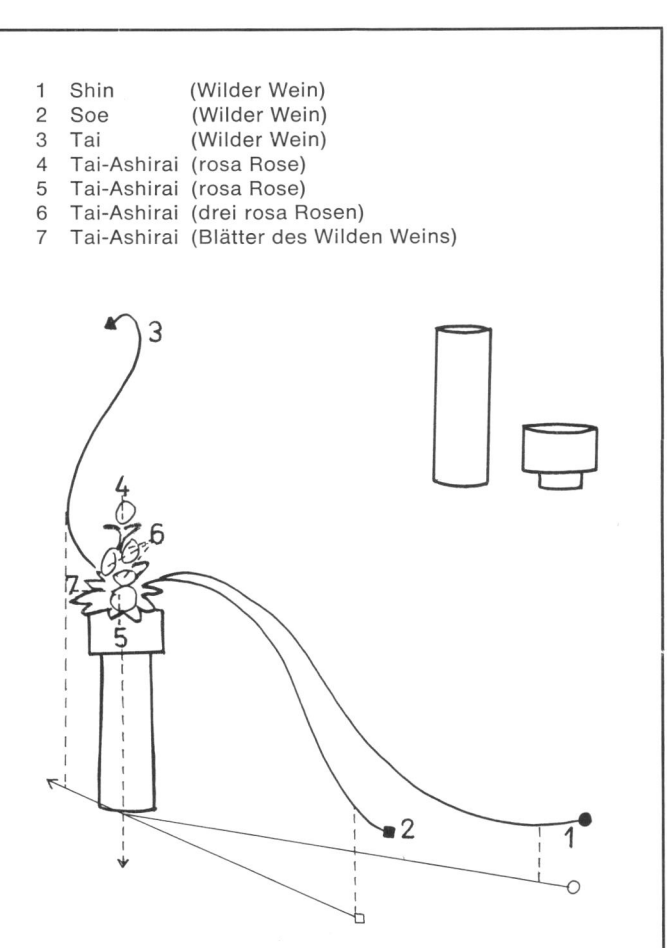

1 Shin   (Wilder Wein)
2 Soe   (Wilder Wein)
3 Tai   (Wilder Wein)
4 Tai-Ashirai (rosa Rose)
5 Tai-Ashirai (rosa Rose)
6 Tai-Ashirai (drei rosa Rosen)
7 Tai-Ashirai (Blätter des Wilden Weins)

Pflanzen   drei immergrüne Heckenkirschzweige *(Lonicera pileata)*
fünf Narzissen
zehn Narzissenblätter

Gefäß   brauner Keramikpokal

Wenn man das Arrangement (Abb. I) mit dem Schema der Grundform vergleicht, stellt man fest, daß es spiegelbildlich zur vorgegebenen Grundform angeordnet wurde. Man kann zwischendurch immer wieder einmal die Gegenform arrangieren und die Wirkungen vergleichen. Wenn sich der Raum, für den das Ikebana gedacht ist, nach rechts öffnet und vielleicht links eine Wand ist, dann wäre wohl die Variation mit Shin nach rechts zu wählen.
Durch die hängende Form wird der vorgegebene lange

Schwung des Heckenkirschzweiges gut zur Geltung gebracht. Als Shin-Linie (1 in Abb. IV), die nach rechts vorne weist, gibt er die Grundstimmung für das gesamte Arrangement an: positiv, heiter, frisch und unkompliziert, frühlingshaft und schwungvoll. (Abb. III)
Auch Soe, der zweite Zweig mit der Länge von 2/3 des Shinzweiges, unterstützt die für dieses Arrangement gültige *Wahrheit* und schwingt in einer ähnlichen Kurve nach rechts hinaus (2 in Abb. IV).

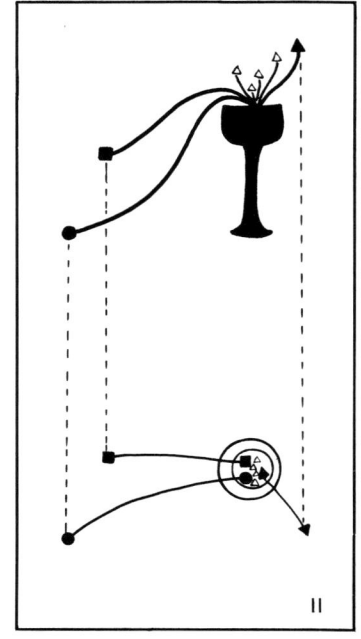

I

II

Als Balance auf der Gegenseite ragt Tai (3) steil nach oben und weist mit seiner Spitze in die Richtung der Hauptlinie. Wenn Tai auch hängend angeordnet würde, so könnte leicht eine etwas traurige Stimmung erzeugt werden.

Frische Narzissenblätter und blaßgelbe Blüten betonen als Ashirai noch das, was durch die drei Linien Shin, Soe und Tai schon versucht wird auszusagen (4—11 in Abb. IV).

Die Blüten 10 und 11 ragen frisch nach vorne, weit über den Rand des Pokals hinaus, was man in der Zeichnung nicht so deutlich sieht. Einige Blätter zeigen nach hinten (12) und nach links vorne (13) und erzeugen dadurch Raumwirkung.

Hinweis

Besonders wichtig sind die Blätter der Narzissen. Achten Sie beim Blumenkauf schon darauf! Wenn Sie die schlanken Blätter vorsichtig durch die Finger ziehen, dann entstehen die feinen Kurven, wie wir sie für diese Arrangements brauchen.

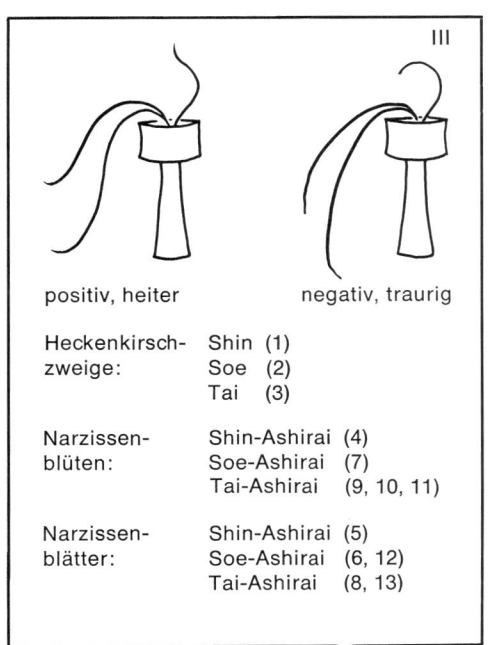

III

positiv, heiter   negativ, traurig

Heckenkirschzweige:	Shin	(1)
	Soe	(2)
	Tai	(3)
Narzissenblüten:	Shin-Ashirai	(4)
	Soe-Ashirai	(7)
	Tai-Ashirai	(9, 10, 11)
Narzissenblätter:	Shin-Ashirai	(5)
	Soe-Ashirai	(6, 12)
	Tai-Ashirai	(8, 13)

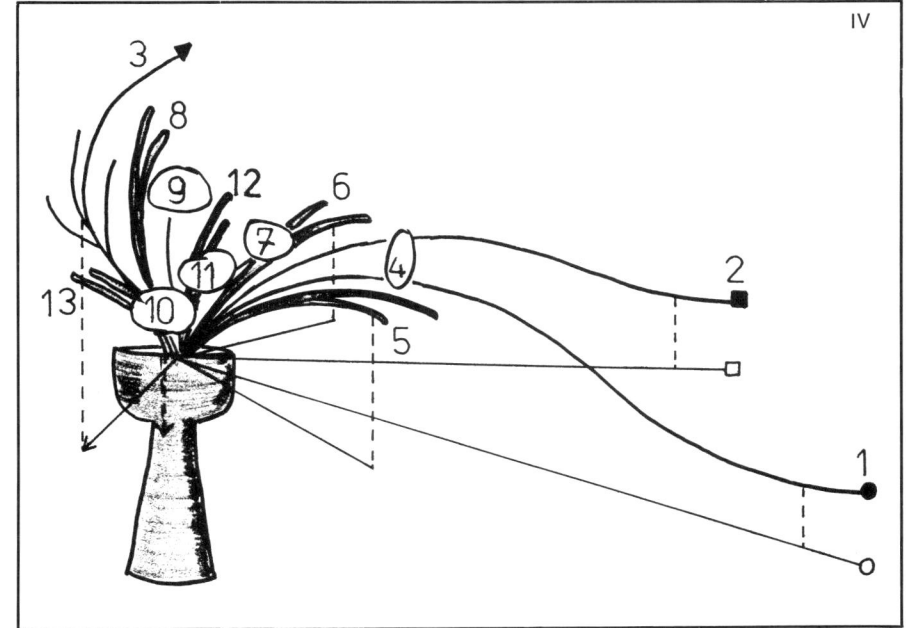

IV

Pflanzen Zweige der Rosenspiere *(Spiraea bumalda)*
drei rosa Gerbera
Gräser: Rotschwingel *(Festuca rubra)*

Gefäß blaue Keramikschale mit Füßen

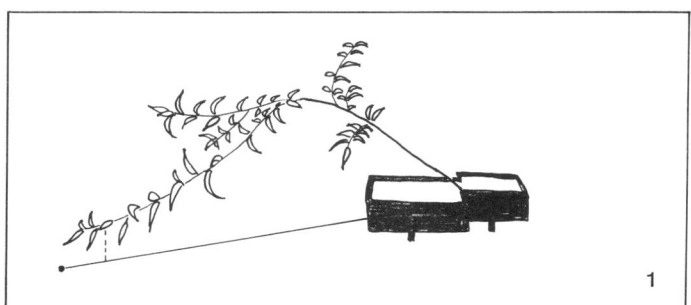

Der Kenzan liegt hier rechts im Gefäß.
Die Stufen des Arrangierens sind in den nebenstehenden Abbildungen dargestellt. Als Shin dient ein Rosenspierenzweig (1). Soe besteht aus einer Gerbera und einigen kurzen Zweigen, die sich nach rechts hinten wenden (2). Die Gerbera-Blüten als Tai sollen weit nach vorne kommen (3). Mit den etwas gebogenen Rotschwingeln (4) wird das Arrangement harmonisch abgeschlossen (5).

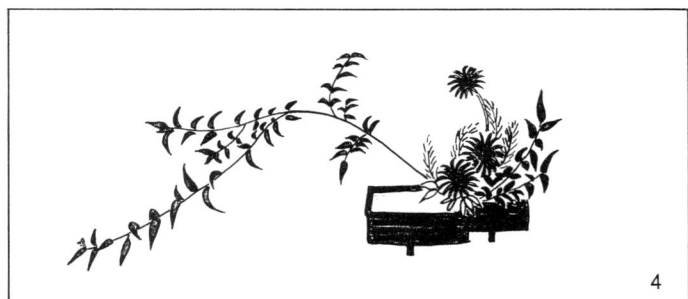

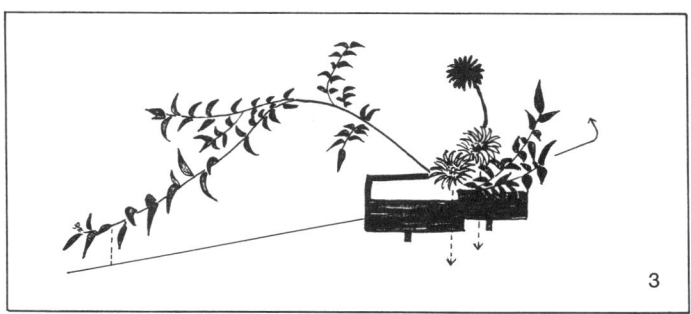

Variationsmöglichkeiten ergeben sich, wenn man andere Zweige verwendet, z. B. Weigelie, Cotoneaster, Heckenkirsche, Liguster oder Forsythie.

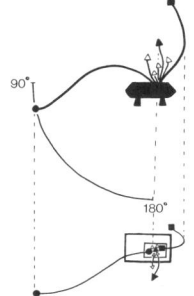

Pflanzen   Zweige der Trauerweide
           drei rote Tulpen

Gefäß   dunkelblaue, runde
           Keramikschale

Thema   Frühlingswind

Wie einfache Mittel
doch
eine ganze Welt
zaubern können!

MORIBANA
Isshu-ike

Fragen zur Wiederholung:
In welcher Form ist dieses
Ikebana arrangiert?
Was bedeutet *Moribana*?
Bezeichnen Sie die Haupt-
linien dieses
Arrangements!
Wenn Sie die Fragen
beantwortet haben,
schauen Sie bitte bei
Lektion 1 und Lektion 5
nach!

MORIBANA
VARIATION

MORIBANA

Pflanzen Weidenkätzchenzweige
Tulpen mit Blättern

Pflanzen fünf Rohrkolben
fünf Gartennelken, dunkelrot
eine Gerberablüte, rot
kleine Spiraeazweige, herbstfarbig
Wacholderzweige

Gefäß schwarze Gußeisenschale auf drei Beinen

Aufgabe:
Versuchen Sie zu dieser Skizze einen Grundriß (Draufsicht) zu zeichnen, aus dem hervorgeht, nach welcher Richtung sich die einzelnen Linien des Arrangements wenden!

Aufgaben:
1. Bezeichnen Sie die Haupt- und Hilfslinien dieses Arrangements!
2. In welcher Form ist dieses Moribana arrangiert?

Pflanzen Kirschlorbeerzweige *(Prunus laurocerasus)*
Schmuckdahlien *(Dahlia cultorum)*
kleine Herbstaster *(Aster novi-belgii)*

Gefäß große hellgrüne Wasserschale (Suiban),
japanische Keramik

Futakabu-ike, das zweiteilige Moribana stellt schon recht hohe Anforderungen an das Können und Einfühlungsvermögen des Gestalters, denn es verlangt harmonisches Zuordnen der beiden Ikebana-Teile. Zweiteilige Arrangements finden wir bereits weit zurück in der Geschichte des Ikebana, z. B. als zweiteiliges Rikka oder Shôka.
Die beiden Blumenigel ordnen wir in der Schale versetzt an. Hier liegt der rechte Kenzan vorne und der linke etwas im Hintergrund.
Als Shin verwenden wir einen Kirschlorbeerzweig und

stellen ihn in den hinteren Kenzan, wobei wir ihn etwas nach links vorne neigen. Dahinter folgt Soe. Tai wird mit Richtung nach rechts vorne in den zweiten, vorderen Blumenhalter gesteckt.
Eine längere Dahlie als Soe-Ashirai und eine kürzere als Tai-Ashirai werden zusammen mit einigen kleinen Astern im hinteren Blumenigel arrangiert. Im vorderen Kenzan wird der Tai-Linie ebenfalls eine Dahlie zugeordnet und Astern dienen als weitere Hilfen. Die Linien dieser kleinen Blumen sollen sich harmonisch in das Ikebana einfügen.

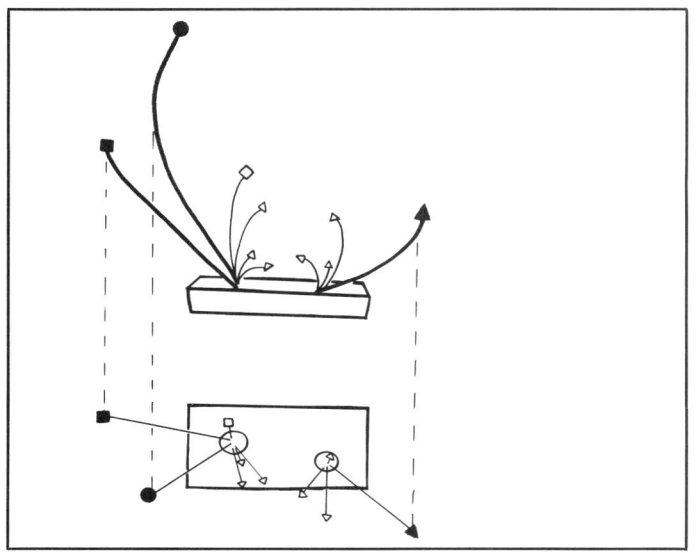

Pflanzen Forsythienzweige, drei Tulpen

Gefäß Suiban, große flache Wasserschale mit zwei Kenzan

Die Aufgabe war hier, das Thema „Paar" mit möglichst einfachen pflanzlichen Mitteln auszudrücken. Links ist Okabu, der männliche Teil, und rechts Mekabu, der weibliche. Wenn das Auge der Bewegung der Linien folgt, dann bewegt es sich im Kreis. Die beiden Gruppen des Arrangements liegen nicht in der gleichen Entfernung vom Auge des Betrachters. Die Grundrißdarstellung zeigt, wie die Linien nach vorn und hinten geführt wurden.

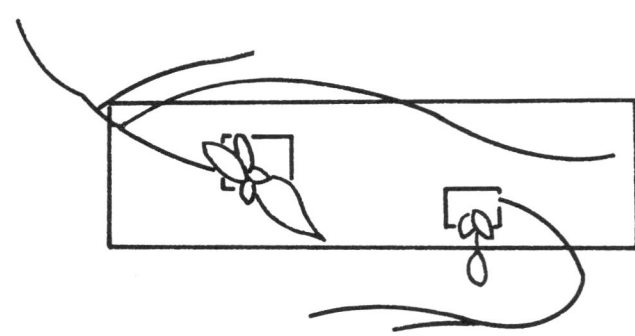

76

Pflanzen rote und gelbe Chrysanthemen
gelbe und weiße kleine Chrysanthemen

Gefäß hellgrüne Keramikschale, Suiban

Diesmal ist der linke Kenzan vorne. Eine rote Blüte wird als Shin (1) hineingesteckt und ein wenig nach links vorne geneigt. Soe (2) hingegen, eine helle Blüte, wendet sich weit nach links vorne. Tai (3), einige kleine Knospen, wird in den zweiten, hinteren Kenzan gegeben und nach rechts vorne geneigt. Dann werden in die beiden Gruppen die nötigen Ashirai-Teile gefügt. Die kleinen Blüten im Hintergrund lassen die rechte Gruppe noch weiter entfernt erscheinen und geben dem Arrangement dadurch große Raumtiefe.

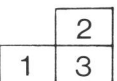

Pflanzen grüne Ahornzweige, rosa Gladiolen

Gefäß ovale Blumenschale, rosa glasiert

Diese erst seit knapp dreißig Jahren gepflegte Form des Blumenstellens, wurde aus dem Repertoire der europäischen und amerikanischen Blumendekoration von manchen modernen Ikebana-Schulen dem Moribana angeglichen.

Das sehr flache *Gesteck* — hier sei dieser Name einmal verwendet — muß nach allen vier Seiten hin ansprechend aussehen. Der Betrachter braucht sich nicht, wie bei den anderen Ikebana-Formen auf das Arrangement einzustellen, denn die Shimentai-Form hat kein *Gesicht*. Moribana, Nageire, Shôka und Rikka hingegen wirken nur von vorne gesehen harmonisch und ausbalanciert.

Das japanische Tischarrangement dieser Art ist nicht so voll und reich wie das europäische. Es ordnet sich den Farben und Formen der übrigen Tischdekoration unter, ist asymmetrisch und besteht aus drei Hauptlinien, die ein ungleichseitiges Dreieck bilden.

Zu beachten ist, daß das Blumenwasser unbedingt sauber ist, daß keine welken Pflanzenteile zu sehen sind, daß Blüten mit aufdringlichem Duft und starker Blütenstaubabsonderung vermieden werden und daß kein Element hoch aufragt.

Die beiden Abbildungen zeigen dasselbe Gesteck, einmal von vorne (I) und einmal von hinten (II) gesehen.

I

II

NAGEIRE

Was bedeutet Nageire?

Nage-ire wird meist mit *Einwurf-Arrangement* übersetzt. Früher sprach man in Japan von *Nage-ire-bana*, den *hineingeworfenen Blumen*. Wie wir schon im ersten Teil des Buches gezeigt haben, hat sich diese lockere, natürliche und weniger streng geregelte Form des Ikebana als Gegenpol zum Rikka entwickelt. Besonders unter dem Einfluß der Teezeremonie entstanden einfache, elegante Chabana-Anordnungen, die man auch als Vorläufer unseres modernen Nage-ire sehen kann.

| nageru (= werfen) | Nage - | - ire | ireru (= hineinstellen) |

Das Nage-ire unterscheidet sich vom Vasenarrangement europäischer Prägung vor allem durch die Asymmetrie und durch seine Leichtigkeit, welche man dadurch erreicht, daß man die Pflanzen nicht durch möglichst viele, die Vasenöffnung ausfüllende Blumen und Zweige festhält, sondern durch einen recht einfachen Blumenhalter aus Aststücken, den *Hana-Kubari*.

Beispiele für Nageire-Gefäße

Grundsätzlich eignen sich nahezu alle Vasen für diese Ikebana-Form. Es können hohe sein oder niedrigere, zylindrische oder eckige, regelmäßige oder bizarre, einfache oder verzierte, bunte oder einfarbige und schlanke genauso wie bauchige. Es gibt keine Vorschriften bezüglich ihres Materials, außer den Erfordernissen der Blumen oder der Umgebung, für die das Nageire-Arrangement vorgesehen ist. Wie bei den Moribana-Gefäßen würden wir raten, für den Anfang einfache, schlichte, zeitlose Vasen vorzuziehen. Sie können aus Ton oder Porzellan sein, aus Glas oder Holz und aus Metall. Vasen mit ganz dunkler oder ziemlich heller Oberfläche sind vielseitiger verwendbar als solche mit ausgefallener Farbgebung.

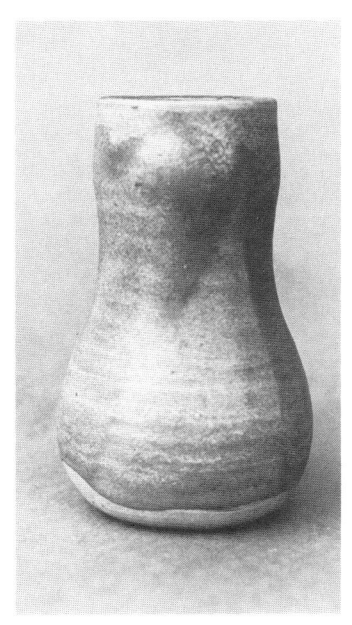
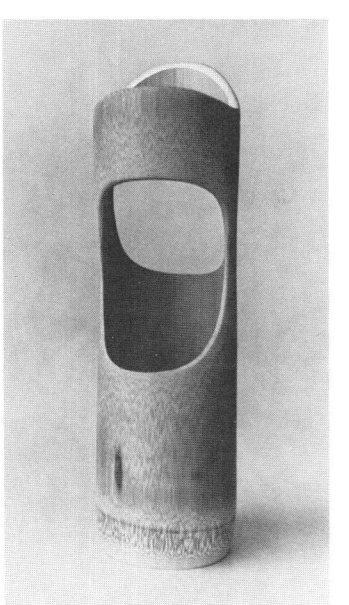
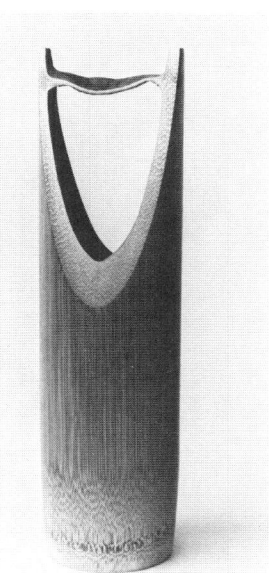

81

1. Hier wurde der Hauptzweig an der Schnittstelle gespalten und an einen senkrecht in die Vase gestellten Astabschnitt mit Bast oder Blumendraht gebunden. Ohne den senkrechten *Kubari* (= Blumenhalter, Holzstiel) würde sich der Zweig nach unten drehen und traurig herabhängen.

2. Der Haltestiel wird bei diesem Beispiel schräg in der Vase verklemmt. Dieses Verfahren ist besonders günstig für eckige Vasen mit einem Randwulst.

3. Wenn der Holz-Kubari wie hier fest mit dem Zweig verbunden wird, dann entsteht eine federnde Halterung, die so wie auf dem Bild in die Vase geklemmt werden kann. Das untere Ende des Zweiges stemmt sich gegen die Wand des zylinderförmigen Gefäßes.

4. Der Zweig wird mit einem vorher stramm in die Vase eingepaßten Kubari verbunden. Klemmt man nun das so entstandene Kreuz in die Vase, so liegt es an drei Punkten fest an der Wand des Gefäßes an.

5. Je nach Material und Form des Arrangements kann man auch unterschiedliche Verbindungen herstellen. Drei davon sind hier gezeigt. Die Verankerung in der Blumenvase ist wie bei 4.

6. Vorsichtig sollte man mit wertvollen Porzellanvasen oder Glasgefäßen umgehen. Damit keine Kratzer entstehen und nichts bricht, umwickelt man die Enden des Kubari mit Watte oder ähnlichem, weichem Material.

7. Am elegantesten ist wohl die vom Shôka hergeleitete Art, den Kubari zu befestigen. Nur paßt diese Möglichkeit nicht für alle Vasentypen. An schrägen Wänden rutscht er immer ab. Wenn man keine Astgabel findet, kann auch ein Stück der im Arrangement benützten Zweige gespalten und in der gleichen Weise verwendet werden.

8. Am wenigsten Geduld ist nötig für das Arrangieren, wenn man eine dicke, schwere und biegsame Bleistange zur Verfügung hat.

Wie Zweige und Blumen in der Vase gehalten werden

Die Technik, Blumen in der Vase in einer bestimmten Lage festzuhalten, das *Hana-dome*, wurde in Japan immer weiter verbessert. Es geht darum, den Arrangements Natürlichkeit zu verleihen. Die Pflanzen sollen also nicht in einem dicken Bündel in die Öffnung der Vase gepreßt und dadurch festgehalten werden. Sie sollen vielmehr wie in natürlichem Wuchs aus der Vase hervorkommen. Wenn gleichzeitig auch erreicht werden kann, daß möglichst wenig vom Stiel im Wasser zu sein braucht, daß also weniger Pflanzliches verfaulen kann, dann bleiben die Blumen länger frisch. Sie können ungehindert Wasser ansaugen, weil die Gefäße nicht eingeklemmt werden.

Auf den Abbildungen sind die gebräuchlichsten Methoden dargestellt:

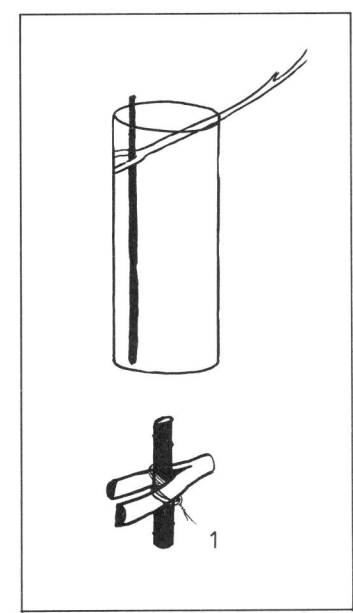

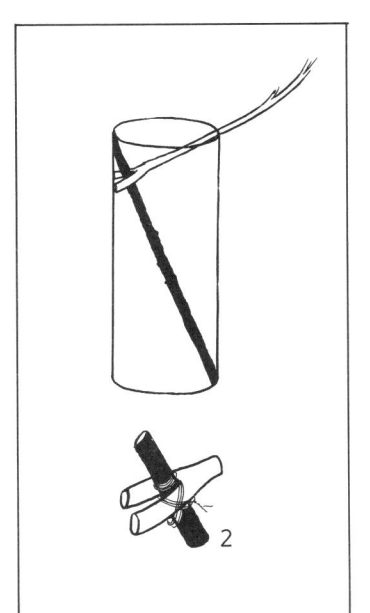

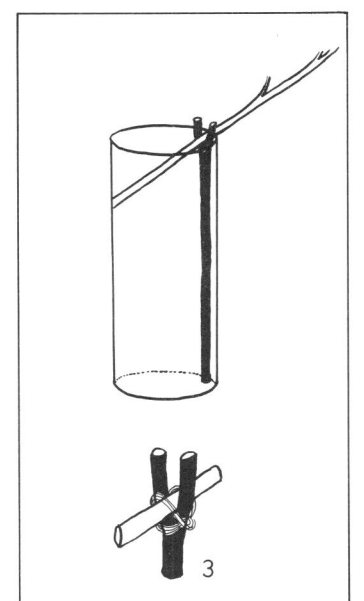

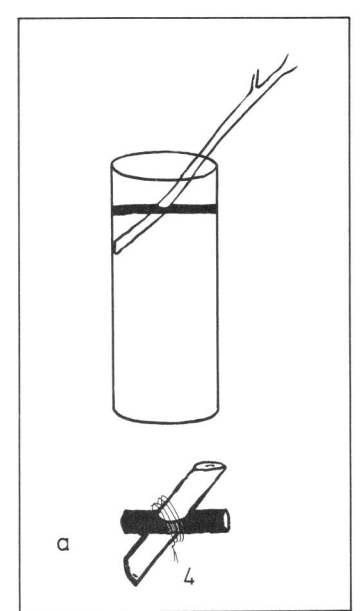

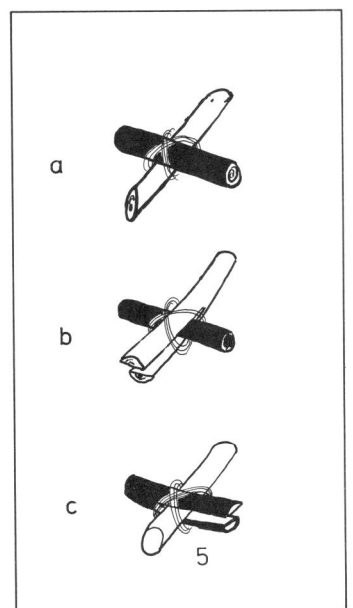

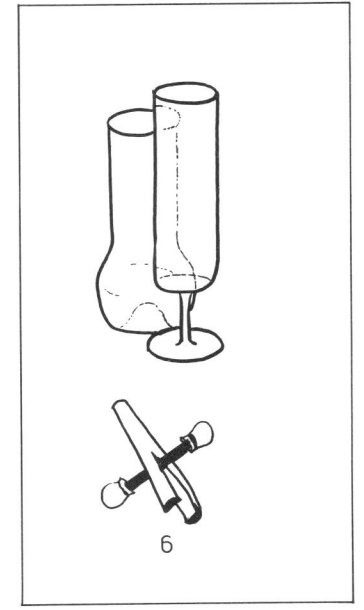

Für jedes Nageire den passenden Kubari

Die nebenstehenden Skizzen zeigen 12 verschiedene Hana-Kubari-Variationen. Wenn man von oben in eine zylindrische Blumenvase blickt, dann sieht man die zwischen die Gefäßwände paßgenau eingespreizten Astabschnitte. Soll das Nageire besonders elegant wirken, so werden die benötigten Pflanzen nur in eines der Felder gestellt. Oft ist das natürlich wegen der Form der Zweige nicht möglich und es werden mehrere Felder der Vasenöffnung benützt. Schwerere Äste oder große Blätter müssen meist so am Kubari festgebunden werden, wie wir das im vorhergehenden Abschnitt dargestellt haben.

Für manche Arrangements genügt nur ein einziger Kubari-Stab, der mit dem Shin-Zweig fest verbunden, einen recht guten Halt für die weiteren Elemente bietet. Es hängt von der angestrebten Form, von den Pflanzen, aber auch von der Art der Vase ab, ob man den Kubari von vorne nach hinten einklemmt (1), oder von links nach rechts (2). In den meisten Fällen werden die Hauptzweige links oder rechts auf dem Rand der Vase aufliegen (1, 3, 6, 9, 11). Manchmal möchte man die Blumen aber auch aus der Mitte der Vase aufsteigen lassen (5, 7, 8, 10, 12) oder mehr aus der dem Betrachter abgewandten Seite des Arrangements (4). Wenn man keine Astgabeln zur Hand hat (4, 5), kann man auch etwas stärkere Holzstücke spalten, so daß sie denselben Zweck erfüllen.

Wie man Zweige biegen kann

Um die gewünschte Neigung und Biegung zu erreichen, muß man oft gerade gewachsene Zweige in eine geschwungene Form bringen, oder von Natur aus geschwungene Zweige gerade biegen. Das ist besonders dann nötig, wenn verschiedene Äste desselben Baumes oder Strauches in einem Arrangement harmonisch vereint werden sollen.

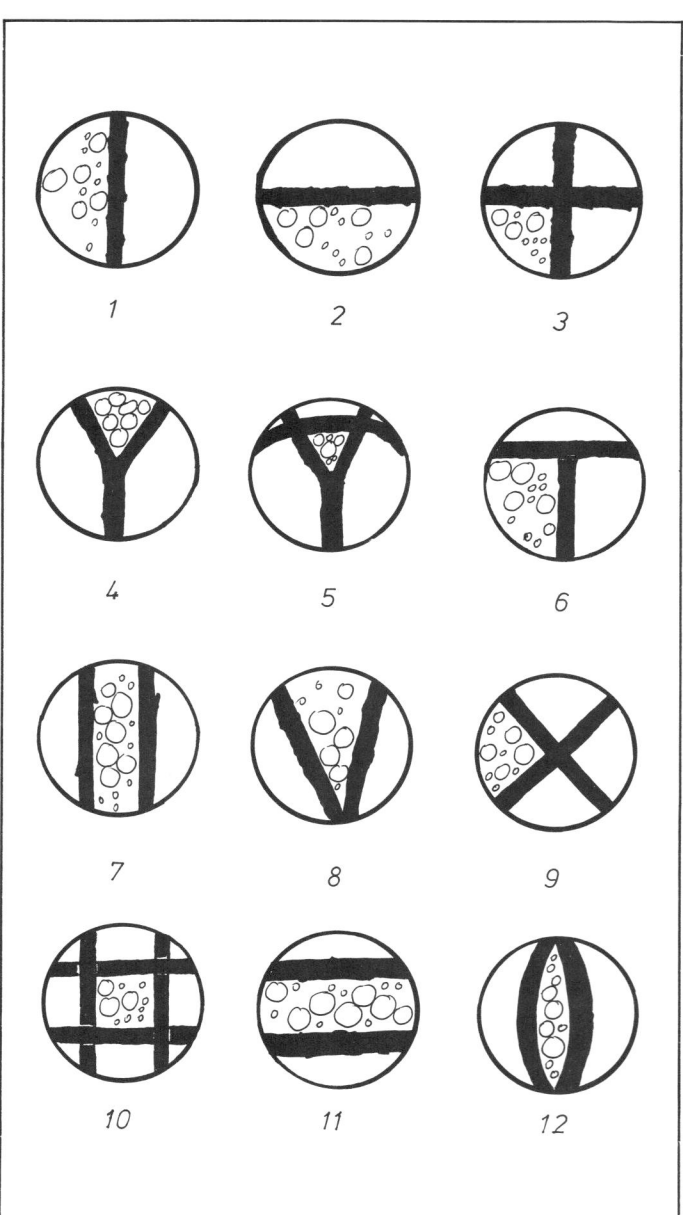

Die Methode, einen Zweig zu biegen, hängt von seiner Art und von seiner Stärke ab. Manche Zweige lassen sich kaum biegen (Apfelbaum, Birnbaum, Spierstrauch, Ahorn), andere aber ziemlich gut (Weiden aller Art, Wacholder, Kiefer, japanische Quitte).

Methoden

1. Man nimmt den Zweig fest in die Hand, so wie es die Abbildung zeigt. Dabei kann man den Zweig etwas zusammendrücken oder in sich drehen. Auch ein kleiner Knick schadet oft nicht (Abb. 1, Seite 116).

2. Bei manchen Zweigen kann man die Außenseite der gewünschten Kurve etwas einschneiden, um so die Spannung der Rinde dort zu vermindern. Anderenfalls bewegt sich der Zweig schnell wieder in die alte Lage zurück (Abb. 2, Seite 116).

3. Bei dickeren Ästen treibt man in die Außenkrümmung Keile aus dem gleichen Holz ein. Vorher hat man zu diesem Zweck mit der Blumenschere oder mit einer Feinsäge entsprechende Einkerbungen angebracht (Abb. 3, Seite 116). Passionierte Ikebana-Freunde planen lange voraus und binden schon im Frühjahr einige Zweige, die sie im Herbst schneiden und verwenden wollen, mit Blumendraht oder Bast so zurecht, daß sie in der richtigen Biegung wachsen.

Teile und Maße des Nage-ire

Wie das Moribana besteht das Nage-ire-Arrangement auch aus den drei Hauptelementen: Shin, Soe und Tai. Diese drei wichtigsten Linien oder Massen werden wie beim Moribana auch wieder von Hilfselementen (Ashirai oder Jûshi) unterstützt, und ihre End- oder Schwerpunkte bilden ein unregelmäßiges Dreieck, dessen Fläche weder senkrecht noch waagrecht im Raum steht.

Beim Nage-ire ist es wie beim Moribana: Die Länge des Hauptzweiges richtet sich nach der Größe der Vase. Auch hier gilt als Faustregel:

$$\text{Länge des Shinzweiges} = \left[\text{Höhe des Gefäßes} + \text{Durchmesser oder Breite des Gefäßes}\right] \times 1,5 \text{ bis } 3$$

Das bedeutet, daß der sichtbare Teil des Shinzweiges etwa eineinhalb bis dreimal so lang ist wie Höhe und Durchmesser des Gefäßes zusammengenommen. Beim Zuschneiden ist aber zu berücksichtigen, daß der Zweig ja oft tief in die Vase hineingestellt wird, je nach gewähltem Befestigungssystem (Hana-Kubari). Man muß also zu der nach obiger Faustregel ermittelten Länge noch die Länge des nicht sichtbaren Zweigstückes in der Vase dazurechnen.

Soe und Tai richten sich wie bei Moribana nach der Länge des Shinzweiges. Soe mißt etwa zwei Drittel bis drei Viertel der Länge von Shin und Tai ungefähr ein Drittel bis die Hälfte.

Dem Anfänger kann diese Faustregel zunächst helfen. Wer aber schon fortgeschritten ist, der wird sein eigenes Gespür für Proportionen entwickelt haben und sich auch nach der Größe der Blätter, der Jahreszeit, den verschiedenen Farbqualitäten der benützten Pflanzen, oder der speziellen Wachstumsstruktur eines Zweiges richten.

Länge der Hauptlinien bei Nageire

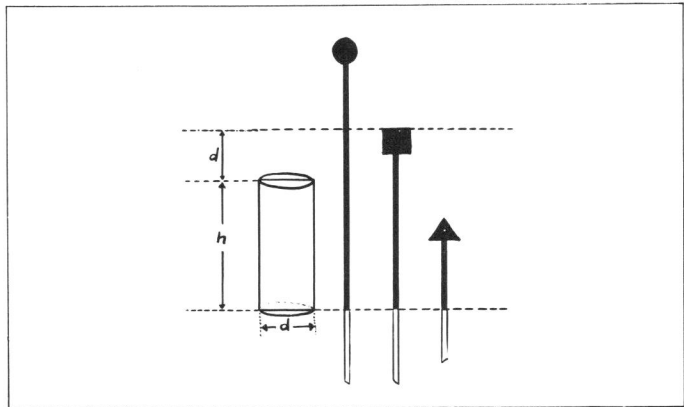

85

Pflanzen Ebereschenzweige
           Chrysanthemen

Gefäß hohe runde Porzellanvase

Schneiden Sie sich von den Ebereschenzweigen einen dem Durchmesser der Vase entsprechenden Kubari ab. Nun passen Sie das Holzstückchen in die Vase ein, unterhalb des oberen Randes. Dabei dürfen Sie nicht zu viel auf einmal wegschneiden, sondern müssen millimeterweise vorgehen. Der Kubari soll schließlich alleine in der Vase festsitzen.
Nun verbinden Sie den auf die richtige Länge zugestutzten Shin-Zweig mit dem wieder herausgenommenen Kubari, am besten mit Bast oder Blumendraht. Es entsteht ein Kreuz, das Sie in der Vase verankern können.

Ob sie es so einrichten, daß der Shin-Zweig bis auf den Boden der Vase reicht, oder daß er schon im oberen Teil des Gefäßes an der Wand anliegt, das hängt wohl von der Art und natürlichen Biegung des Zweiges ab, aber auch von der Form der Vase. Wichtig ist, daß der Shin-Zweig aufrecht in der Vase zu stehen kommt und fest verankert ist. Aus der Senkrechten darf er sich höchstens um 30° neigen.
Er richtet sich ein wenig nach links vorne.
Im Schema der abgebildeten Grundform zeigt nun der Soe-Zweig nach links hinten und ist etwa 45° geneigt. Sie sehen aber an diesem Beispiel, daß man sich nie sklavisch an

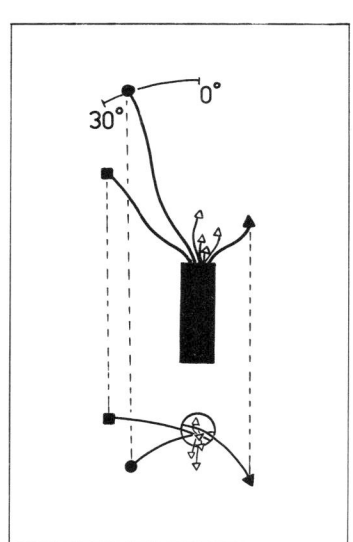

ein Schema zu halten braucht. Im vorliegenden Arrangement erschien es zweckmäßiger und schöner, den Soe-Ast schräg nach links vorne kommen zu lassen. Denn würde er dem Schema folgend nach links hinten weisen, dann wäre im Vordergrund des Arrangements der etwas zu kahle, gerade untere Teil des Shin-Zweiges zu sehen, was vielleicht nicht so angenehm empfunden würde. Nachdem Sie aber bestimmt nicht die gleichen Zweige finden, müssen Sie selbst entscheiden, wo Sie von dem vorgegebenen Schema abweichen. In dieser Frage gibt es auch Unterschiede zwischen den einzelnen japanischen Ikebana-Schulen. Die Ikenobo-Schule läßt den Soe-Zweig gerne nach hinten weisen. Er soll sich als Unterstützung von Shin nicht in den Vordergrund drängen. Seine Aufgabe ist es, die Wirkung des tonangebenden Zweiges zu unterstützen. In der Grundform der Sogetsu-Schule weist der Soe-Zweig gerne nach vorne. Den Soe-Zweig kann man, wenn nötig mit etwas Blumendraht oder Bast am Kubari befestigen, wenn er sich nicht so einklemmen läßt, daß er seine Position ohne Hilfe beibehält.

Als Tai verwenden wir die längste Chrysantheme. Sie neigt sich etwa 60 ° aus der Senkrechten und wendet sich nach rechts vorne.

Zwei weitere Blüten der selben Farbe bilden Hilfselemente (Ashirai oder Jûshi) für Tai. Die untere von ihnen kommt dem Betrachter am weitesten entgegen. Wenn man kleinere Blüten verwendet, dann wären wohl vier Blüten als Ashirai zu Tai nötig, also insgesamt fünf Blumen.

Besonders wichtig bei der aufrechten Form ist die schlanke Eleganz des Arrangements. Der Rand der Vase soll dabei nicht völlig von den Pflanzen verdeckt sein.

Pflanzen   zartrosa Lilie
            fünf Bartnelken

Gefäß   zylindrische Keramikvase mit Glasur
          in gedecktem Rosa

Klemmen Sie in die Vase eine Holzgabel, deren Öffnung nach rechts schaut, als Kubari ein.

Nun stellen Sie die lange Lilie aufrecht in diesen *Hanadome* (Blumenhalter). Das entspricht wohl am ehesten der Natur dieser edlen Blume.

Die fünf Bartnelken werden nach links vorne geneigt und alle in verschiedener Länge zugeschnitten. Die Länge dieser

Soe-Gruppe entspricht diesmal nicht der angegebenen Faustregel. Dadurch kommt die nach oben strebende Lilie besonders zur Geltung. Soe ist also hier wirklich ein Teil des Arrangements, der zur Betonung und Unterstützung der Shin-Linie beiträgt.

Auch Tai ist hier sehr kurz gehalten. Eine Lilienknospe und eine offene Blüte neigen sich nach vorne über den Rand der Vase.

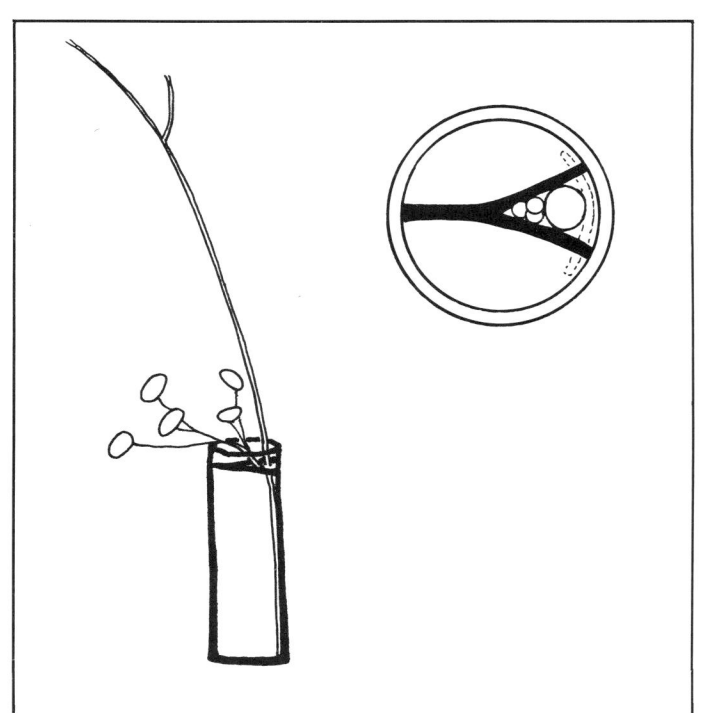

Denken Sie immer daran, daß Ikebana mehr ist als nur gedankenloses Befolgen starrer Regeln! Ikebana verlangt die dauernde Auseinandersetzung mit der Natur der Pflanzen. Ikebana läßt innerhalb der historisch gewachsenen Regeln genügend Raum für eigene Einfälle.

◀ Kompositionsskizze
1 = Shin (lange Lilie)
2 = Soe (Studentennelken)
3 = Tai (Blüte und Knospe der Lilie)

Pflanzen Palmkätzchenzweige *(Salix gracilistyla)*
fünf rosa Tulpen

Gefäß hohe gedrehte Keramikvase

Suchen Sie sich zunächst eine Astgabel von der Länge der Vasenhöhe und binden daran mit Draht oder Bast den Shin-Zweig fest, so daß die beiden Asthölzer zusammen ein federndes Y bilden. Wenn Sie dieses etwas zusammendrücken, in die Vase stecken und dann loslassen, so hält es sich durch eigene Federkraft fest (Abb. II). Der Shin-Zweig (1 in Abb. III) steigt steil nach oben und neigt sich dabei etwas nach links vorne.

Lassen Sie von der Verbindungsstelle des Shin-Zweiges mit dem senkrechten Kubari noch etwas Blumendraht oder Bast wegstehen. Damit können Sie nun den Soe-Ast, der sich ein wenig nach rechts hinten wenden soll, gut am Shin-Stamm festbinden. Es ist vorteilhaft, wenn auch dann noch etwas Draht wegsteht, um die folgenden Elemente festzuhalten. Achten Sie darauf, daß der Shin-Zweig fest und schwer verrückbar mit der Vase verbunden ist, dann haben Sie es nachher beim Befestigen der anderen Teile des Arrangements leichter.

Als Tai dienen fünf Tulpen. Die beiden oberen Blüten stehen fast senkrecht über der Öffnung des Gefäßes, während sich die drei unteren von der Mitte aus nach vorne neigen, aber den Blütenkopf nicht nach unten hängen lassen. Die Tulpenblätter sollen ihre besondere Beachtung finden.

Geben Sie dem Arrangement einen anmutig heiteren, frühlingshaften Schwung! Weidenzweige aller Art lassen sich mit etwas Fingerspitzengefühl sehr leicht in jede gewünschte Lage und Richtung biegen. Beachten Sie dabei die Anleitungen zum Biegen, die wir in einem vorausgehenden Abschnitt gegeben haben.

Versuchen Sie eine Abwandlung des Arrangements mit anderen, ebenso leicht biegbaren Zweigen: Hartriegelzweige (Cornus), Kirschzweige (Prunus) oder jap. Quittenzweige.

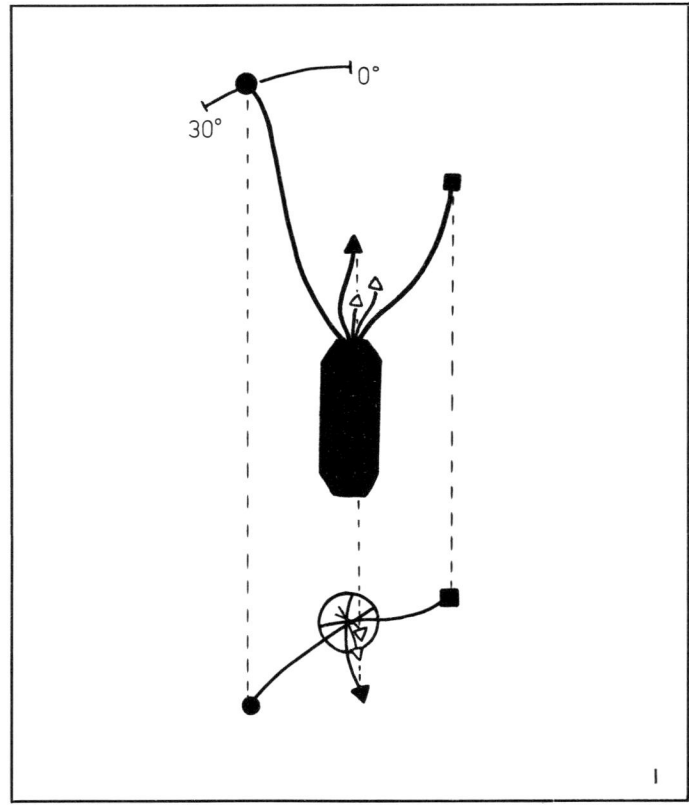

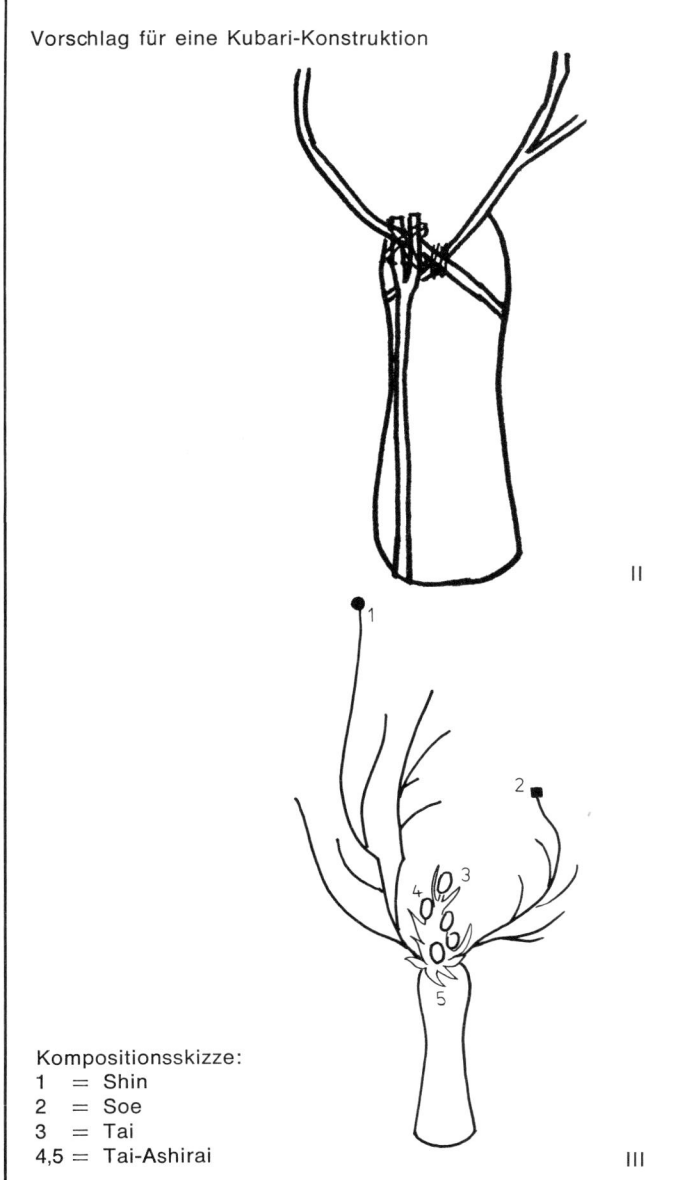

Vorschlag für eine Kubari-Konstruktion

II

Kompositionsskizze:
1 = Shin
2 = Soe
3 = Tai
4,5 = Tai-Ashirai

III

IV

Pflanzen Magnolienzweige mit dunkelvioletten Blütenknospen
zwei gelbe Rosen

Gefäß einfache Keramikvase mit dunkelblauer Glasur

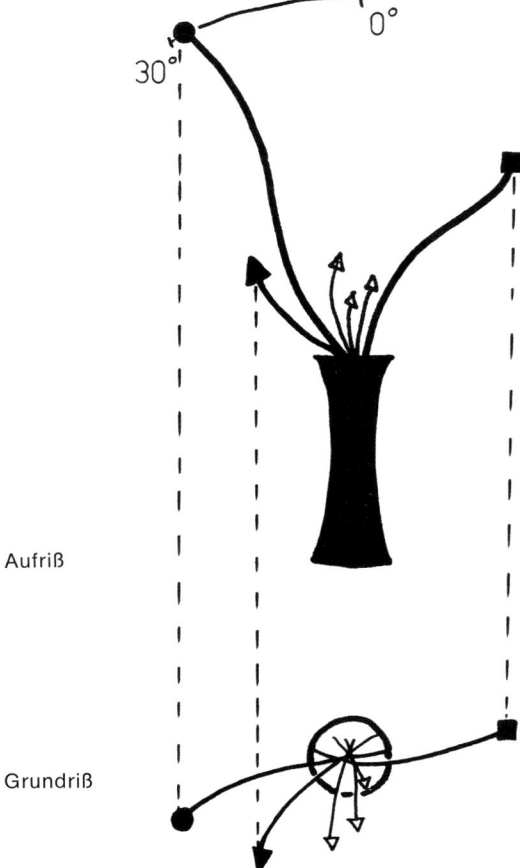

Aufriß

Grundriß

Ein Stück Weiden- oder Hartriegelzweig soll uns als Kubari (Blumenhalter) dienen. Wir schneiden den Zweig etwa 1 cm länger ab, als die Vase hoch ist. Ein Durchmesser von etwa 1,5 cm wäre am besten.

Den Kubari-Stab schneiden wir nun oben ein und klemmen den Shin-Zweig in den Spalt. Mit Blumendraht — wir verwenden hier die stärkere Qualität — entsteht eine feste Verbindung, die dennoch federt und sich alleine in der Vase festklemmt (1).

Der Soe-Zweig wird von der anderen Seite her am Kubari festgemacht. Er hält vielleicht besser, wenn wir an der Verbindungsstelle mit der Blumenschere eine kleine Kerbe ins Holz schneiden. Der Soe-Zweig (2) neigt sich nach rechts und ein bißchen nach hinten, Tai (3) nach links vorn.

Die beiden Rosen stellen wir in die Mitte des Arrangements wobei wir den Stiel der geschlosseneren Blüte länger lassen, und die weiter geöffnete Blüte dem Beschauer entgegenkommend arrangieren.

Die Magnolienzweige müssen wir mit großer Vorsicht behandeln, da die Blütenknospen sehr leicht abbrechen.

Die auffälligen Blüten der Magnolie geben einen sehr starken Akzent, so daß man aus ihnen oft ein Isshu-ike (Arrangement mit nur einer Pflanzenart) gestaltet. Man kann zu den großen, schönen Blüten auch Blumen in der Kontrastfarbe verwenden, wie Rosen oder Pfingstrosen.

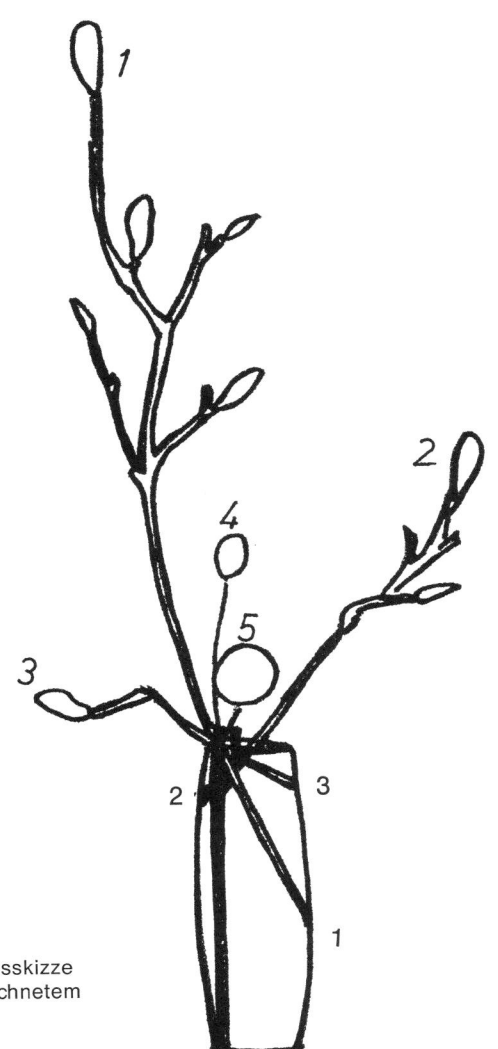

Kompositionsskizze
mit eingezeichnetem
Kubari

Pflanzen   Eßkastanienzweige
            Trichterlilien *(Lilium auratum)*

Gefäß   hellgrüne Keramikvase

Den Shin-Stamm, der hier etwa 50 ° zur Seite geneigt und nach links vorn gerichtet ist, befestigen wir nach einer der oben vorgeschlagenen Methoden.

Dahinter wird der Soe-Zweig festgebunden. Er vollführt einen eleganten Schwung nach links hinten. Man hat auf dem Photo den Eindruck, daß der Soe-Zweig fast die Länge von Shin hätte. Das stimmt, aber das Gewicht des Shin-Zweiges ist doch größer, denn er trägt mehr stachelige Kastanien und kommt mit denen auch noch weiter auf den Betrachter zu.

Tai wird durch eine Lilienknospe gebildet, die sich nach rechts vorne wendet.

Erst die geöffnete Lilienblüte im Zentrum des Arrangements verbindet die drei Hauptelemente zu einer harmonischen Einheit.

Variationsmöglichkeiten bieten die Zweige des Zierapfelstrauches, der japanischen Quitte, die in vielen Gärten zu finden ist, oder die Zweige der Roßkastanie, wenn man eine große Bodenvase verwenden will.

Pflanzen Wildpflaumenzweige
lilienblütige Tulpen, rot *(Tulipa retroflexa hybrida*
„Captain Fryat")
lila Freesien

Gefäß schwarze zylinderförmige Keramikvase

Alle drei Hauptlinien werden mit Pflaumenzweigen arrangiert: Shin (1), Soe (2), Tai (3). Als Hana-Kubari kann man einen langen Holzstiel oder ein Querstück nehmen, wie das im Abschnitt über Nageire-Technik angeregt wurde.
Eine der Tulpen (4) neigt sich ein wenig nach rechts hinten, die anderen beiden (5, 6) werden zur vorderen Mitte hin arrangiert. Auch die Freesien (7, 8) werden von der Mitte aus nach vorn arrangiert. Besondere Aufmerksamkeit soll wieder den Tulpenblättern (9) gewidmet werden.
Statt der Pflaumenzweige können auch Kirschzweige, Buchen-, Eichen-, Weißdorn- oder Haselzweige verwendet werden.
Im Sommer sollen von den Zweigen viele Blätter abgeschnitten werden, einmal um die Linien besser zur Geltung kommen zu lassen und dann um die Zweige länger frisch zu halten, denn weniger Blätter verdunsten auch weniger Wasser.

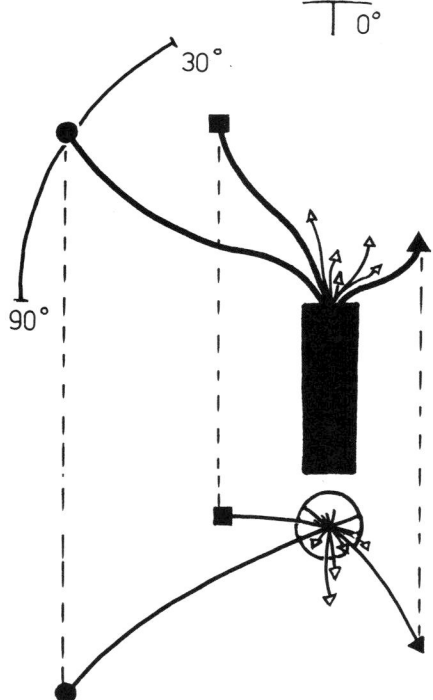

Pflanzen   Zweige der Blutpflaume
                   kleine gelbe Chrysanthemen

Gefäß   graue Keramikvase mit dunkelbraunen Glasurflecken

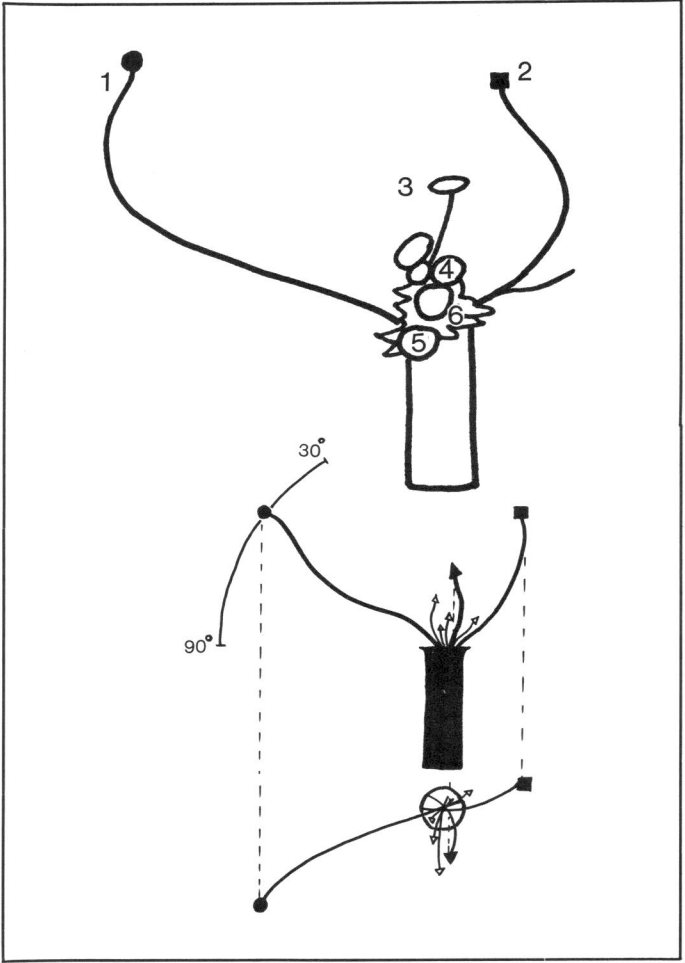

Erst nachdem Sie die mitgebrachten Zweige einmal an Ihre Vase gehalten haben, entscheiden Sie sich für eine Art des Hana-Dome (Blumenhalter). Oben haben wir eine ganze Anzahl Kubari-Vorschläge gemacht. Sie werden aber beim Arrangieren immer wieder Variationen davon erfinden müssen, weil eben jeder Zweig anders ist in Form und Gewicht. Kriterium der guten Befestigung der Nageire-Teile bleibt aber immer, daß der Shin-Zweig möglichst fest mit der Vase verbunden wird, um auch für die nachfolgenden Teile genügend Halt bieten zu können, daß er in die gewünschte Richtung weist und seinen Neigungswinkel nicht verändert.

Unser Shin-Zweig (1) ist über 60 ° geneigt und schwingt weit nach links vorne aus.

Soe (2) wird mit dem überstehenden Blumendraht am Shin-Zweig festgebunden, so daß er als Gegengewicht zu Shin auf der rechten Seite zu stehen kommt und etwas nach rückwärts weist.

Die Tai-Gruppe besteht aus Chrysanthemenblüten und -blättern. Die oberen Blüten (3, 4) sind nur wenig nach vorn geneigt, aber die unteren Blumen stehen weit über den Rand der Vase hinaus, dem Betrachter zugewandt.

Die Unterlage (Kadai) aus einem Stück Wurzelholz ist Teil des Arrangements und harmonisiert mit der Farbe der Blutpflaumenblätter. Aber so ein Kadai, der lackiert sein kann oder naturbelassen, der aus Bambus oder Holz gemacht ist, der aber auch ein flaches Tischchen sein kann, schützt Ihre wertvollen Möbel vor unliebsamen Wasserflecken.

Pflanzen Spiraeazweige
Buschnelken

Gefäß Keramikvase mit dunkler, matter Glasur

Zuerst befestigt man den Shin-Zweig an einer Holzgabel (Kubari) und stellt ihn dann in die Vase (1). Soe (2) und Tai (3) werden zwischen Kubari und Vasenrand gelehnt, da die Öffnung dieser Vase ziemlich eng ist. In die Mitte und nach vorn arrangiert man dann die Nelken. Je nach ihrer Größe verwendet man 3, 5, 7 oder 9 Blüten.

Die geneigte Form paßt für hohe Vasen am besten. Als Abwechslung mit anderem Ausdrucksgehalt kann man die meisten Zweige verwenden. Besonders gut eignen sich die Äste der Esche, des Weißdorn, der Schlehe oder des Hartriegels.

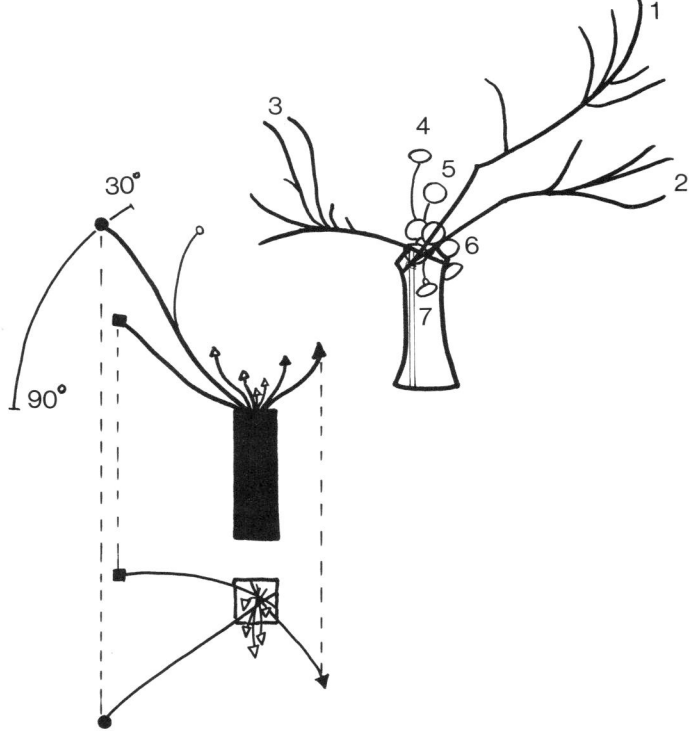

100

Pflanzen Hartriegelzweige *(Cornus)*
Blätter der Taglilie
Narzissen

Gefäß japanische Korbvase mit Porzellaneinsatz

Wichtig ist, daß man sich bereits vor dem Arrangieren alle Pflanzen, Hilfsmittel, Gefäße und Werkzeuge bereitlegt. Wasser wird schon vorher in die Vase und in die kleine *Schneideschale* gefüllt. Erst wenn alles vorbereitet ist, sollte man mit dem Gestalten beginnen. Die natürliche Eigenart der Pflanzen verlangt Konzentration. Blumen und Zweige werden unter Wasser nochmals abgeschnitten. Das fertige Arrangement zeigt in den meisten Fällen etwas von der Stimmung, in der sich der Gestalter befindet.

Pflanzen   drei Euphorbienzweige
            zwei weiße Lilien

Gefäß   schwarze quadratische Keramikvase

Hier, bei dieser quadratischen Vase klemmen wir den Kubari-Stab wohl diagonal in die Gefäßöffnung, wie das auf untenstehender Abbildung dargestellt ist. Natürlich können wir auch den senkrechten Kubari verwenden, je nach Gewicht der Zweige. Wertvolle, leicht zerbrechliche Vasen erlauben oft auch nicht, daß man einen waagerechten Kubari hineinklemmt.

Binden Sie die Euphorbienzweige, wie auch sonst alle weichen Pflanzen nur mit ganz feinem Blumendraht oder Bast fest, damit die Gefäße nicht abgedrückt werden.
Auch hier ist unsere Anordnung wieder spiegelbildlich zum Schema der Grundform aufgebaut, weil es die Zweige so verlangten.
Shin (1) und Soe (2) schwingen sehr weit nach rechts vorne

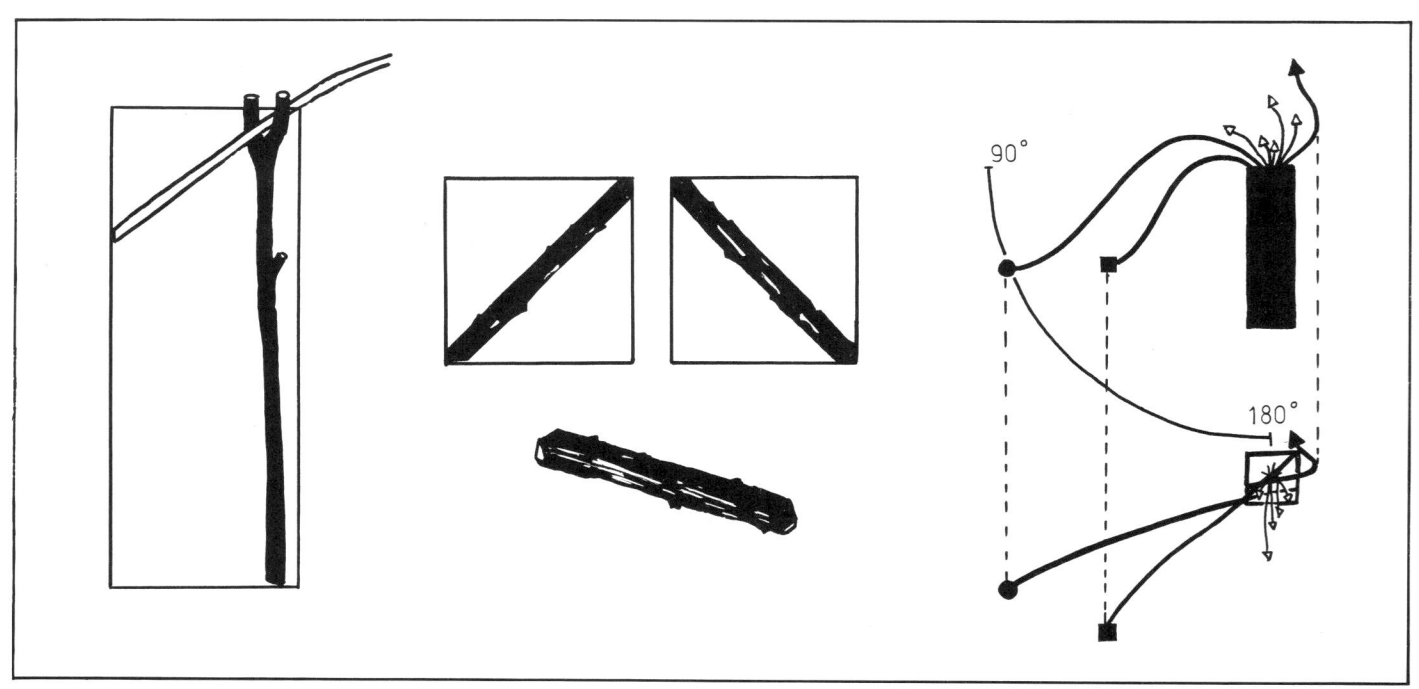

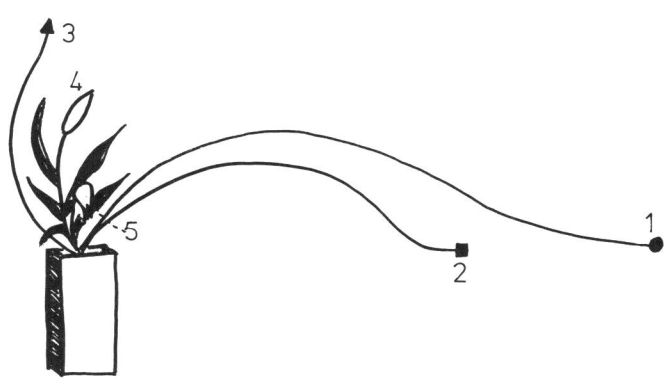

aus, und sind hier bei der Suitai-Form zwischen 90° und 180° geneigt. Tai (3) strebt nahezu senkrecht nach oben und wendet sich nur leicht nach links hinten.

Zwei Knospen der weißen Lilie steigen aus der Mitte der Anordnung auf und wenden sich nach vorne.

Im letzten Abschnitt dieses Buches haben wir für Sie einige Methoden zusammengestellt, wie man Pflanzen länger frisch halten kann. Hier also nur kurz etwas zur Euphorbia: Sie ist eine Pflanze, die an Verletzungen *Milch* absondert, um damit die Gefäße zu schließen und sich vor dem Austrocknen und Ausbluten zu bewahren. Wir wollen aber die Öffnungen der Gefäße an der Schnittstelle freihalten. Also sengen wir die Schnittstelle mit einer Kerze oder dergleichen an und stellen sie dann sofort ins Wasser. — Die Blüten halten länger, wenn wir die Mehrzahl der Blätter abzupfen.

Variationsmöglichkeiten ergeben sich bei Verwendung von orangenen Feuerlilien oder leuchtenden Tigerlilien.

Pflanzen Trauerweidenzweige *(Salix babylonica)*
drei Wacholderzweige *(Juniperus chinensis)*
drei Tulpen mit Blättern

Gefäß Keramikvase, Glasur anthrazit mit weiß

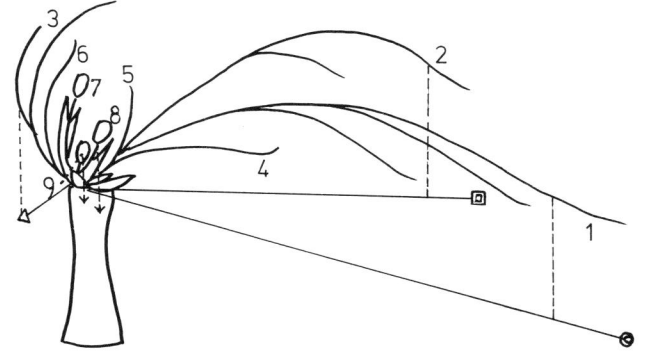

Schlanke hohe Vasen, wie diese, eignen sich besonders gut
für die Suitai-Form, bei der Shin mehr als 90 ° geneigt ist.
Wählen Sie die passende Hana-Kubari-Konstruktion und
lassen Sie Shin (1) und Soe (2) weich nach rechts vorn
schwingen.

Die Balance, Tai (3), wird auch durch einen Trauerweiden-
zweig gebildet, der sich aber steil nach oben und etwas nach
vorne bewegt.

Die Wacholderzweige mit ihrem kräftigen Blaugrün folgen den Hauptlinien in Richtung und Bewegung. Auch die
Tulpen, in unterschiedlicher Länge angeordnet, blicken
freundlich der von Shin und Soe vorgezeichneten Bewegung nach.

Shidare Yanagi, die Trauerweide, war schon im 14. und
15. Jahrhundert ein beliebtes Ikebana-Material. Auch heute
noch lieben die Japaner die feine, geschwungene Linie, die
sich im sanften Windhauch leise bewegt. Vielleicht hängt
das mit der ostasiatischen Geistesart zusammen, mit der
Flexibilität und der Anpassungsfähigkeit. — Mit diesen
Zweigen kann man wirklich traurige Themen gestalten
(Abb. IV) aber auch freundliche und heitere. Bei unserem
Ikebana haben wir Akzente gesetzt und durch Kreise die
dünnen, langen Linien belebt.

Die freundlich beschwingte Stimmung unseres Arrangements würde zerstört, wenn wir die Tulpenblätter müde
über den Rand hängen ließen. Die Blätter sollen aber für
unser Nageire frisch aussehen. Deshalb können wir sie zuschneiden (Abb. V) oder einrollen (Abb. VI).

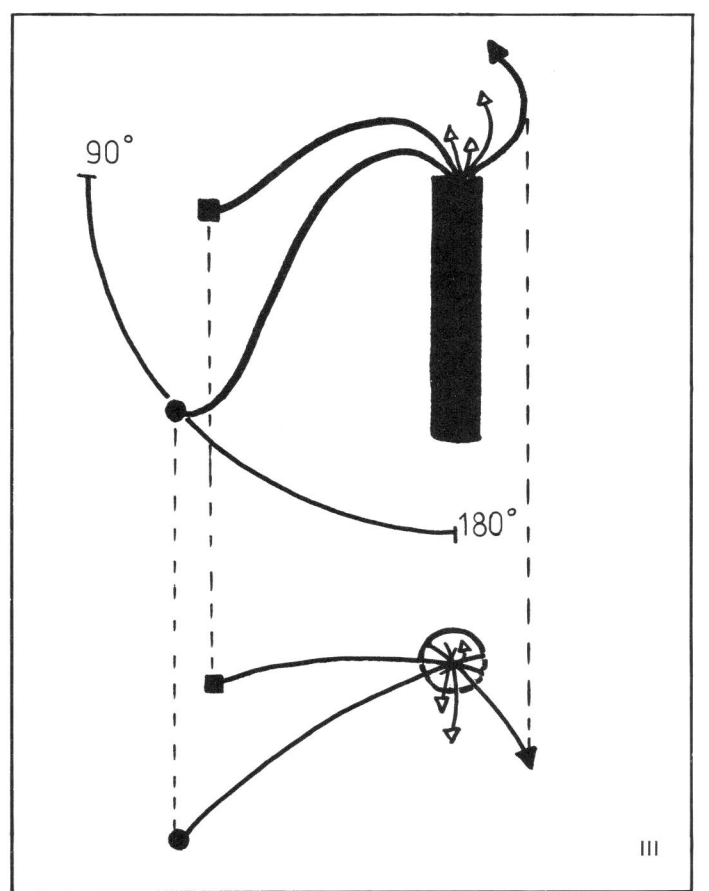

90°

180°

III

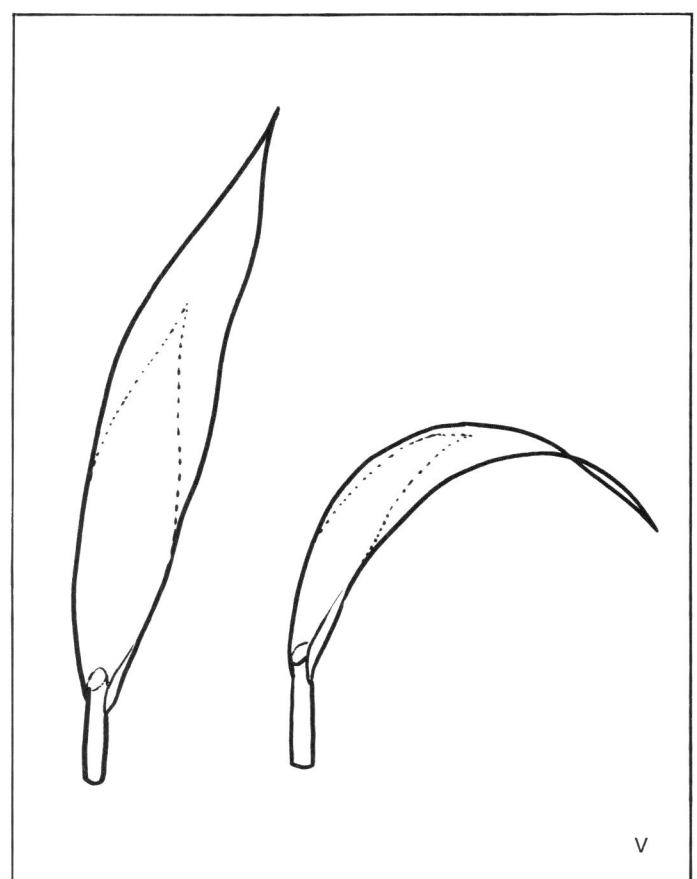

V

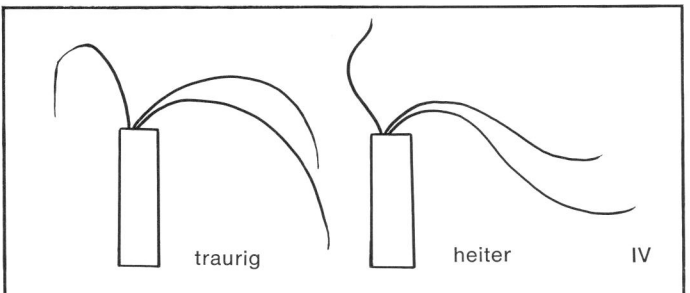

traurig   heiter   IV

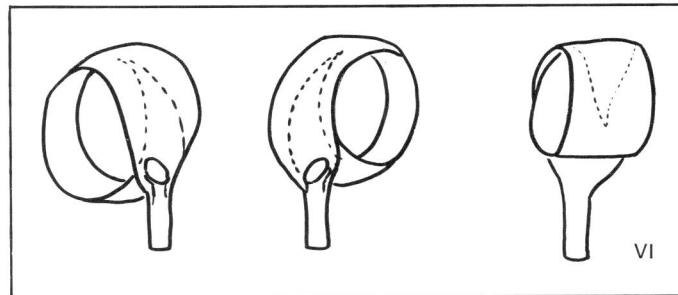

VI

Pflanzen zwei Weigelienzweige
 fünf Menuett-Rosen

Gefäß türkis glasierte Keramikvase

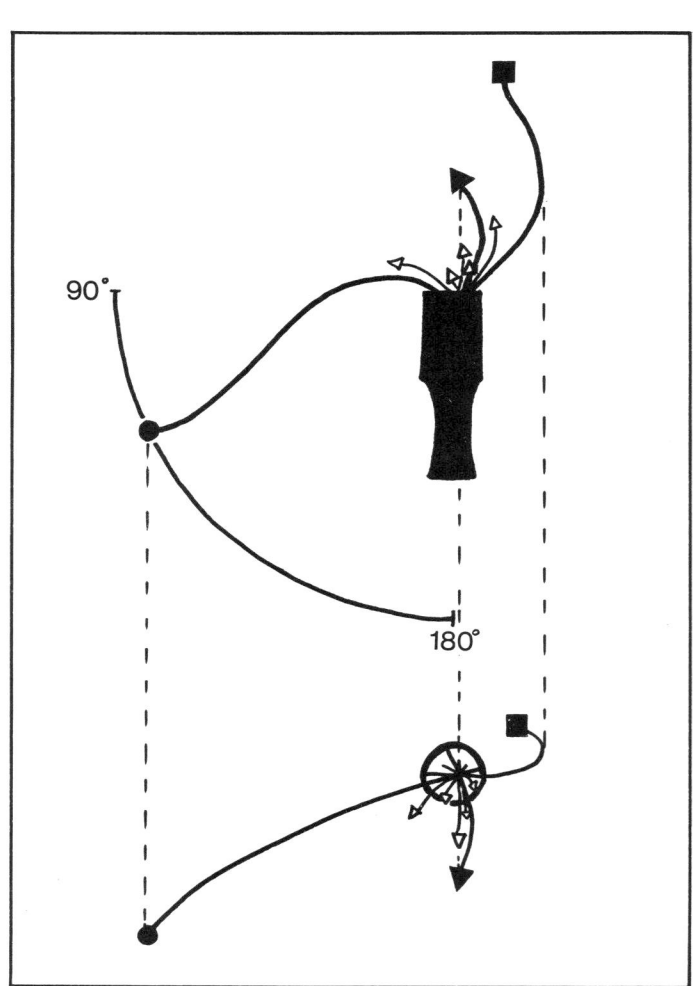

Der Vorgang des Arrangierens ist hier wieder in fünf Stufen aufgeteilt dargestellt. Zuerst wird der Shin-Zweig am Hana-Kubari befestigt (1). Er schwingt mehr als 90° nach unten. Soe (2) wird so am Shin-Zweig festgebunden, daß er nach oben ragt und etwas nach rechts hinten weist. Tai (3) besteht aus Rosen. Eine lange, noch nicht so weit geöffnete steht wieder in der Mitte. Die anderen neigen sich schön gestaffelt dem Betrachter zu.

Wenn man an den Blättern noch ein Stück des Blumenstengels läßt, so kann man sie ohne Mühe in die Vase stecken, um dem Zentrum des Ikebana Leben zu geben.

Mit dem etwas stärkeren, grün lackierten Nelkendraht kann verhindert werden, daß die vorderen Rosen schon bald ihr Köpfchen nach unten hängen lassen. Jedoch ist darauf zu achten, daß diese Drahthilfe unsichtbar bleibt.

Zur Variation dieser Form eigenen sich besonders die Zweige der Lärche und der Birke, des Cotoneaster, der Euphorbiengewächse, des Spierenstrauches oder der Forsythie.

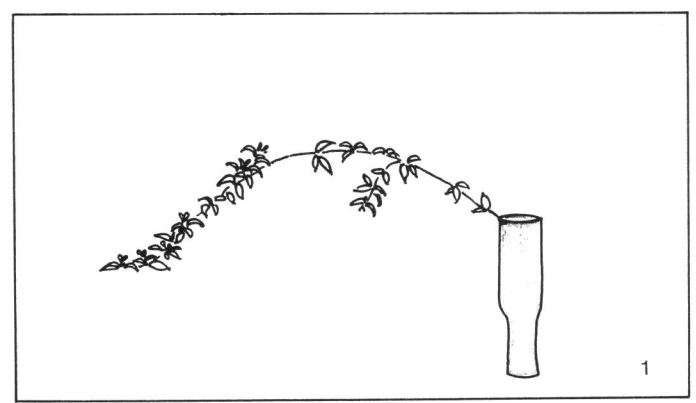

1

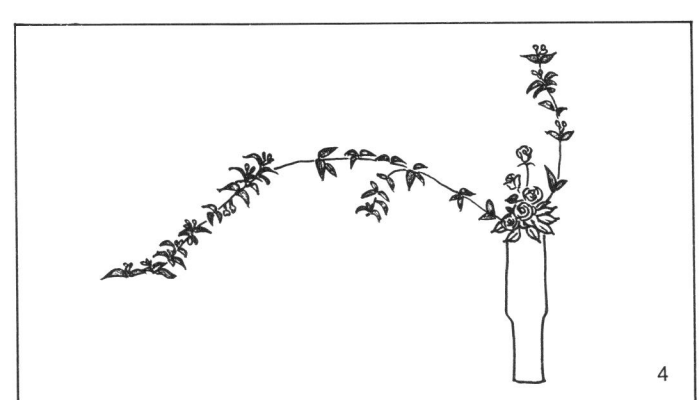

4

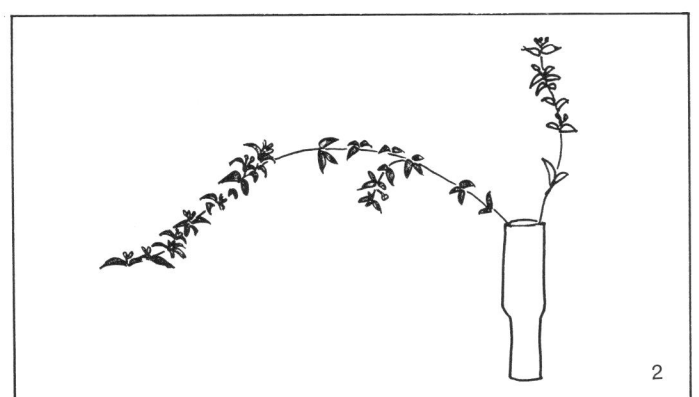

2

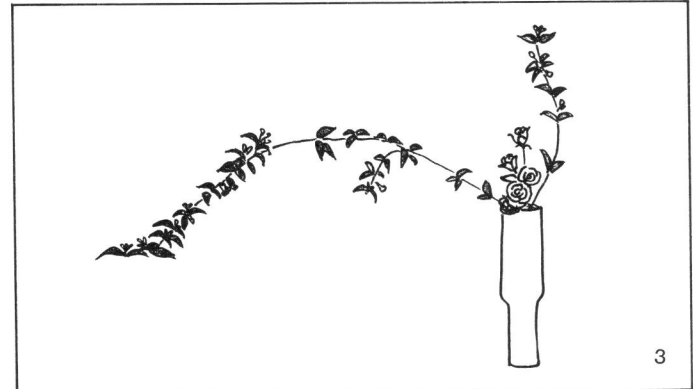

3

Pflanzen   knorriger Salweidenast mit jungen Trieben
fünf Narzissen, etwas Asparagus

Gefäß   zylindrische blaugrün glasierte Vase

Welches Element des Arrangements würden Sie als Shin
ansehen, welches als Tai?
Was bedeutet dieses Arrangement für Sie?
Könnten Sie dieses Arrangement interpretieren?

Pflanzen Wilder Wein
Anemone

Gefäß steinförmige Keramikvase mit kleiner Öffnung

Diesem Ikebana haben wir den Titel *Kontrast* gegeben. Denken Sie in Ruhe darüber nach!
Werden Sie ganz still, verweilen Sie eine Viertelstunde ganz ruhig vor Ihrem Arrangement! Entspannen Sie sich!

LEKTION 38

NAGEIRE
KREATIVE FORM

LEKTION 39

NAGEIRE
KREATIVE FORM

Pflanzen   Trauerweide
gelbe Lilie
orange Nelke

Gefäß   45 cm hohe, braune Keramikvase mit rauher Oberfläche

Wie ist hier das Verhältnis der drei Hauptlinien zur Vase?
Begründen Sie die Abweichung von der Grundform! Gestalten Sie selbst Nageire-Arrangements in einer sehr hohen Vase und beobachten Sie, wie sich mit veränderten
Proportionen auch die Wirkung ändert!

Pflanzen   Wilder Ginster
Chrysanthemen

Gefäß   bauchige, braune Keramikvase

Ginster besteht aus vielen feinen Linien. Um das deutlich
zum Ausdruck zu bringen, biegt man die Triebe büschel-
weise in eine Richtung. So lassen sich zahlreiche verschiedene Stimmungen erzeugen.

Pflanzen Kornelkirsche *(Cornus mas)*
lachsrote Tulpen

Gefäße eine quadratische Vase und eine rechteckige Schale,
japanische Keramik, blaue Namako-Glasur

Als Grundlage für diese Moribana-Nageire-Kombination ist das Futakabu-ike (zweiteiliges Arrangement) anzusehen. Ein Gefäß enthält den männlichen Teil (Okabu) und ein anderes den weiblichen (Mekabu). In unserem Arrangement ist der Teil in der Schale Okabu, während Mekabu in der Vase arrangiert wurde. Man kann die Teile aber auch entgegengesetzt anordnen oder moderne soziale Überlegungen mit einbeziehen.

In der Schale wird, etwas nach rechts vorne und sehr hoch aufragend, Shin gestellt (1). Soe (2) verstärkt noch die Zuwendungsgeste von Shin, hält sich aber etwas im Hinter-grund. Als Antwort auf die Hauptlinien in der Schale wird Tai (3) im entgegenkommenden Bogen in die Vase gestellt. Ein kleiner Kornelkirschenzweig (4) stellt noch bessere Verbindung her. Zwei verschieden lange Tulpen werden nun als Tai-Andeutung in der Schale arrangiert (5, 6), wie es das Schema zeigt. Die Tulpe im Nageire (7) wendet sich dem Moribana zu.

Kombinationsformen können auch in zwei Schalen oder in zwei verschieden hohen Vasen geschaffen werden. Man kann aber auch drei oder mehrere Gefäße verwenden. Der Phantasie sind kaum Grenzen gesetzt.

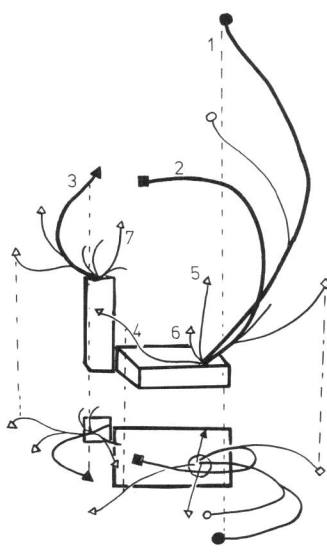

Pflanzen Trauerweide
drei Tulpen

Gefäß Kombinationsgefäß aus einer zylindrischen hellblauen Vase
und einer kleinen Schale gleicher Glasur,
die auch zu einem Pokal ineinandergestellt werden können.

Wir haben nun schon Erfahrung gesammelt mit Weidenzweigen. Mit Geduld erreichen wir, daß alle Nebenzweige
in die von uns gewünschte Richtung verlaufen. Wenn wir
diese Richtung nur leicht variieren, kann sich der Ausdruck
des Kombinations-Arrangements völlig verändern.
Auch Birken- oder Lärchenzweige eignen sich für diese Ikebana-Form.

MODERNES SHÔKA

Was ist modernes Shôka?

Wir wollen zuerst das moderne Shôka kennenlernen, weil es einfacher in der Technik und im Begrifflichen ist als das klassische Shôka, dessen geschichtliche Entwicklung wir bereits betrachtet haben und das hauptsächlich für das Tokonoma, die Ehrennische des japanischen Raumes, gedacht ist. Die heutige Zeit und das moderne Leben verlangen oft effektvollere Arrangements und neue Gefäße. Nach dem zweiten Weltkrieg ist Ikebana international geworden und verarbeitete vielerlei Einflüsse aus aller Welt. Deswegen wurde 1954 durch das Ikenobô-Kultur-Institut eine neue Shôka-Form entwickelt, die weniger streng ist und dem Gestalter mehr Freiheit läßt, aber die traditionellen Linien nicht aufgibt.

Zum Gendai-Shôka, dem heutigen Shôka verwendet man meist drei verschiedene Pflanzenarten. Deshalb spricht man auch vom *Sanshu-ike Shôka*, dem Drei-Material-Shôka. Wenn zwei Pflanzensorten verwendet werden, sprechen wir von *Nishu-ike* und bei einem Material von *Isshu-ike*.

Formen des modernen Shôka

Während das klassische Shôka die Verwendung traditioneller Gefäße vorschreibt, kann man für das moderne Shôka eine Vielzahl verschiedener Vasen verwenden. Trotzdem muß sich das Gefäß nach der Form des Ikebana richten. Man kann aber auch zu einem interessanten Pokal das passende Arrangement gestalten.
Wir unterscheiden folgende drei Formen des modernen Shôka:

Form	Charakteristik	Gefäß
SHIN-Form	Diese Form erscheint sehr schlank und etwas streng.	Meist hohe Pokale oder Vasen. Abb. 1, 2, 4, 8, 9, 11
GYÔ-Form	Das Arrangement ist etwas breiter angelegt als die Shin-Form.	Weniger schlanke Pokale und Kelche Abb. 2, 3, 5, 6, 8, 9, 10, 11, 12
SÔ-Form	Breit und bewegt erscheint diese Form. Sie wirkt nicht asketisch, sondern eher sinnenhaft, offen und welterobernd.	Breite Pokale, Schalen mit ‚Füßen‘ oder weite Wannen. Abb. 5, 6, 7, 10, 12, 13, 14, 15

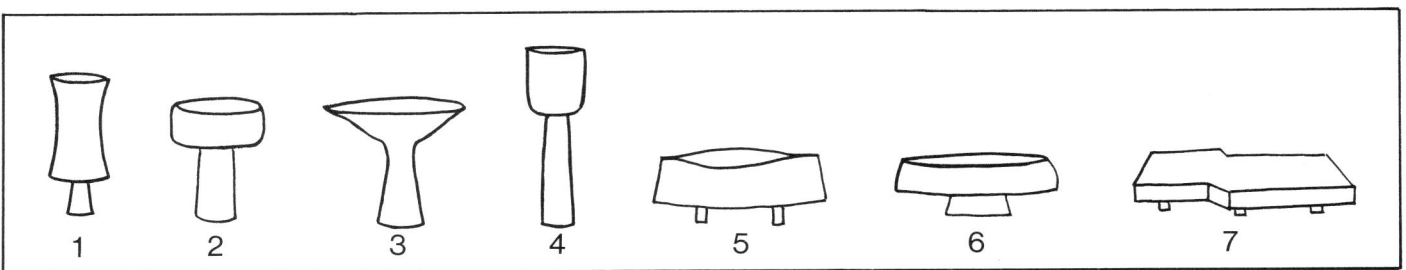

114

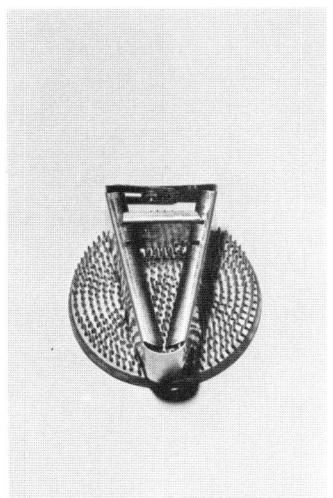
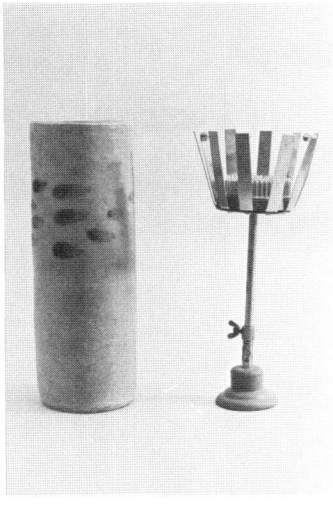

Blumenhalter für modernes Shôka

Kenzan mit verstellbaren Metallbacken (oben links)
Kenzan, in der Höhe verstellbar (oben Mitte)
Shippô aus 1—3 Ringen (oben rechts)
Verschiedene Kenzanarten (unten)

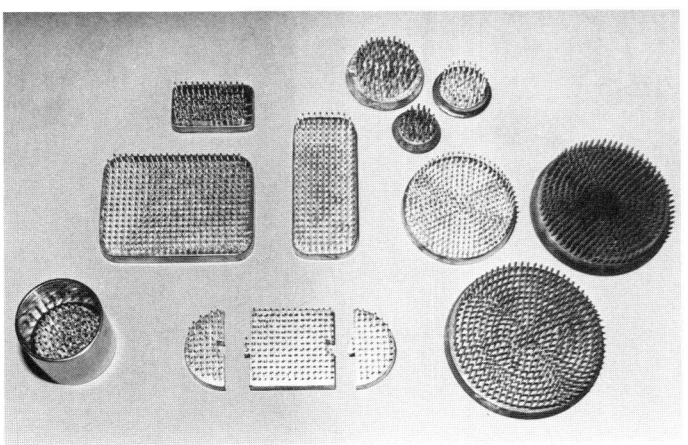

**Schema der Fußposition
beim modernen Shôka:**

Zeichen zur Darstellung des modernen Shôka

Wir versuchen auch das moderne Shôka graphisch darzustellen und versprechen uns davon für den Lernenden größere Klarheit über den Aufbau des Arrangements. Vielleicht kann man solche Schemadarstellungen mit den Noten in der Musik vergleichen, in denen ja auch noch nicht alle Feinheiten der Interpretation festgelegt sind, die dem Künstler aber Übersicht über eine Komposition und deren Harmonie verschaffen.

Wie bisher stellen wir also ein Arrangement meist im Aufriß, also von vorne gesehen, und im Grundriß, von oben gesehen, dar. Die fünf Hauptteile des modernen Shôka werden mit den bisher gebrauchten Zeichen für Shin, Soe und Tai und den beiden neuen Zeichen für Dô (liegendes Oval) und Sugata Naoshi (liegendes Rechteck) gekennzeichnet.

115

SHIN ⬤	bedeutet wie bei Moribana und Nageire *Wahrheit*. Shin ist die größte und längste Linie, bestimmt den Charakter des Arrangements und ist etwa zwei- bis dreimal so lang wie Durchmesser und Höhe des Gefäßes zusammen.
SOE ⬛	bedeutet Hilfe und Unterstützung wie bei Moribana und Nageire. Der Soe-Zweig ist die zweitwichtigste Linie und strebt meist in einem Winkel von 45 ° schräg nach hinten. Er ist etwa 2/3 so lang wie Shin.
TAI ▲	bedeutet Körper wie bei Moribana und Nageire und richtet sich oft in einem Winkel von 45 ° schräg nach vorne. Die Länge liegt etwa bei 1/3 der Länge von Shin.
DÔ ⬭	bedeutet Rumpf und wird in der Mitte des Ikebana zu Tai hin arrangiert. Dô kann etwa die halbe Größe von Shin erreichen.
SUGATA NAOSHI ▬	ist eine formverschönernde Linie. (*sugata* bedeutet Form, äußere Schicht und *naoshi* heißt verbessern, korrigieren, verschönern.)

Was versteht man unter *Fußposition?*

Beim Shôka (Seika) und beim Rikka haben sich genaue Regeln entwickelt, wie man die Stiele der Pflanzen im Blumenhalter anordnet, damit eine ausgewogene Raumwirkung entsteht. Wichtig ist, daß das ganze Arrangement wie aus einem Stamm herauswächst, daß sich die einzelnen Linien erst dann teilen und daß man das Gefühl hat, die ganze Kraft der Anordnung geht von dem *Fuß* aus. Normalerweise wird beim modernen Shôka Tai als vorderster Stiel zuerst in den Kenzan gesteckt. Unter vorn verstehen wir wie bisher die dem Gestalter oder Betrachter zugewandte Seite des Arrangements. Dann folgen Dô, Shin, Soe und Sugata-naoshi. In besonderen Fällen braucht jedoch diese hier vorgeschlagene Reihenfolge nicht eingehalten zu werden.

Wie formt man die Zweige?

1 Zweig über beide Daumen legen und festhalten.
2 Zweig schräg etwa bis 1/3 einschneiden, dann biegen.
3 Zweig gerade etwa 1/3 bis 1/2 einschneiden, dann Keilchen einsetzen. (Erklärung S. 84 u. 85)

1

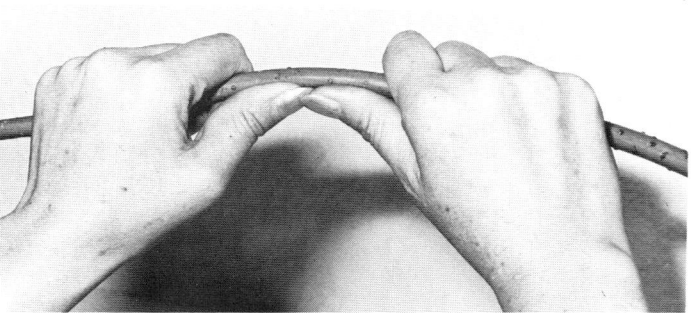

2

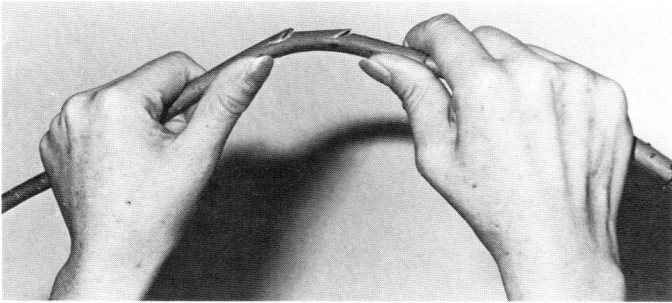

3

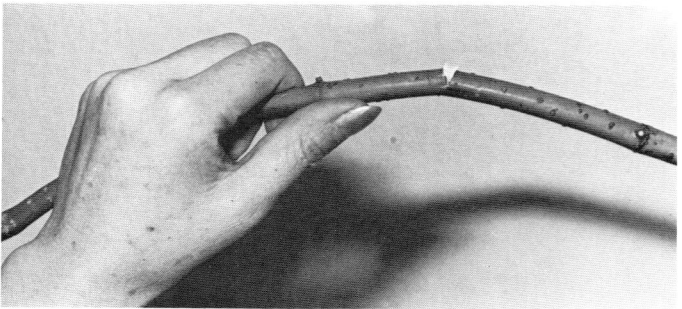

Pflanzen Lupinen *(Lupinus polyphyllus)*
Cotoneasterzweige,
Raps *(Raphanus)*

Gefäß Keramikpokal, mattschwarz glasiert

Dieses sommerliche Arrangement besteht nur aus wild in der Natur wachsenden Pflanzen, die wir von einem Spaziergang zurückgebracht haben. Die herrlich blühenden Lupinen sollten natürlich als Shin dienen und mit ihrer luftigen Frische den Inhalt und Stimmungsgehalt des Arrangements bestimmen. Der goldene Raps, der in Japan im Frühjahr blüht und zum Mädchenfest am 3. März verwen-

det wird, bildet hier einen heiter-frischen Kontrast. Dadurch wird dem schlanken Blumenarrangement auch etwas von seiner Strenge genommen. Wenn wir die Zweige erst etwa zehn Zentimeter oberhalb des Gefäßrandes auseinandergehen lassen, vermitteln wir das Gefühl, als handle es sich um eine einzige Sommerpflanze.

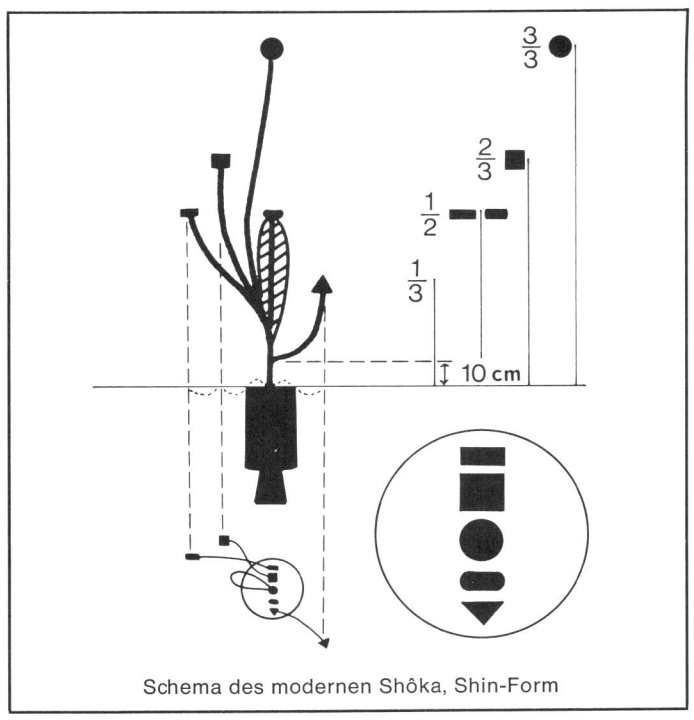

Schema des modernen Shôka, Shin-Form

1 Tai (Cotoneaster)
2 Tai-Ashirai (Lupinenblatt)
3 Tai-Ashirai (Lupinenblatt)
4 Dô (Raps)
5 Dô (Lupinenblatt)
6 Dô (Raps)
7 Dô (Lupine)
8 Shin-Ashirai (Lupine)
9 Shin (Lupine)
10 Dô (Raps)
11 Dô (Raps)
12 Soe (Cotoneaster)
13 Sugata Naoshi (Lupinenblatt)

Die Fußpositionen des Arrangements auf der nächsten Seite

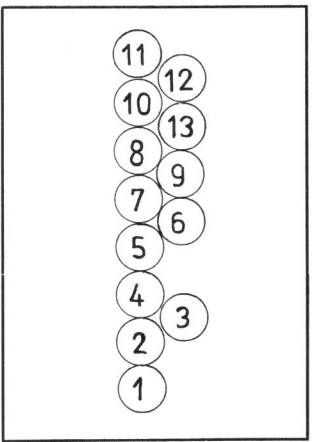

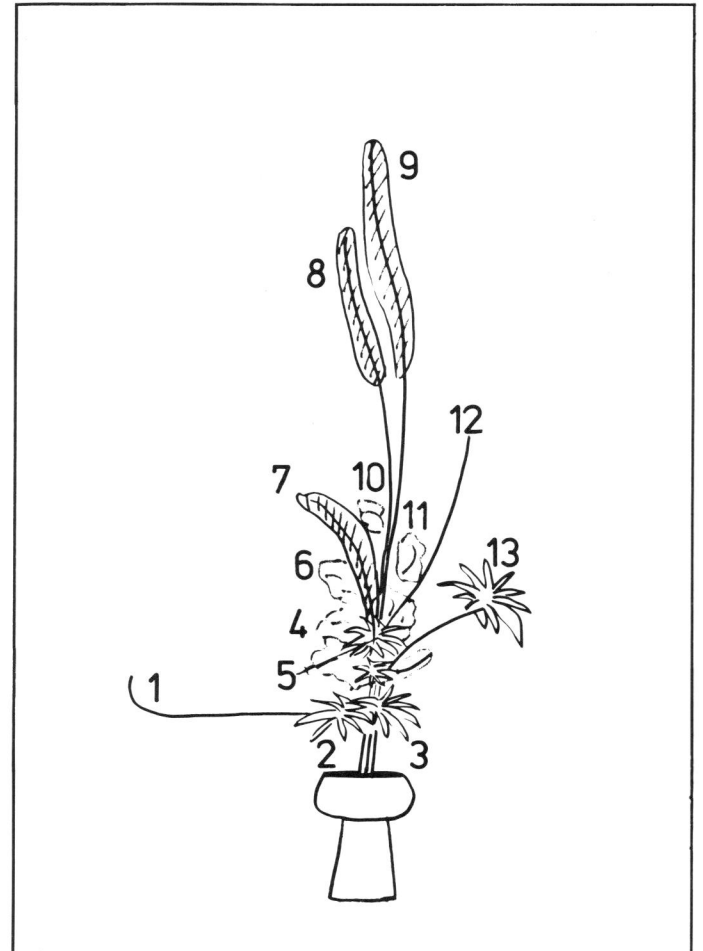

MODERNES SHÔKA
SHIN-FORM
Sanshu-ike

Pflanzen   Fingerhut
Callablätter
Amaryllis

Gefäß   weiß glasierter Keramikpokal

Auch dieses moderne Arrangement vermittelt den Eindruck sommerlicher Wärme. Wir haben hier eine typische
Gartenblume, den Fingerhut, mit einer Amaryllis arrangiert, die im Farbton genau dazu paßt. Die fünf großen
Blätter der Calla strahlen Kraft aus und Fülle.

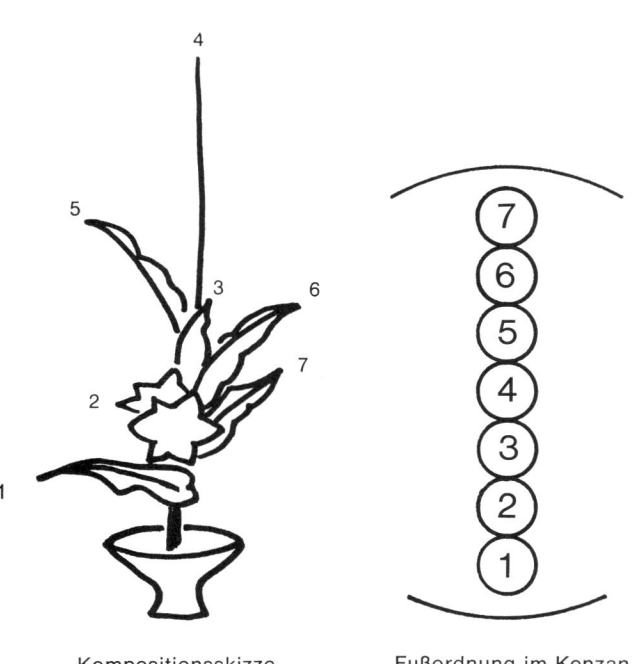

Kompositionsskizze   Fußordnung im Kenzan

Pflanzen   sieben kleinblütige Sonnenblumen *(Helianthus rigidus)*
            zwei dunkelblaue Iris
            drei Forsythienzweige *(Forsythia intermedia spektabilis)*

Gefäß   hellblauer, hoher Keramikpokal

Die hoch wachsenden Sonnenblumen arrangieren wir als Shin (10) und Shin-Ashirai (9). Soe besteht aus einem Sonnenblumenstiel (11) und einem Zweig (12) und wendet sich schräg nach hinten. Dô baut sich so auf: In die Mitte kommt eine Irisblüte (7). Die Sonnenblumen (5, 6, 8) werden vor Shin gestellt und die Blumen (4) und (3) ganz nach vorne als Tai-Ashirai. Zwischen (4) und (5) fügen wir nun die Forsythienzweige ein, als Tai (1, 2). Ein Iris-Blatt (13), das sich elegant nach hinten schwingt, ist Sugata-naoshi.

Auf diese Weise erhalten wir einen sehr edlen Shôka-Fuß. Die holzigen Zweige (1, 2) von Tai verbergen wir zwischen den Blumenstengeln (4) und (3), um das sommerliche Grün des Fußes nicht zu unterbrechen.

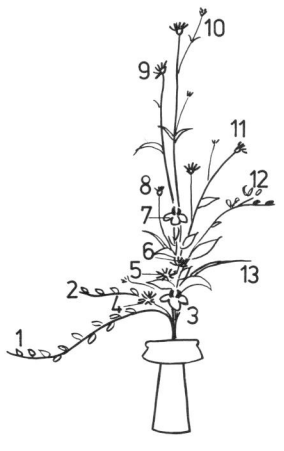

Kompositionsskizze

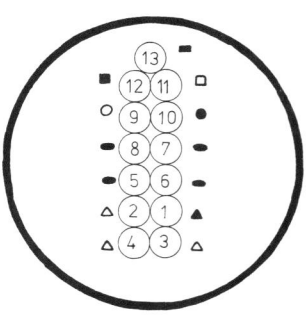

Fußpositionen im Kenzan

Pflanzen   Johannisbeerzweige *(Ribes sanguineum)*
zwei Sansevieriablätter
drei rote Rosen

Gefäß   viereckige, schwarze Schale mit Fuß, Keramik

1 Dô (Rose)
2 Dô (Rose)
3 Dô (Sansevierie)
4 Tai (Johannisbeerzweig)
5 Dô (Sansevierie)
6 Dô (Rose)
7 Shin (Johannisbeerzweig)
8 Soe (Johannisbeerzweig)
9 Sugata-naoshi (Johannisbeerzweig)

Die Johannisbeerzweige sind noch kahl. Als Kontrast dazu nehmen wir, wie für jedes Winterarrangement, etwas **Grün** von den Zimmerpflanzen oder immergrüne Zweige. In Japan verwenden wir oft Kiefernzweige, die langes Leben versinnbildlichen. Nur drei rote Rosen wären wohl nicht stark genug, alleine Dô zu bilden. So kommen uns die kräftigen Blattlanzen der Sansevieria gerade gelegen.

Kompositionsskizze

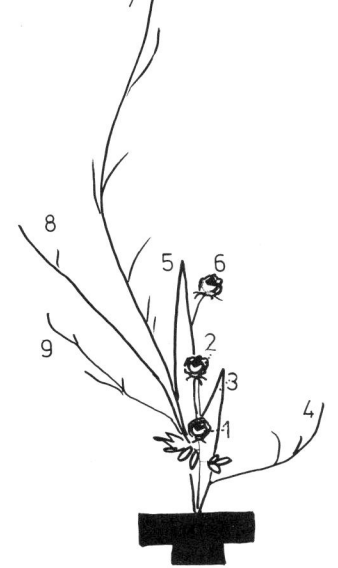

Fußordnung auf dem Kenzan

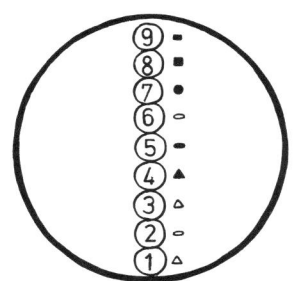

Pflanzen sieben Montbretien *(Crocosmia aurea)*
fünf Scabiosablüten *(Scabiosa caucasica)*
Ginster *(Cytisus)*

Gefäß hellblauer Keramikpokal

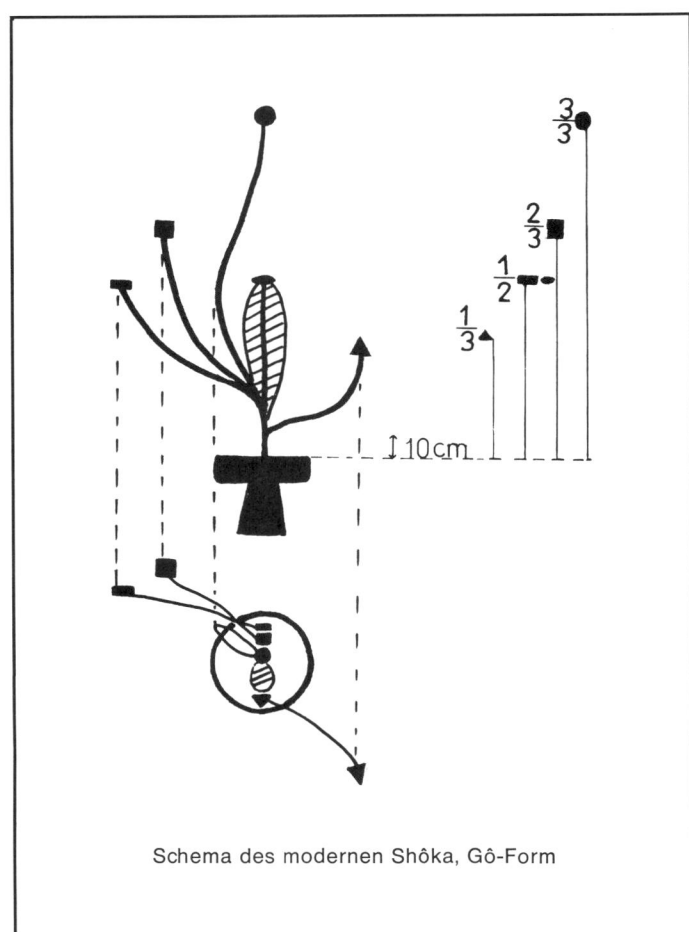

Schema des modernen Shôka, Gô-Form

Die besondere Eigenheit der Montbretie sind die zarten, ungemein graziös geschwungenen, zahlreichen Blätter. Die Feinheit der Linie versuchen wir in diesem Arrangement besonders zur Geltung zu bringen. Darum wählen wir als zweites Gewächs die zarte Blüte der Scabiosa, die auch in der Farbe gut mit den Montbretien harmonisiert. Die

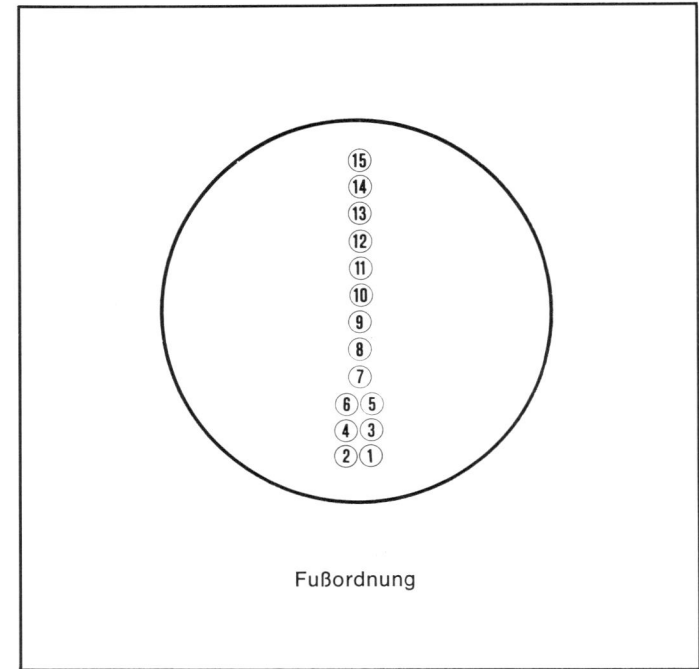

Fußordnung

verwendete Ginsterart fügt sich in diese Harmonie der Linien ein.

Die Stiele sollen auf einem großen Kenzan in einer oder zwei Reihen möglichst eng zusammen angeordnet werden, damit auch der Fuß der Eleganz des Arrangements entspricht.

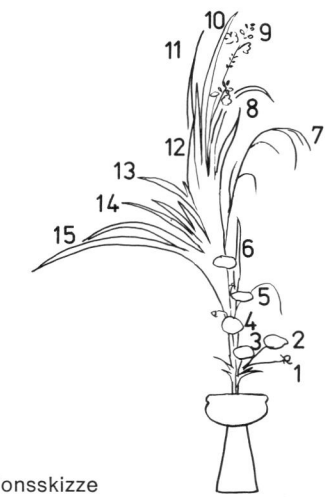

Kompositionsskizze

1, 2	Tai (Scabiosa)
3, 4, 5, 6	Dô (Scabiosa)
7	Shin-Ashirai (Ginster)
8	Shin-Ashirai (Blätter der Montbretia)
9, 10	Shin (Blätter und Blüten der Montbretia)
11, 12	Shin-Ashirai (Blätter, Blüten der Montbretia)
13, 14	Soe-Ashirai (Blätter, Blüten der Montbretia)
15	Soe (Blätter, Blüten der Montbretia)

123

Pflanzen Wolliger Schneeball, *Allium giganteum*,
Feuerlilien

Gefäß brauner, gedrehter Keramikpokal

1 Tai-saki (vorderer Tai; Schneeball)
2 Tai (Schneeball)
3 Dô (Allium)
4 Dô (Allium)
5 Dô (Feuerlilie)
6 Dô (Feuerlilie)
7 Shin-mae-ashirai (= vordere Shin-Hilfe; Allium)
8 Shin (Schneeball)
9 Shin-ushiro-ashirai (= hintere Shin-Hilfe; Schneeball)
10 Soe (Schneeball)
11 Sugata-naoshi (Schneeball)

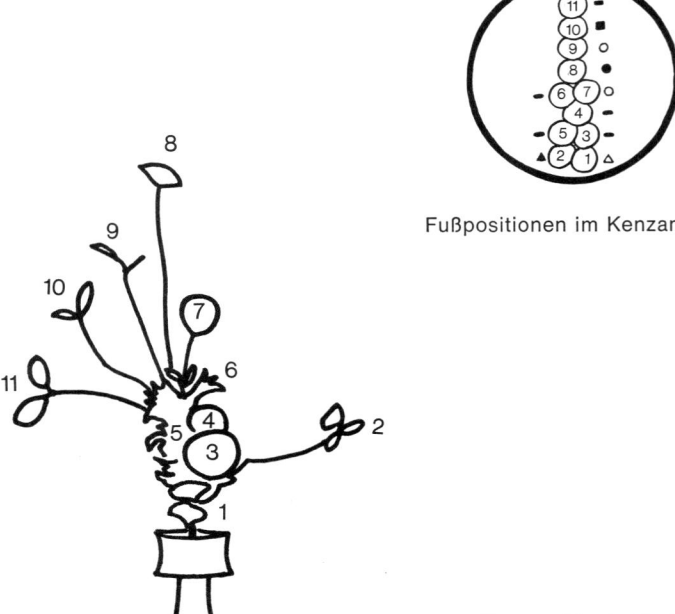

Fußpositionen im Kenzan

Kompositionsskizze

Pflanzen Sonnenblumen
Philodendronblätter *(Monstera)*
gebleichte, spiralig eingerollte Ranke

Gefäß niedriger, schwarzer Keramikpokal

Titel „Auf Wiedersehen, Sommer!"

Eine Sonnenblume verbergen wir hinter den großen Blättern, zwei verblühte markieren Shin. Für die schweren Blütenkörbe müssen wir stützende Stöckchen einbauen. Wir brauchen hier unbedingt einen ganz großen, schweren Kenzan. Den einzigen Versuch eines letzten Tanzes stellen wir durch künstlich zu Spiralen gebogene, gebleichte Ranken dar.
Sugata-naoshi lassen wir weg, denn Soe erscheint schon stark genug.

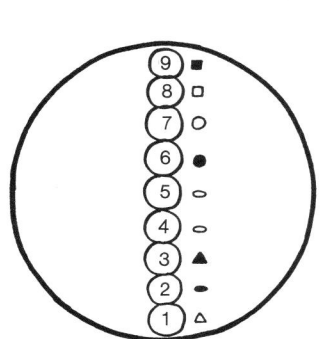

Fußpositionen im Kenzan

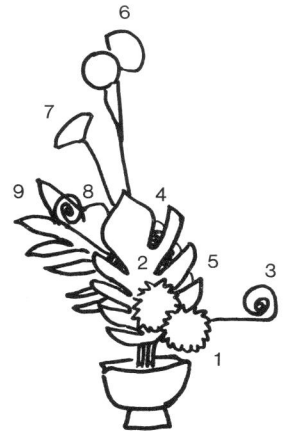

Kompositionsskizze

Pflanzen	Weißdornzweige
	Königskerzen
	Liatris
Gefäß	Keramikpokal, graublau gestreift
Titel	„Juli"

Wenn Sie riesengroße Königskerzen finden, dann verwenden Sie sie als Shin und entscheiden sich für die schlankere Shin-Form. Als Kontrast zum Gelb der Königskerzen wählen wir das Lila der Liatris.

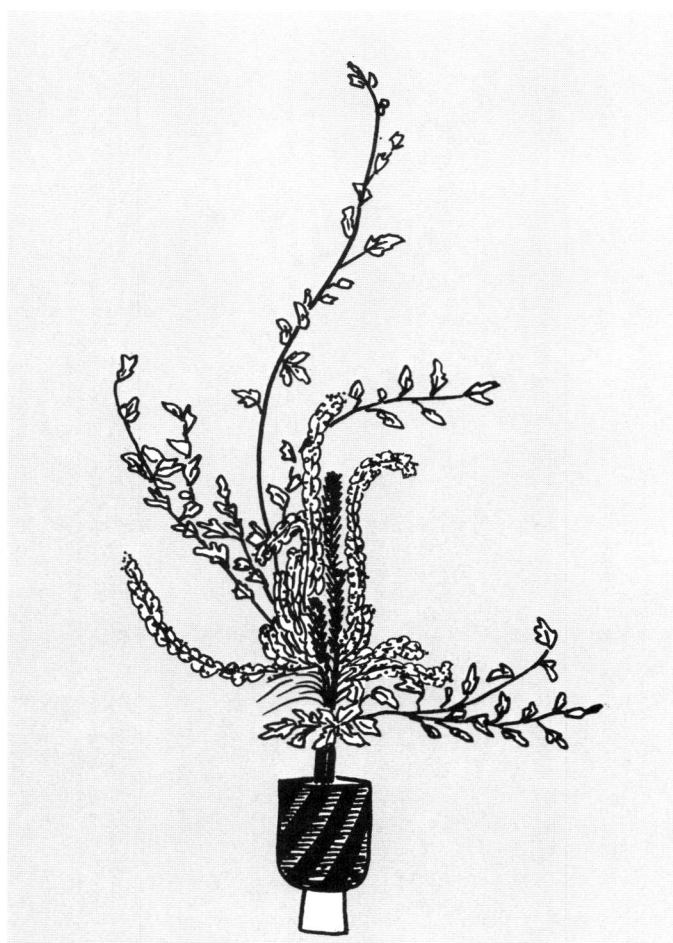

Kompositionsskizze

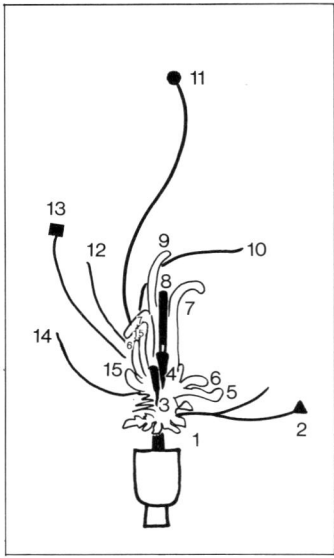

Fußpositionen im Kenzan

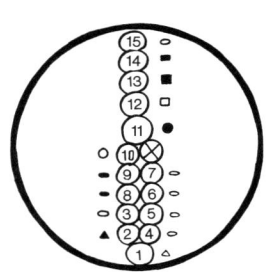

126

LEKTION 50

MODERNES SHÔKA

Sô-Form

Sanshu-ike

Pflanzen Weidenzweige *(Salix daphnoides)*
rosa Rosen
kleine, weiße Chrysanthemen

Gefäß Suiban (Wasserschale), schwarz, Keramik

1 Dô (Chrysanthemenblatt)
2 Dô (Chrysantheme)
3 Dô (Rose)
4, 5 Tai (Weide)
6 Dô (Rose)
7 Dô (Chrysantheme)
8 Shin-Ashirai, vorne (Weidenzweige)
9 Shin-Ashirai (Weidenzweige)
10 Shin (Weidenzweige)
11 Shin-Ashirai, hinten (Weidenzweige)
12 Soe-Ashirai (Weidenzweige)
13 Soe (Weidenzweige)
14 Soe-Ashirai (Weidenzweige)
15 Sugata-naoshi (Weidenzweige)

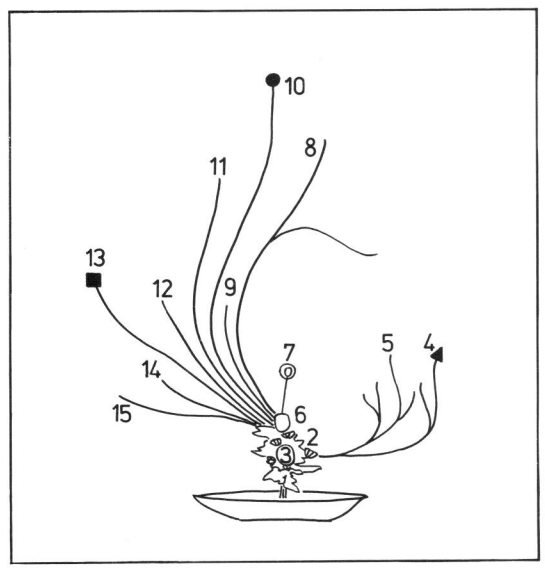

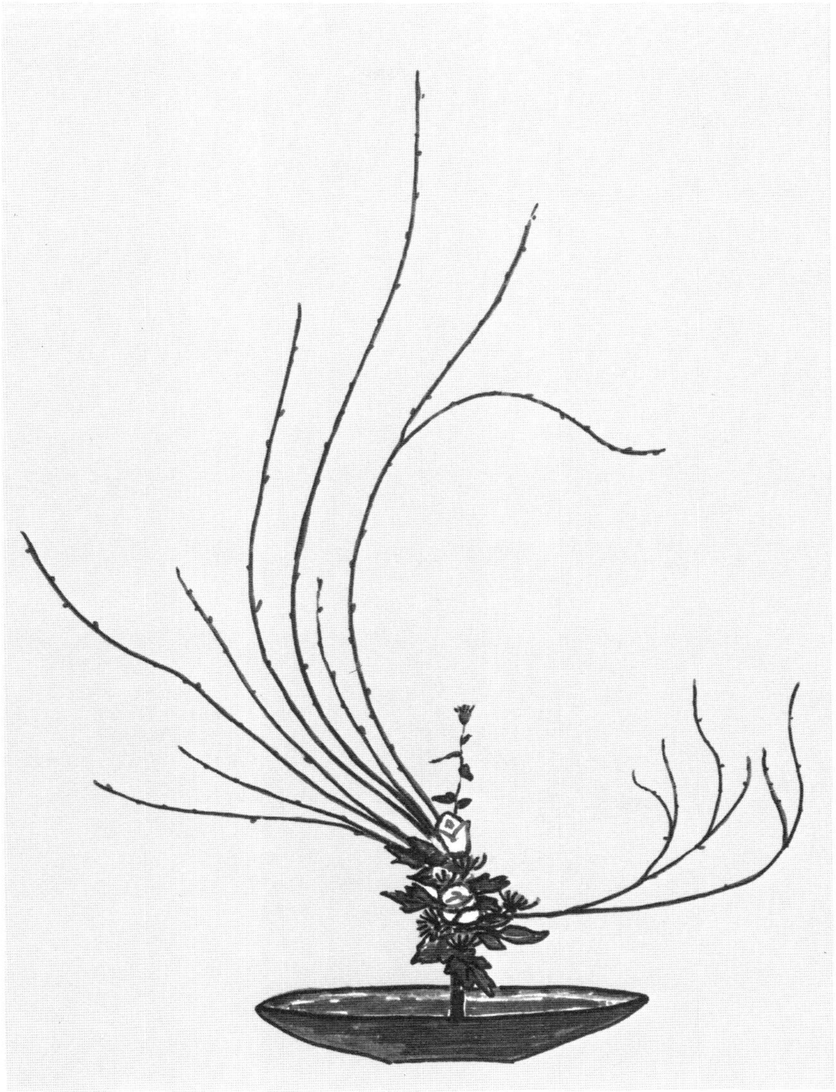

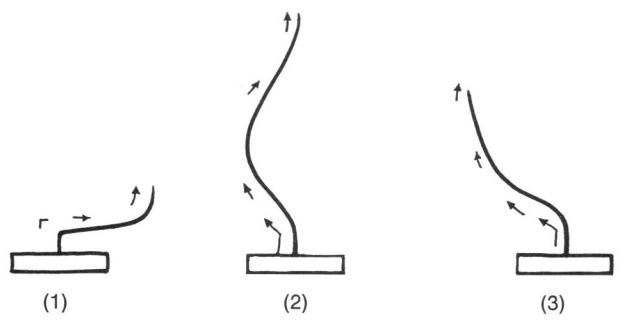

(1)   (2)   (3)

Pflanzen Neuseeländer Flachs
Rosen

Gefäß Nijû, doppeltes Bambusgefäß

Bei dieser Linienkomposition ist das Biegen der Weidenzweige sehr wichtig. Sie wissen aus vorangegangenen Unterrichtsstunden, daß sich diese Zweige besonders gut biegen lassen und kennen schon die Methoden des richtigen Biegens. Zuerst wird der Tai-Zweig mit einem starken Knick versehen und dann nach oben gebogen (1). Bei Shin und Shin-Ashirai soll man zuerst einmal einen großen *Bauch* nach außen biegen, bevor man den Schwung nach oben formt (2). Soe wird, wie es die Skizze zeigt, nach außen gebogen (3).

Dieses Arrangement stammt von Frau Prof. Koushû Murata (Tokyo/Yokohama), meiner verehrten Lehrerin. Es soll zeigen, welche Vielzahl an Möglichkeiten das moderne Shôka zuläßt. Bevor man sich jedoch an das „kreative Shôka" wagt, sollte man genügend Sicherheit beim Gestalten der gebundeneren Formen erlangt haben.

Schema des modernen Shôka, Sô-Form

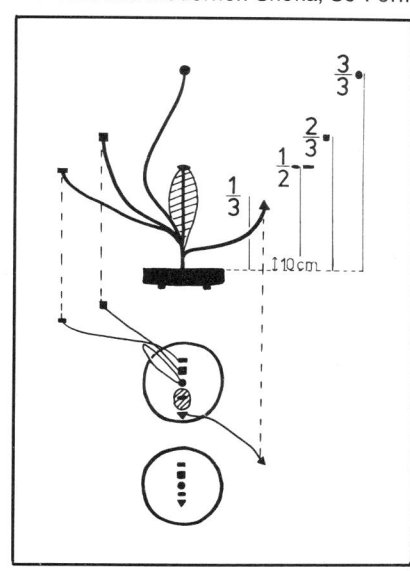

Fußpositionen im Kenzan

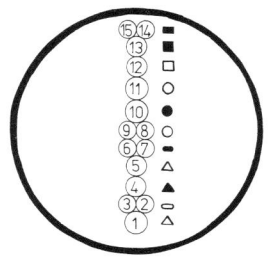

128

Pflanzen großer Wiesenknopf *(Sanguisorba officinalis)*
Ziergräser *(Miscanthus Vittatus)*
Herbstsonne *(Rudbeckia)*

Gefäß Wasserschale, schwarz, matt (Suiban)

Futakabu-ike, das zweiteilige Arrangement, bietet, ebenso wie beim Rikka, Moribana und Nageire, besonderen Reiz. Es besteht aus einem männlichen und einem weiblichen Teil (Okabu und Mekabu).

Der Wiesenknopf mit seinen dunkelbraunen *Knöpfen* ist eine Sumpfpflanze und paßt gut zum verwendeten Ziergras und zu den gelben Blüten der Herbstsonne.

Der weiß gestreifte Miscanthus ist in beiden Teilen der Anordnung wichtigstes Pflanzenmaterial des Dô.

Im Mekabu-Teil des Arrangements, dem kleineren, bilden die Linien (1) und (2) Tai und Tai-Ashirai und die Linien (3), (4) und (5) Dô.

Im Okabu-Teil, dem männlichen und größeren, ist (3) Dô, (4) Shin-Ashirai hinten, (5) Shin, (6) Shin-Ashirai vorne, (7) Soe, (2) Sugata-naoshi und (1) ist Tai-za (= Andeutung des Tai).

Variationen

Zur Abwechslung können Sie auch japanisches Pampasgras verwenden oder Miscanthus sinensis und dazu Astern. Auch Rohrkolben zusammen mit Herbstrosen, Chysanthemen oder Iris eignen sich gut für diese Form.

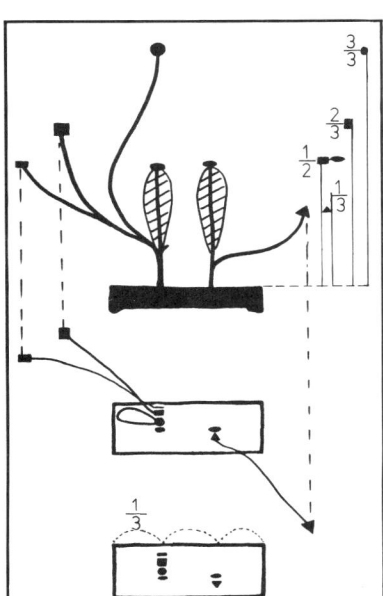
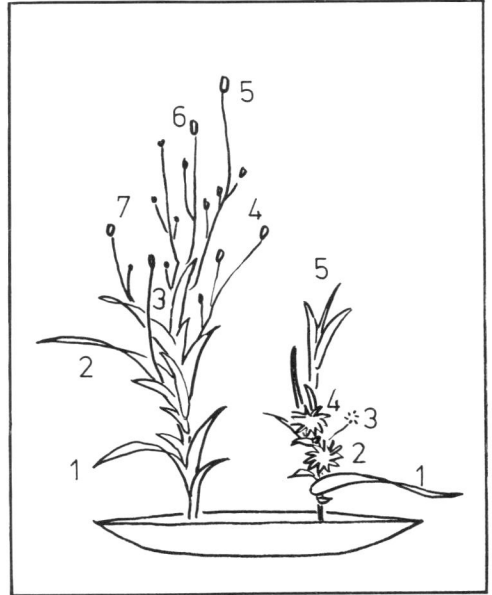

129

KLASSISCHES SHÔKA

Was ist klassisches Shôka?

Shôka oder *Seika* bedeutet dasselbe wie das Wort *Ikebana*, nämlich *Blumen arrangieren, lebende Blumen* und *wirkende oder zur Geltung gebrachte Blumen*. Etwa seit dem 17. Jahrhundert steht es dem noch komplizierteren und prächtigeren Rikka gegenüber. Durch den Einfluß des Zen-Buddhismus und damit der Tee-Zeremonie entstand diese einfache, schlichte und feine Form des Ikebana. Auch die Gefäße wurden einfach und klar in ihrer Form. Während der Blütezeit des Seika (= Shôka), etwa vom 17. bis 19. Jahrhundert, entstanden verschiedene Stile und zahlreiche neue Schulen begannen sich zu bilden.

Auch in unserer Zeit erfreut sich das klassische Shôka, wie auch andere Ikebana-Formen in klassischem Stil, besonderer Beliebtheit, obwohl der Aufwand groß ist, es zu erlernen. Die wichtigsten Schulen, die heute noch klassisches Seika unterrichten, sind: Ikenobô, Koryû, Saga, Ryûseiha, Mishô, Enshû u. a.

Viele moderne Menschen lassen sich von der Einfachheit klassischer Gefäße bezaubern und fügen sich gerne den strengen Gefäßvorschriften im klassischen Shôka. Die traditionellen Bambusgefäße, die Bronzevasen oder Wasserwannen (Suiban), die verschiedenen Mondgefäße (Tsuki) aber auch die schiffförmigen Blumenbehälter (Fune) werden nun auch außerhalb Japans immer beliebter.

Aber, wenn auch der Gebrauch der Gefäße genau geregelt ist, wenn es auch strenge Vorschriften für die Auswahl, Kombination und Anordnung der Pflanzen gibt, es gleicht doch kein klassisches Shôka dem anderen. Bei jedem Arrangement fügen sich die kreativen Fähigkeiten des Einzelnen in die traditionellen Regeln, die als das Überindividuelle anerkannt werden.

Formen des klassischen Shôka und die Gefäße dazu

Vom modernen Shôka her sind uns schon die Eigenarten der verschiedenen Formen des Shôka bekannt. Die Shin-Form erscheint schlank und streng, die Gyô-Form ist etwas breiter und die Sô-Form schwingt weit nach den Seiten oder sogar nach unten aus. Die folgende Tabelle zeigt Gefäße, die für die Formen des klassischen Shôka verwendet werden.

Form:	Gefäße:			
Shin-Form	Zundo (Bambus)	Zundo (Holz)	Ichimonji (Bronze)	Shikaimi (Bronze)

Gyô-Form	Kago (Bambuskorb)	Tsubo (Keramik)	Sansui (Bronze)

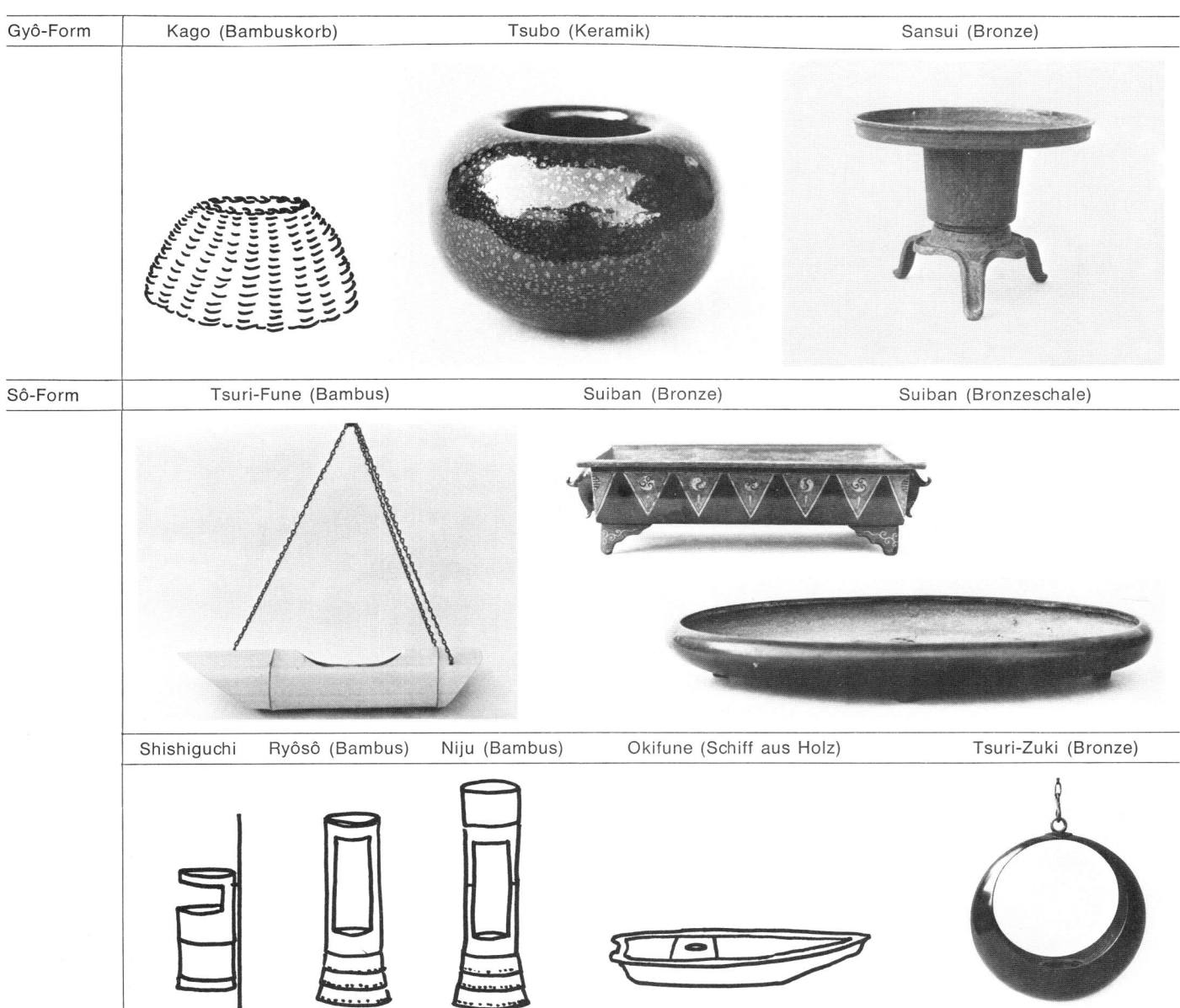

Sô-Form	Tsuri-Fune (Bambus)	Suiban (Bronze)	Suiban (Bronzeschale)

Shishiguchi	Ryôsô (Bambus)	Niju (Bambus)	Okifune (Schiff aus Holz)	Tsuri-Zuki (Bronze)

1	3
	4
2	5

K A D A I - Untersetzer

1 Wurzeluntersetzer
2 Versetzbare Lackbretter
3 KUMOGATA (wolkenförmige Untersetzer)
4 Geschnitzter Holztisch (50 cm)
5 Geschnitztes Holztischchen

Der Hana-Kubari für Shôka

Die Abbildung zeigt, wie man sich aus einem Aststück, das etwa 1 oder 1,5 cm Durchmesser hat, den Hana-Kubari selbst herstellen kann. Entweder verwendet man ein gerades Stück, schneidet es so ab, daß es länger als der Durchmesser des Gefäßes ist, bindet es an der einen Seite mit Blumendraht oder Bast zusammen, spaltet es dann mit dem Messer oder der Blumenschere und klemmt es vorsichtig ins Gefäß, oder man sucht sich gleich eine entsprechende Astgabel aus, deren Winkel sich aber nach der Dicke der Stiele des Arrangements richten muß.

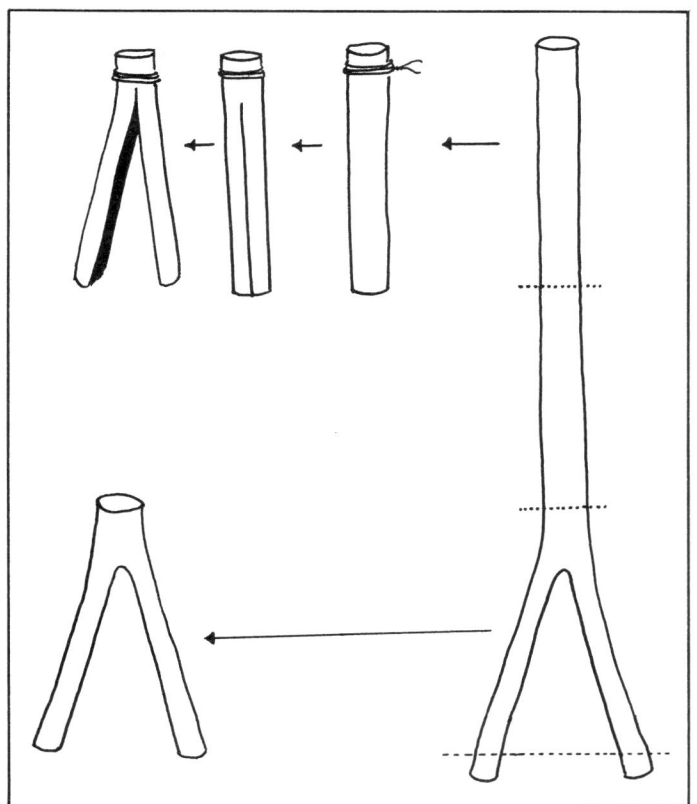

Verschiedene Kubari-Stellungen

Für alle Gefäße mit einem zylindrischen Blumen- und Wasserbehälter verwenden wir den Hana-Kubari (Holzgabel-Blumenhalter). Er wird etwa 2 cm unterhalb des oberen Randes gegen die Gefäßwände geklemmt. Deshalb sollte man möglichst elastische Zweige zur Herstellung des Kubari nehmen, wie die von Weiden oder Hartriegel.

Abb. I   A   Wand des Gefäßes
           B   Kubari
           C   Tomegi (Schlußholz)
           D   Stiele der Zweige und Blumen

Diese Stellung des Kubari verwenden wir meist für solche Shôka-Arrangements, deren Fuß senkrecht aus der Gefäßmitte aufsteigen soll (Ikenobô, Saga-Schule). Wenn alle Zweige und Blumen aufgestellt sind, wird ein elastisches Aststück dahinter gegen die Gefäßwand geklemmt. Dadurch hält das Arrangement ziemlich fest. So ein Schlußholz heißt japanisch „Tomegi".

Abb. II
Wenn sich der Fuß des Seika stark nach links neigen soll, verwendet man diese Kubari-Position (Koryû, Saga-, Mishô-Schule u. a.).

Abb. III
Für leicht schräg nach links gerichtete Seika-Arrangements (Koryû, Saga-, Mishô-Schule u. a.).

Abb. IV
Kubariposition für nach rechts geneigtes Seika (Koryû, Saga-, Mishô-Schule u. a.).

Abb. V
Kubariposition für eine stark nach rechts geneigte oder liegende Form des Seika (Koryû, Saga-, Mishô-Schule u. a.).

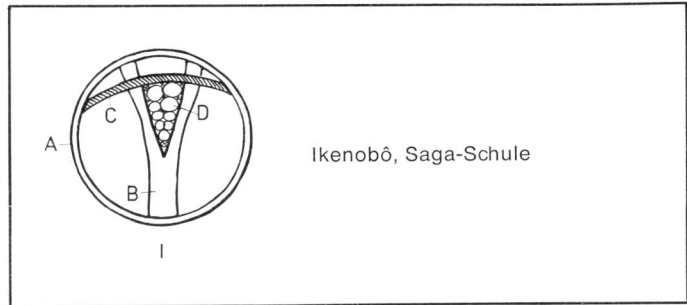

Ikenobô, Saga-Schule

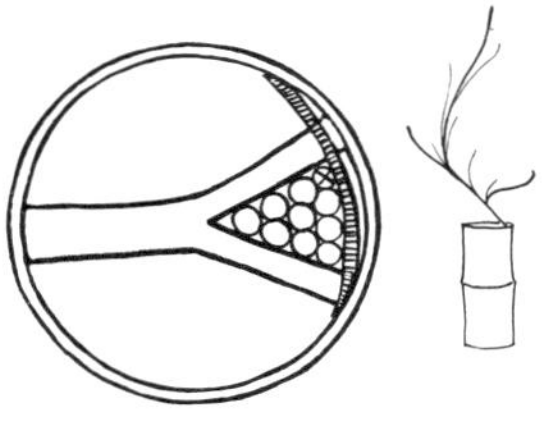

	Koryû, Saga-, Mishô-Schule u. a.

II

	Koryû, Saga-, Mishô-Schule u. a.

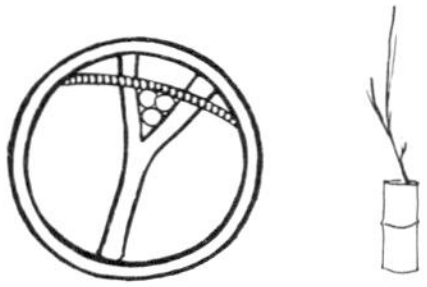

III

	Koryû, Saga-, Mishô-Schule u. a.

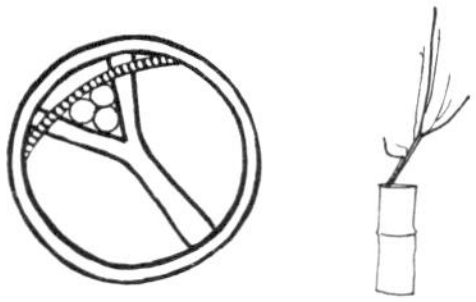

IV

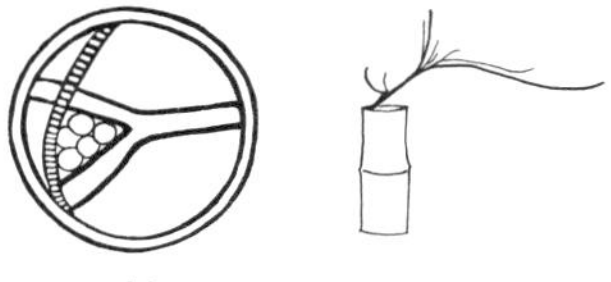

	Koryû, Saga-, Mishô-Schule u. a.

V

Zweiganschnitte im Shôka

Für alle Arten des Seika (Shôka), bei denen der Fuß senkrecht auf dem Boden des Gefäßes aufsteht, werden die Zweige und Blumenstiele gerade abgeschnitten und evtl. von unten her mit der Blumenschere oder dem Messer nochmals kurz eingeschnitten (1). Wenn der Fuß aber schräg aus dem Gefäß aufsteigt, dann werden die Stiele dem Neigungswinkel entsprechend schräg abgeschnitten, damit sie sich gut verankern lassen (2).

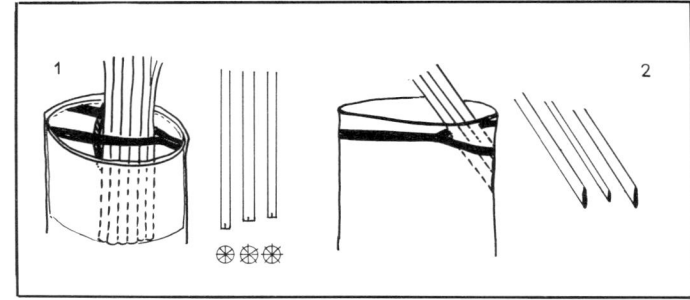

Die Verwendung des Shippô

Für die Formen des Seika in flachen Schalen oder Wannen verwenden die meisten Ikebana-Schulen den metallenen Shippô, einen Blumenhalter ohne Nadeln. Die Zeichnungen zeigen, wie man die holzigen Zweige und die weichen Blumenstiele und -blätter in die Zwischenräume ordnet. Mit Holzstäbchen oder einigen kurzen, zusätzlich eingefüg-

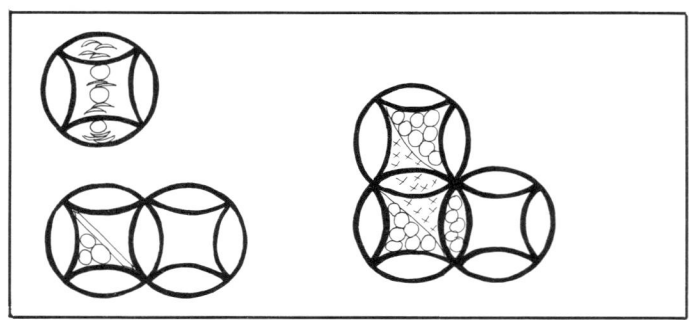

ten Stielen wird ein fester Stand des Arrangements erreicht. Einige Schulen erlauben heute auch für das klassische Shôka die Verwendung des Kenzans.

Konstruktionsmodelle für das klassische Shôka

Beim klassischen Shôka ist die richtige Fußordnung von großer Bedeutung. Deshalb geben wir in den folgenden Zeichnungen vier Modelle für den Aufbau eines Arrangements oder eines Teiles davon.
Jedes klassische Shôka setzt sich aus den drei Hauptelementen zusammen:

Shin ●
Soe ■
Tai ▲

Als Symbole dafür verwenden wir in den Schemazeichnungen und Kompositionsskizzen wie bisher wieder ausgefüllte Kreise, Quadrate und Dreiecke.
Eine Reihe von Hilfslinien unterstützen die Hauptelemente. Diese Ashirai symbolisieren wir mit dem Zeichen, das auch das zugehörige Hauptelement bezeichnet, aber füllen es nicht aus. Ein Shin-Ashirai wird also mit einem nicht ausgefüllten Kreis bezeichnet.
Es gibt Hilfslinien, die vor der Hauptlinie stehen, diese heißen *Mae-Ashirai*, und solche, die hinter der dazugehörigen Hauptlinie stehen, die heißen dann *Ushiro-Ashirai*.

Dieses Shôka besteht aus drei Gruppen von Linien. Die Shin-Gruppe setzt sich aus drei Zweigen zusammen, die Soe-Gruppe ebenfalls und die Tai-Gruppe aus drei Blumen.
Die einzelnen Linien sind mit Nummern versehen, so daß ihre Lage im Kubari genau festgestellt werden kann. Als erster Zweig wird Tai in den Blumenhalter gestellt, als zweite der kurze Tai-Ashirai usw. (Abb. I).

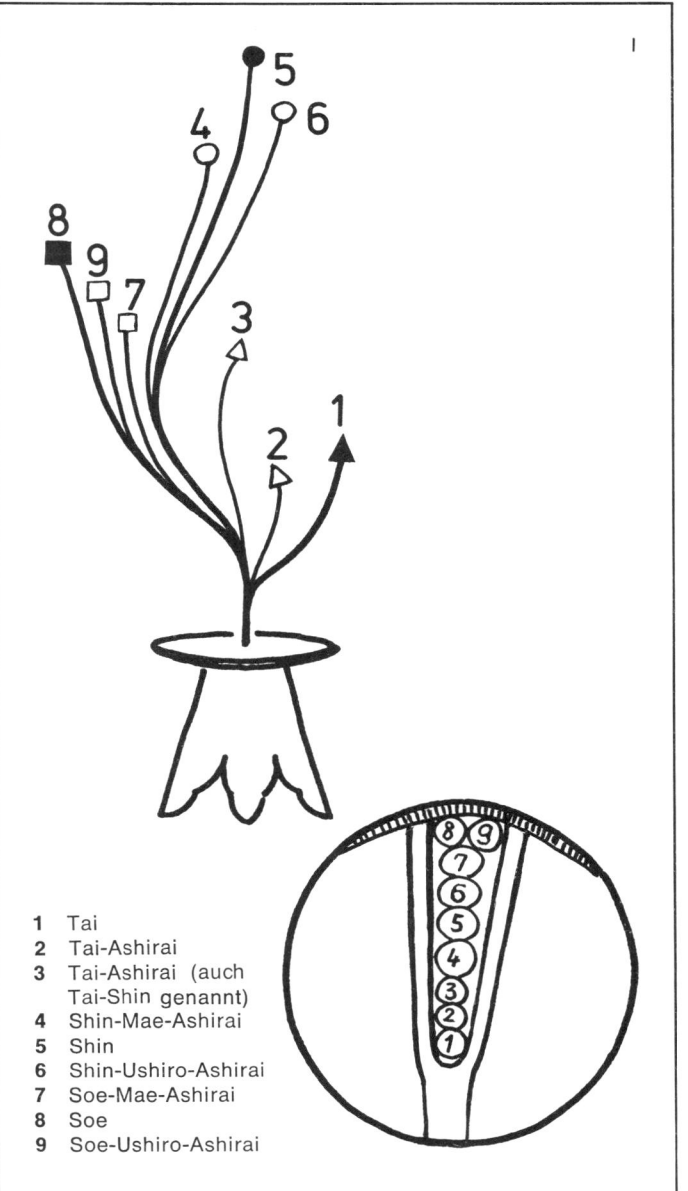

1 Tai
2 Tai-Ashirai
3 Tai-Ashirai (auch Tai-Shin genannt)
4 Shin-Mae-Ashirai
5 Shin
6 Shin-Ushiro-Ashirai
7 Soe-Mae-Ashirai
8 Soe
9 Soe-Ushiro-Ashirai

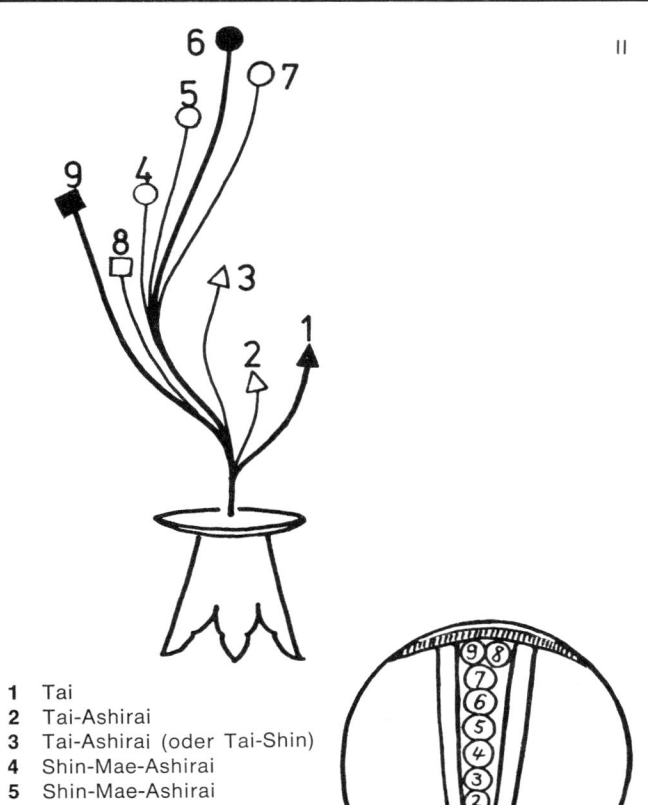

II

1 Tai
2 Tai-Ashirai
3 Tai-Ashirai (oder Tai-Shin)
4 Shin-Mae-Ashirai
5 Shin-Mae-Ashirai
6 Shin
7 Shin-Ushiro-Ashirai
8 Soe-Ashirai
9 Soe

Eine andere Variation wird hier im Modell vorgestellt. Die Tai-Gruppe besteht auch hier wieder aus drei Blumen, aber die Shin-Gruppe hat vier Zweige und die Soe-Gruppe dafür nur zwei. Allein an der Schemazeichnung kann man noch nicht erkennen, welche der Linien vorn und welche hinten angeordnet werden muß, um eine elegante Raumwirkung zu erreichen. Aber wenn man die Nummern der Linien mit denen der Fußordnung vergleicht, wird das klar.

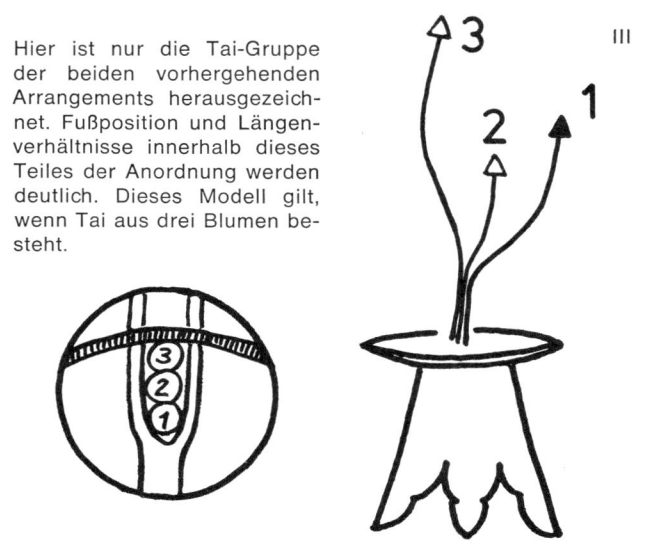

III

Hier ist nur die Tai-Gruppe der beiden vorhergehenden Arrangements herausgezeichnet. Fußposition und Längenverhältnisse innerhalb dieses Teiles der Anordnung werden deutlich. Dieses Modell gilt, wenn Tai aus drei Blumen besteht.

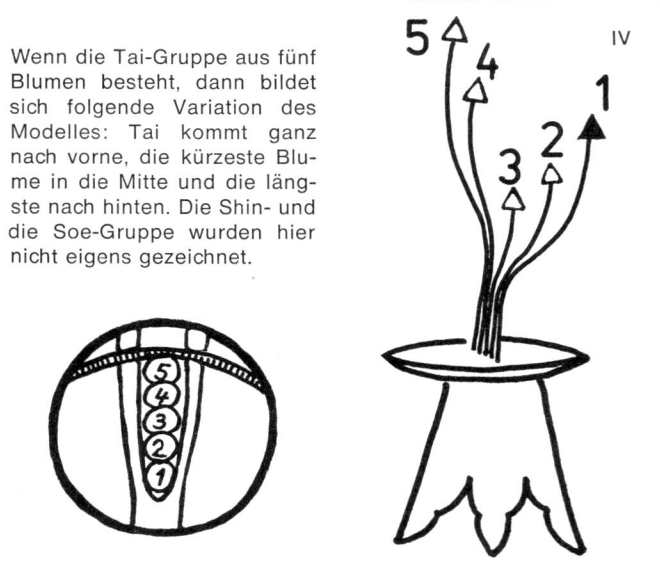

IV

Wenn die Tai-Gruppe aus fünf Blumen besteht, dann bildet sich folgende Variation des Modelles: Tai kommt ganz nach vorne, die kürzeste Blume in die Mitte und die längste nach hinten. Die Shin- und die Soe-Gruppe wurden hier nicht eigens gezeichnet.

136

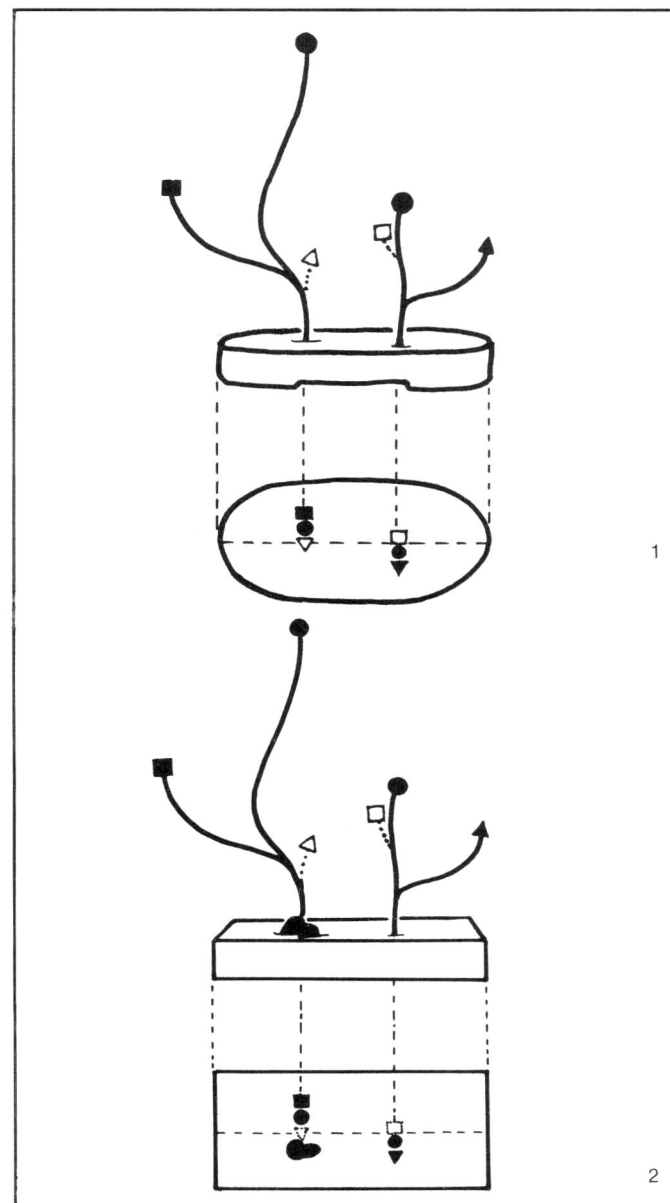

Was ist Shôka-Futakabu-ike?

Sowohl im heutigen Shôka (Gendai-Shôka) als auch im klassischen Shôka kennt man zweiteilige Anordnungen. Sie werden aus dem schon sehr früh gepflegten Rikka-Futakabu-ike hergeleitet.

Die drei wichtigsten Arten des Shôka-Fatakabu-ike sind Gyodô-ike, Suiriku-ike und Nijû-ike.

Abb. 1

Gyodô-ike, das Fischweg-Arrangement

Gyodô-ike ist eine zweiteilige, nur aus Wasserpflanzen bestehende Anordnung in e i n e m Gefäß. Sie leitet sich vom Rikka-Futakabu-ike her. Der Shin-Soe-Teil ist der männliche Teil (Okabu), der Tai-Teil ist der weibliche Teil (Mekabu). Durch diese beiden Teile drückt man die räumliche Tiefe einer Wasserlandschaft aus.

Abb. 2

Suiriku-ike, das Wasser-Land-Arrangement

Suiriku-ike ist ein zweiteiliges Shôka, bei dem der männliche Teil aus Landpflanzen und der weibliche aus Wasserpflanzen angeordnet wird. Man stellt einen Stein zum männlichen Teil und deutet damit das Land dahinter an.

Abb. 3

Nijû-ike, das Doppel-Arrangement

Nijû-ike ist ein zweiteiliges Shôka, bei dem die beiden Teile in einem zweiteiligen Gefäß übereinander angeordnet sind. Dabei kann oben der größere und unten der kleinere Teil sein, oder umgekehrt.

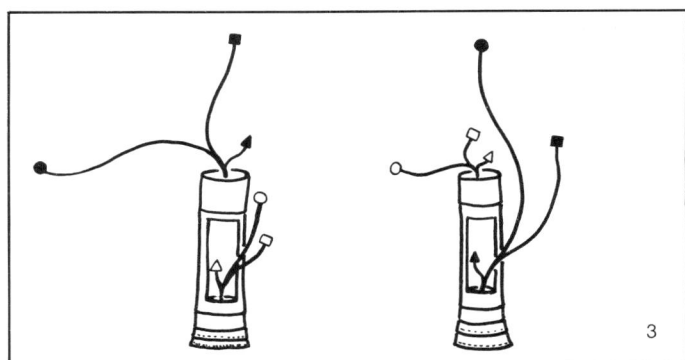

137

Pflanzen Gladiolen mit schönen Blättern
Gefäß Zundo aus Bambus.
Man kann sich mit etwas Geschick auch selbst
so ein Gefäß herstellen, indem man ein etwa
30 cm langes Stück Baumstamm oben etwa
10—15 cm tief aushöhlt und einen Wasserbehälter aus Kupfer- oder Zinkblech einpaßt.
Solche Gefäße können auch aus einem Stück
Eisenrohr oder aus Keramik sein.

Beachten Sie die Maßverhältnisse auf den Abbildungen! Auch hier verhalten sich wieder Shin : Soe : Tai wie 3 : 2 : 1. Die Gefäßhöhe ist hier gleich der Höhe von Tai.
Halten Sie erst die Blumen und Blätter vor sich hin und beobachten Sie die Linien! Entscheiden Sie erst dann, ob Sie Soe nach rechts, wie hier, oder nach links zeigen lassen! Verwenden Sie eine nach hinten geöffnete Astgabel als Kubari und schneiden Sie sich aus demselben Holz ein Tomegi! Zuerst stellen Sie die Tai-Gruppe, ein wenig nach links vorn geneigt, durch den Kubari auf den Boden des Gefäßes. (Abb. II) Schneiden Sie die Blätter und Stiele gerade und unter Wasser ab!
Nach rechts hinten, aber nur ganz wenig, neigt sich die nun folgende Soe-Gruppe (Abb. III).
Daneben wird die Shin-Linie aufgestellt, die in der Bewegung mit Soe harmonisiert und einen Ausgleich zu Tai schafft (Abb. IV).

I   II   III   IV

Pflanzen zwei Zweige der kanadischen Felsenbirne
(*Amelanchier canadensis*)
eine Tulpe

Gefäß japanisches Bronzegefäß Ichimonji (= „ein Strich")
mit ruhiger, großer Wasserfläche

Beginnen Sie mit der Tai-Gruppe, der Tulpe und den Blättern, stellen Sie danach den Shin-Zweig senkrecht in den Kubari und schließlich Soe, etwas nach links hinten gerichtet!
Dieses Arrangement zeigt, wie wenig man braucht um den Frühling ins Heim zu zaubern. Selbst so ein Gefäß wird ein interessierter Keramiker drehen können.
Andere mögliche Pflanzenkombinationen:
zwei Zweige und eine Narzisse,
drei Blumen wie Iris oder Gladiole,
drei Blätter wie Sansevierie oder Aspidistra,
zwei weiße Lilien und eine Rose usw.

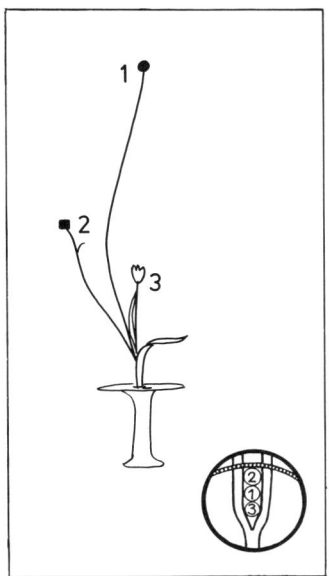

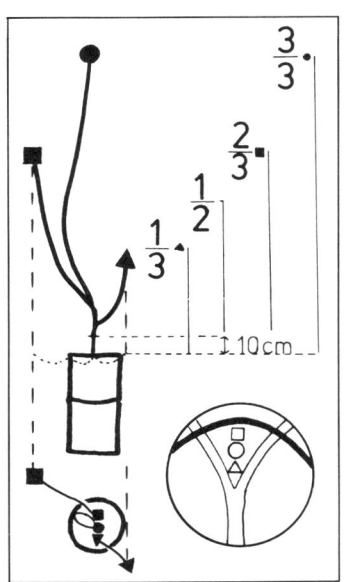

139

Pflanzen Liatris
Pfingstrose
Gefäß Shikaimi (= Viermeereswelle) der Ikenobô-
Schule, Bronze; als Kadai (Unterlage) dient
ein schwarz lackiertes Holztischchen

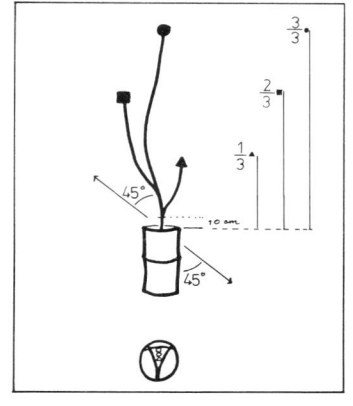

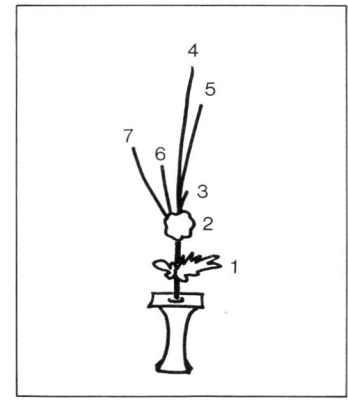

Reihenfolge der Teile von vorne nach hinten:

1 Tai (Pfingstrosenblatt)
2 Tai-Ashirai (Pfingstrose)
3 Tai-Shin (Liatris)
4 Shin (Liatris)

5 Shin-Ashirai (Liatris)
6 Soe-Ashirai (Liatris)
7 Soe (Liatris)

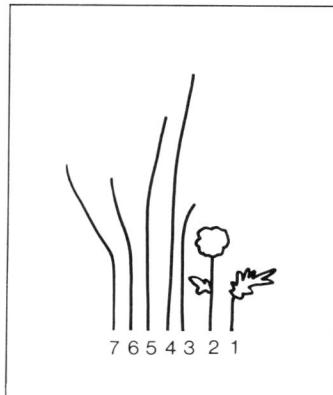

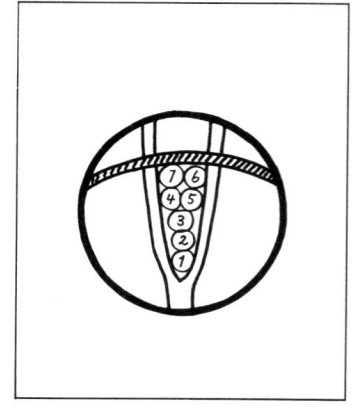

Pflanzen Hainbuchenzweige

Gefäß einfaches Bambusgefäß

Dieses Arrangement stammt von Meister *Shishû Kobayashi,* Saga-Schule.
In dieser Schulrichtung haben die Teile des Arrangements folgende Bezeichnungen:

Tai   (= Formbestimmung) ist der längste Zweig,
Yô   (= Formunterstützung) die mittlere Linie und
Tome (= Formabschluß) die kürzeste.

Das Besondere an diesem Arrangement ist, daß Yô in einer eleganten Linie nach vorne unten *herabfließt.* Deshalb nennt man diese Form: Yô-Nagashi.
Schneiden Sie die Zweige schräg an!

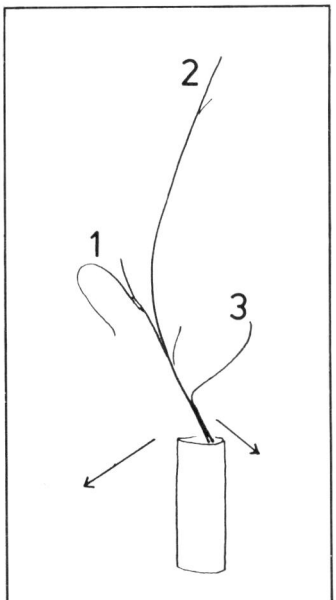

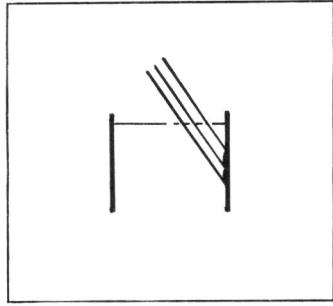

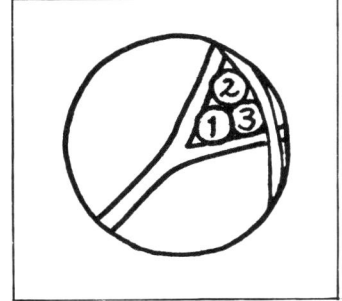

141

Pflanzen Spindelstrauch *(Euonymus alatus)*
           oder Pfaffenhütchen

Gefäß   Zundovase aus Bambus

Arrangement von Meister Shishû Kobayashi, Saga-Schule.
Die harmonisch aufeinander abgestimmten Linien geben
dem Isshu-ike-Arrangement trotz der Einfachheit der
Zweige und des Gefäßes, oder gerade deswegen, einen starken Ausdruck.

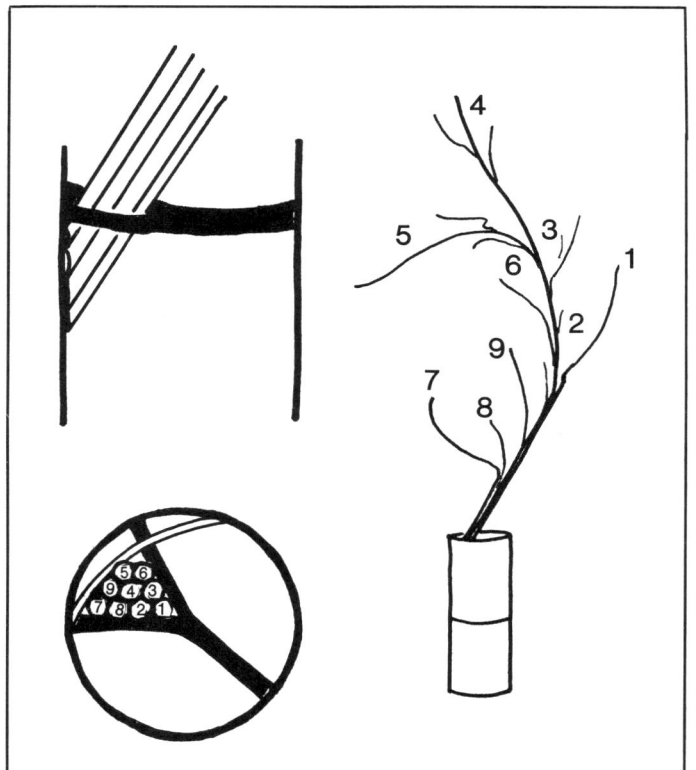

Pflanzen Zypressenzweige
kleine Chrysanthemen

Gefäß japanisches Ogenchô aus Bronze

Die Gyô-Form schwingt weiter über den Gefäßrand hinaus und erscheint bewegter als die strengere Shin-Form.
Über die in Abb. I aufgereihten Teile hinaus werden dem Shin- und auch dem Soe-Teil noch einige Füllzweige zugeordnet.

Soe ist nach links hinten gerichtet und Tai nach rechts vorne.

Pflanzen Pflaumenzweige *(Prunus mume)*
Kamelie *(Camellia japonica)*

Gefäß Noshigata, Bronzevase

KLASSISCHES SHÔKA
GYÔ-FORM

Dieses meisterhafte Arrangement hat Prof. Kashô Kaneko, der große Ikenobo-Lehrer und Präsident der Ikenobo-Ikebana-Gesellschaft in Tôkyô, für eine Ausstellung im Nationalmuseum Tôkyô geschaffen.

Der Pflaumenzweig mit den zarten Blüten ist als Shin und Soe verwendet, Tai ist aus Kamelienzweigen mit Blüten.

Variationen

Frühjahr:
blühende Schlehenzweige und Narzissen mit vielen Blättern
blühende Weißdornzweige mit Tulpen

Sommer:
Johannisbeerzweige und Iris
Mais und Feuerlilien

Herbst:
Ahorn und Chrysanthemen
Blutpflaume und Astern

Winter:
Bergkiefer und kleine Chrysanthemen
Eibe und Narzissen

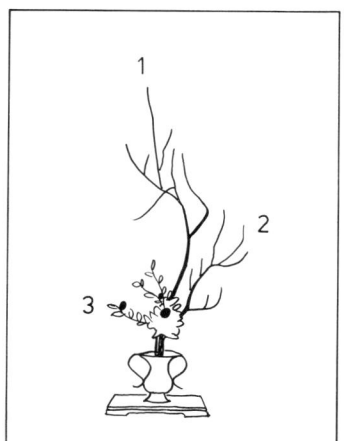

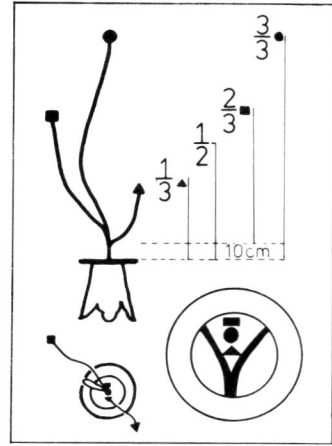

Pflanzen Jasmin *(Jasminum odoratissimum)*
Gerbera mit Blättern

Gefäß flache Keramikschale (Suiban)

Diese Anordnung kann in einem Shippô arrangiert werden, wie das zu Beginn dieses Kurses gezeigt wurde. Heute ist aber selbst in den traditionellen Schulen meist schon der Blumenigel (Kenzan) erlaubt. Für unser Beispiel verwenden wir einen Kenzan.
Deshalb kann hier wieder, wie beim Moribana, der Shin-Zweig zuerst aufgestellt werden (Abb. II).
Vorher wurde er allerdings in Linienführung, Dichte und Proportionen mit den beiden anderen Gruppen abgestimmt (Abb. I).
Der Soe-Zweig richtet sich schräg nach links hinten und die Tai-Linie zeigt nach rechts vorne.
Auch wenn ein Kenzan benützt wird und eine flache Schale muß der Fuß gerade aufsteigen, schlank sein und sich erst nach ca. 10 cm verzweigen.

I   II   III   IV

145

Pflanzen   Taglilie *(Hemerocallis)*
zwei Blüten und dreizehn Blätter

Gefäß   Suiban, alte japanische Wasserschale aus Bronze

Unsere Schüler haben an dieser Form immer wieder große Freude. Sie wird in einer Schale mit breiter Öffnung *(hirokuchi)* als einteiliges, aus einem Fuß aufsteigendes Arrangement *(hitokabu-ike)* mit nur einem Pflanzenmaterial *(isshu-ike)* gestaltet. Man nennt diese Form also: Hirokuchi-hitokabu-isshu-ike.
Die Taglilie hat zahlreiche, klar geschwungene Blätter. Deshalb eignet sich diese Pflanze besonders gut für Shôka und Rikka. Man muß die Blätter aber sehr behutsam an-

fassen und mit einer ausgesprochen scharfen Schere abschneiden.
Als Ersatz für die Taglilie kann man auch die Englische Iris (Iris ciphiodes anglica) nehmen, wenn sie genug gute Blätter hat.

Dieses Arrangement kann in einem Shippô, aber auch in einem Kenzan, der in der Mitte des Gefäßes liegt, angeordnet werden.

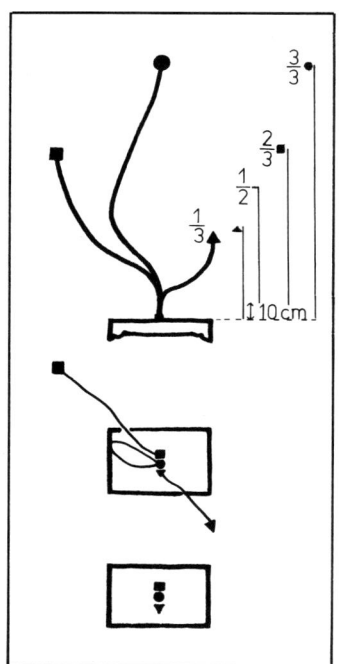

1 Tai (3 Blätter)
2 Tai-Ashirai (2 Blätter)
3 Tai-Shin (1 Blüte)
4 Shin-mae-Ashirai
(2 Blätter)
5 Shin (1 Blüte)
6 Shin-ushiro-Ashirai
(2 Blätter)
7 Soe-Ashirai (2 Blätter)
8 Soe-Ashirai (1 Blatt)
9 Soe (1 Blatt)

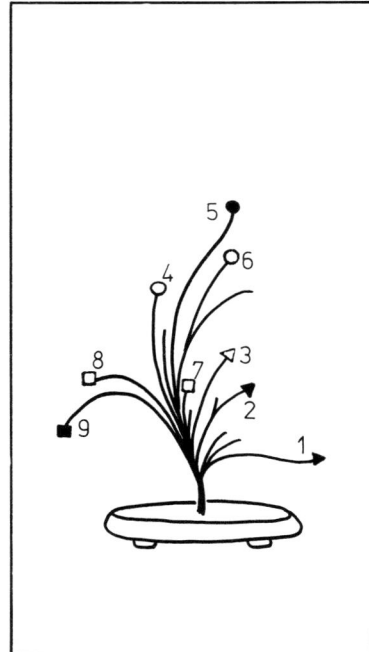

Pflanzen Hainbuchenzweige
Schwertlilie (*Iris japonica*)

Gefäß japanische Bronzeschale mit Füßchen auf einem
wolkenförmigen Holzuntersetzer
(= Kumogata-Kadai)

Dieses Meisterarrangement von Prof. Kashô Kaneko empfehlen wir zur Nachgestaltung. Genießen Sie dabei den Kontrast zwischen dem knorrigen Ast und den glattrandigen, lanzenförmigen Blättern der Iris. Mit geringstem Aufwand ist hier die Stimmung am Ufer eines Teiches eingefangen und der Unterschied im Habitus der Pflanzen verschiedener Lebensgemeinschaften dargestellt.
Einige ausgesuchte Felsstücke im Wasser deuten das Land an.
Bei einem sommerlichen Iris-Arrangement ist meist ganz oben eine weit geöffnete Blüte, während im Frühjahr die offenen Blüten unten gehalten werden und einige frische

Blätter den Hauptakzent setzen, unterstützt von einer oder mehreren Knospen. Im Herbst hingegen scheut man sich nicht, etwas angegilbte oder von Insekten zerfressene Blätter, deren Linie nicht mehr so schwungvoll erscheint, besonders zur Geltung zu bringen.
Dieses Futakabu-ike ist ein Suiriku-ike (Wasser-Land-Arrangement), wie wir es in der Einleitung zu diesem Kurs beschrieben haben.

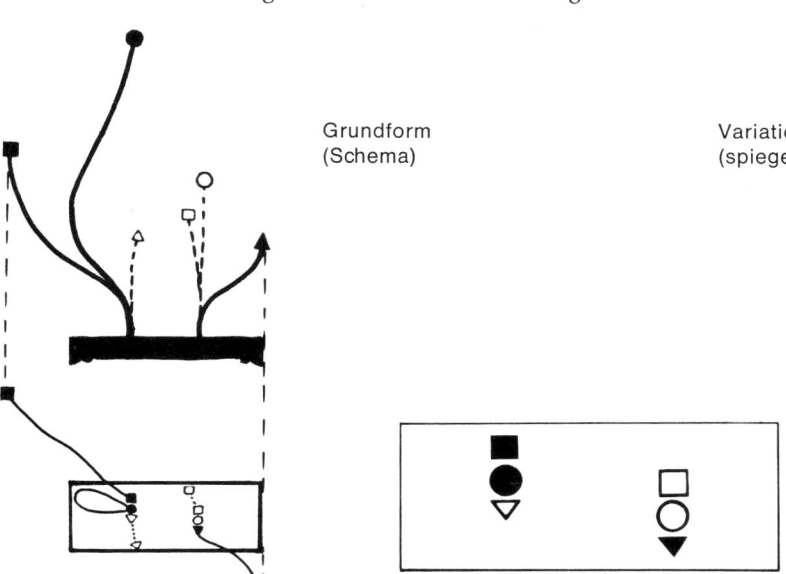

Grundform
(Schema)

Variation
(spiegelbildlich)

Fußpositionen in der Schale

Pflanzen Binsen
China-Schilf *(Miscanthus sinensis)*
Schwertlilie *(Iris japonica)*

Gefäß Suiban, japanische Keramikschale

Gyôdo-ike besteht nur aus Wasserpflanzen, wie wir in der Einleitung zu diesem Kurs dargestellt haben. Der hintere, männliche Teil (Okabu) besteht aus Binsen und Chinaschilf. Der rechte, vordere Teil (Mekabu) ist nur aus Iris komponiert.

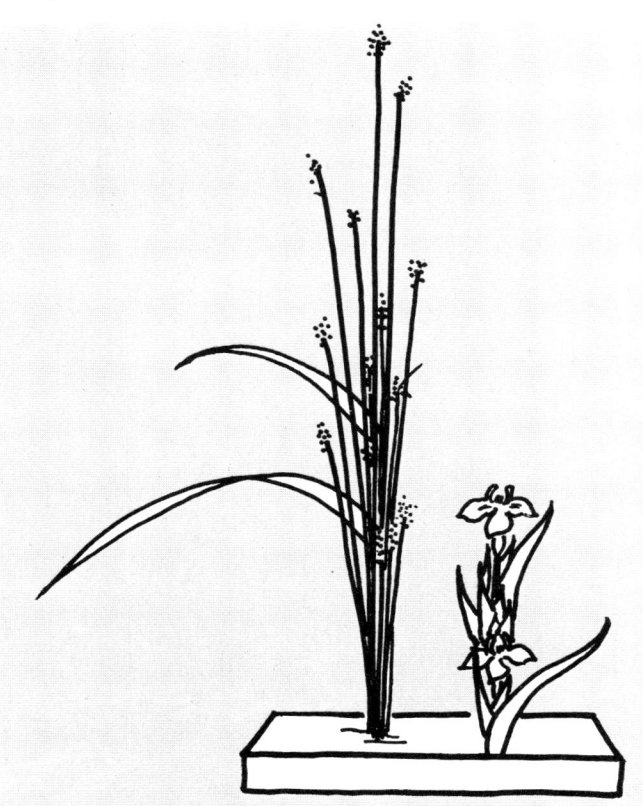

In der Skizze unten haben wir die Teile des Mekabu einzeln gezeichnet, in der Reihenfolge, in der sie in Kenzan oder Shippô eingesteckt werden.

Warum haben wir dieses moderne Shôka-Arrangement in den Kurs für klassisches Shôka aufgenommen? Es ist zwar in einer einfachen, modernen Keramikschale und nicht in einem der klassischen Gefäße arrangiert, aber es verwendet nur klassische Materialien in der seit alters überlieferten Zusammenstellung, wenn auch einige Linien mehr dem Naturgefühl unserer heutigen Zeit entsprechen. Wir verstehen dieses Ikebana als genauso *klassisch* wie eine Beethoven-Symphonie, die in einem modernen Konzertsaal mit erst in diesem Jahrhundert hergestellten Musikinstrumenten von jungen Künstlern aufgeführt wird.

Variationsmöglichkeiten:

Üben Sie Gyôdo-ike einmal mit anderen Sumpf- oder Schwimmblattpflanzen wie Schilf, Calla, Rohrkolben, Lotosblumen, Seerosen oder Sumpfdotterblumen.

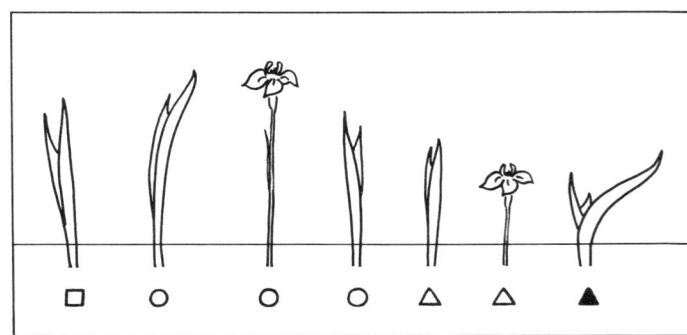

Pflanzen Cotoneaster
Dahlien
Gladiolen

Gefäß doppelstöckiges japanisches Bambusgefäß
(Nijû-giri)

Für dieses Gefäß, das man sich auch aus einem Stück dickeren Bambus selbst herstellen kann, kennt man in Japan
zwei verschiedene Arten von Doppelarrangements, das
normale Nijû-ike (links), bei dem der obere Teil des Arrangements groß und der untere kleiner ist, und das Nijû-
tachinobori (rechts), bei dem der untere Teil wichtiger ist.
Wir schneiden uns zuerst für die beiden Gefäßteile die passenden Kubari zurecht, wie das in der Einleitung zu diesem
Kurs erläutert wurde.
Arrangiert wird von vorne nach hinten, in der Reihenfolge,
wie sie bei der Kompositionsskizze angegeben ist.

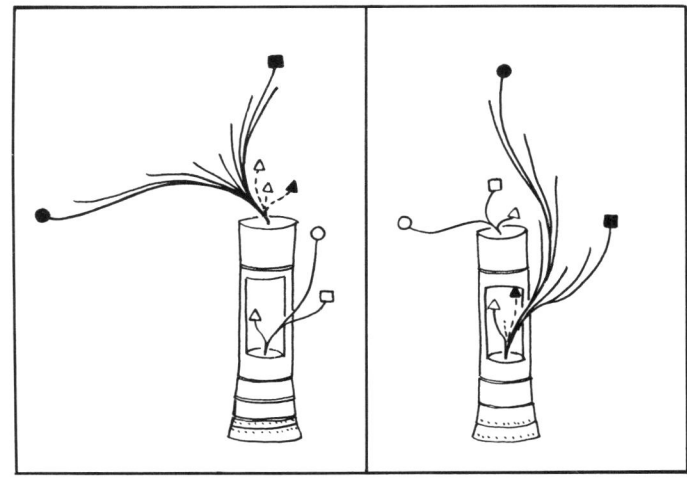

Oberer Teil des Nijû-giri:
1 Tai (Dahlie mit Knospe und schönem Blatt)
2 Shin-Ashirai (Cotoneasterzweig)
3 Shin (Cotoneaster)
4 Shin-Ashirai (Cotoneaster)
5 Soe-Ashirai (Cotoneaster)
6 Soe (Cotoneaster)
7 Soe-ushiro-Ashirai (Cotoneaster)

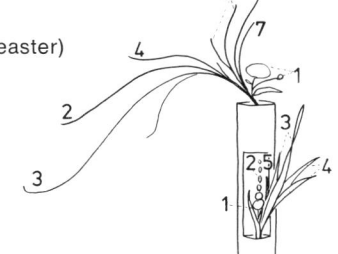
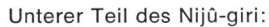

Unterer Teil des Nijû-giri:
1 Tai (Gladiolenblätter)
2 Tai-Shin (Gladiolenblüte)
3 Shin (zwei Gladiolenblätter)
4 Soe (zwei Gladiolenblätter)
5 Soe-ushiro-Ashirai (Gladiolenblatt)

Pflanzen   Wacholder *(Juniperus)*
             Chrysanthemen
             Gerbera

Gefäß   Nijû-giri, doppelte Bambusvase

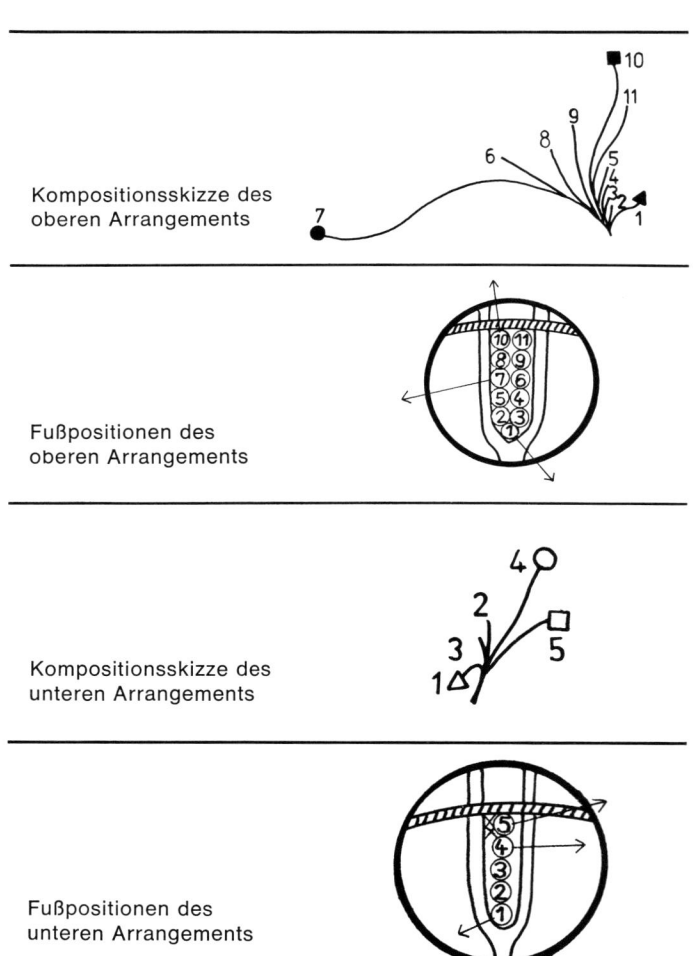

Kompositionsskizze des
oberen Arrangements

Fußpositionen des
oberen Arrangements

Kompositionsskizze des
unteren Arrangements

Fußpositionen des
unteren Arrangements

Pflanzen   Bartnelken (*Dianthus barbatus,* Studentennelke)
Stockrebe *(Celastus orticulatus)*

Gefäß   japanisches Vollmondgefäß
(Mangetsu), Bronze

Das klassische Vollmondgefäß dieses Arrangements wird in der Ikenobô-Schule verwendet. Die Saga-Schule kennt auch Mondgefäße, die an einer Stelle des Kreises offen sind. Man nennt sie Halbmondgefäße (Hangetsu).
Wir kennen einen Bootsbauer, der sehr schöne Vollmondgefäße aus Sperrholz herstellen kann und diese mit mattschwarzem Bootslack so gut überzieht, daß sie sogar für längere Zeit wasserfest sind. Auch Keramiker und *Freizeit-Keramiker* unter unseren Ikebana-Schülern haben schon recht brauchbare Mondgefäße gemacht.
In Japan werden solche Arrangements in das Tokonoma (Ehrennische im japanischen Zimmer) gehängt. Das Ikebana soll etwa in Augenhöhe sein. Auch in modern eingerichteten, europäischen Wohnungen wirkt das Mondarrangement gut. Da es keine Stellfläche beansprucht und relativ flach ist, hängt man es auch gerne in kleinere Räume, wie Dielen und Flure. Die Gefäßform bringt die wenigen und einfachen Pflanzen immer sehr schön zur Geltung.
Die Tai-Gruppe besteht aus fünf Bartnelken und die beiden anderen Gruppen nur aus Stockrebenranken mit den farblich gut passenden Beeren.

Variationen durch andere Pflanzen:

Wilder Wein, Ackerwinde, hängende Farnblätter, Efeu, Scheinrebe, Kletterrosen, Wachsblume, Zierspargel, Lärche, Birke, Trauerweide, Graslilie usw. dazu jeweils Blumen, die in Farbe und Habitus mit dem Hauptmaterial und der Umgebung harmonisieren.

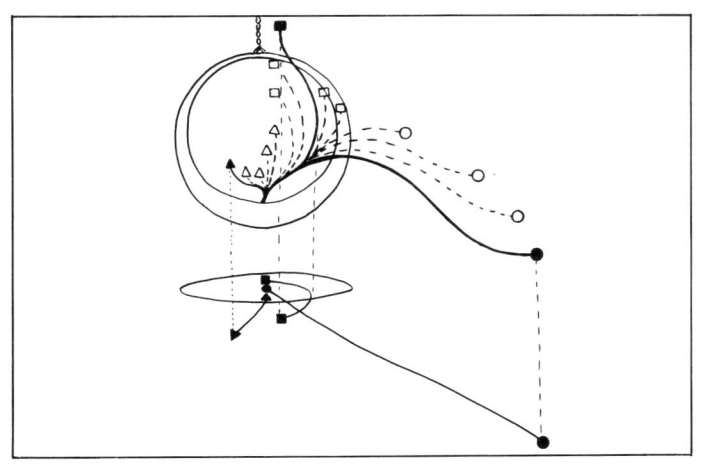

151

Pflanzen   Wilder Wein *(Parthenocissus quinquefolia)*
Herbstastern *(Aster amellus)*

Gefäß   hängendes Bambusschiff (Tsuri-fune)

Weil Japan ein Inselland ist, spielt dort die Schiff-Symbolik eine große Rolle. Schon seit 500 Jahren werden die Schiffe von den guten Wünschen der Daheimgebliebenen begleitet und durch Blumenarrangements in Schiff-Gefäßen dargestellt. Seit damals heißen bestimmte Anordnungen Takara-bune (mit Schätzen beladenes Schiff).
Die Abbildung I zeigt ein abfahrendes Schiff (Defune) und die Abbildung II stellt ein ankommendes Schiff dar. Wenn der Bug nach links gerichtet ist, spricht man vom abfahrenden, wenn er nach rechts weist, vom ankommenden Schiff (Irifune).

Das Schiffarrangement hängt wie eine Blumenampel frei vor einer Wand, wie im japanischen Tokonoma. Der freie Raum darum herum symbolisiert das Meer.
Tai und Tai-Ashirai werden wieder durch Blumen dargestellt, um dem Arrangement eine zusammenhaltende Mitte zu geben.

Shin und Soe bestehen aus Ranken.

Das Besondere am Tsuri-fune-Arrangement ist die sonst nicht übliche vierte Linie. Hier stellt sie — durch eine Ranke konkretisiert — das Ruder (Ro) dar.

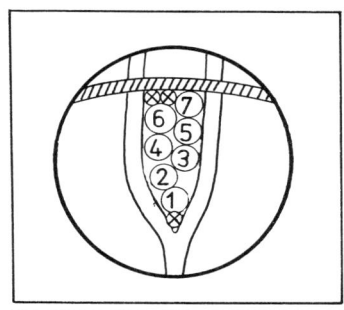

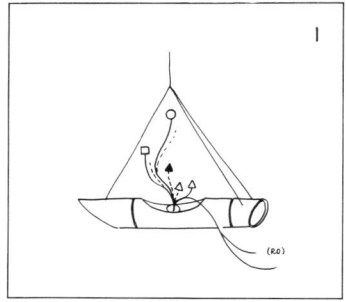

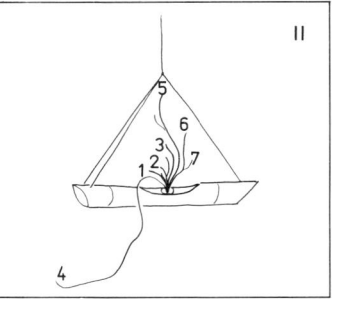

152

Sô-Form
Tsuri-fune
Hängendes Schiff

LEKTION 69 KLASSISCHES SHÔKA
Sô-Form
Oki-fune
auch: *Tomaribune*, ruhendes Boot

Pflanzen Bartnelken
Stockrebe *(Celastrus orbiculatus)*

Gefäß hängendes Bambusschiff (Tsuri-fune)

Pflanzen Japanische Glockenblume *(Campanula japonica)*

Gefäß aus einem alten Holzstück geschnitztes Schiff
(Oki-fune)

Das Schiffarrangement, das auf einen Tisch, Schrank oder in das Tokonoma gestellt wird, heißt Oki-fune oder auch Tomaribune und stellt ein im Hafen liegendes Boot dar. Die Segel sind eingeholt. Ruhe ist die Grundstimmung dieser Ikebanaform.

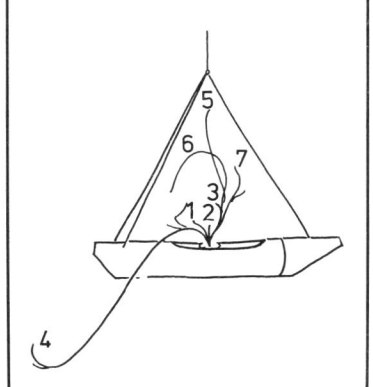

Die Teile des
Arrangements
1 Tai (Bartnelke)
2 Tai-Ashirai (Bartnelke)
3 Tai-Ashirai (Bartnelke)
4 Ro (Ruder) (Stock-
  rebenzweig)
5 Shin (Stockrebe)
6 Shin-Ashirai (Stock-
  rebe)
7 Soe (Stockrebe)

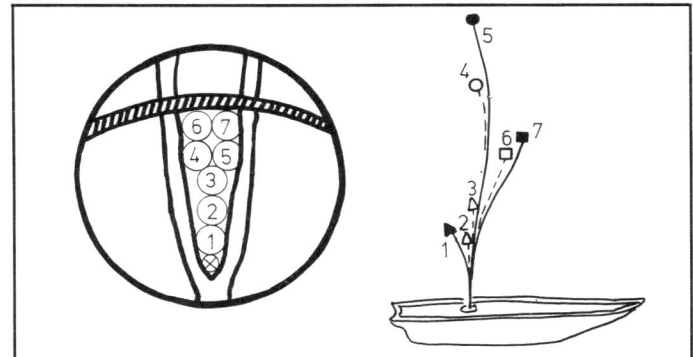

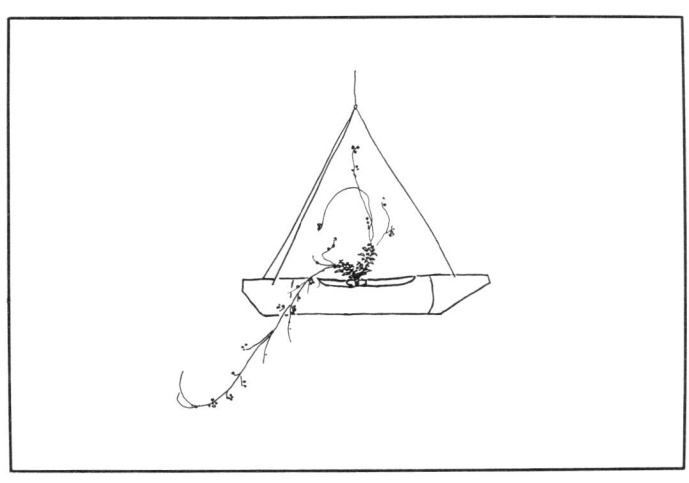

Pflanzen   Stockrebe
             Dahlie

Gefäß   kleines Körbchen mit Einsatz auf ein Brett
             (Suibachi) montiert

Ein süßes Arrangement, das überall eine angenehme Atmosphäre verbreitet. So ein archaisch wirkendes Gefäß
kann auch in Europa jederzeit erworben oder hergestellt
werden. Das Suibachi, ein Kompositionselement des Arrangements, dient nebenbei auch als Halt für das Körbchen und
zum Schutz der Wand vor Wasserflecken.
Die Zweige sind hier so angeordnet, daß sie von vorne gesehen die beste Wirkung ergeben. So ein Hängearrangement
heißt dann Mukô-gake, im Gegensatz zu anderen Kompo-
sitionen der gleichen Art, die man besser von der Seite her
betrachtet (Yoko-gake).

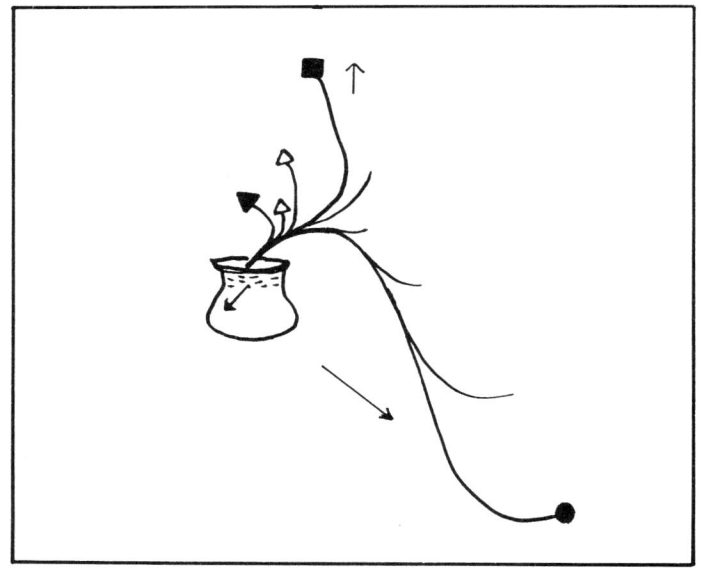

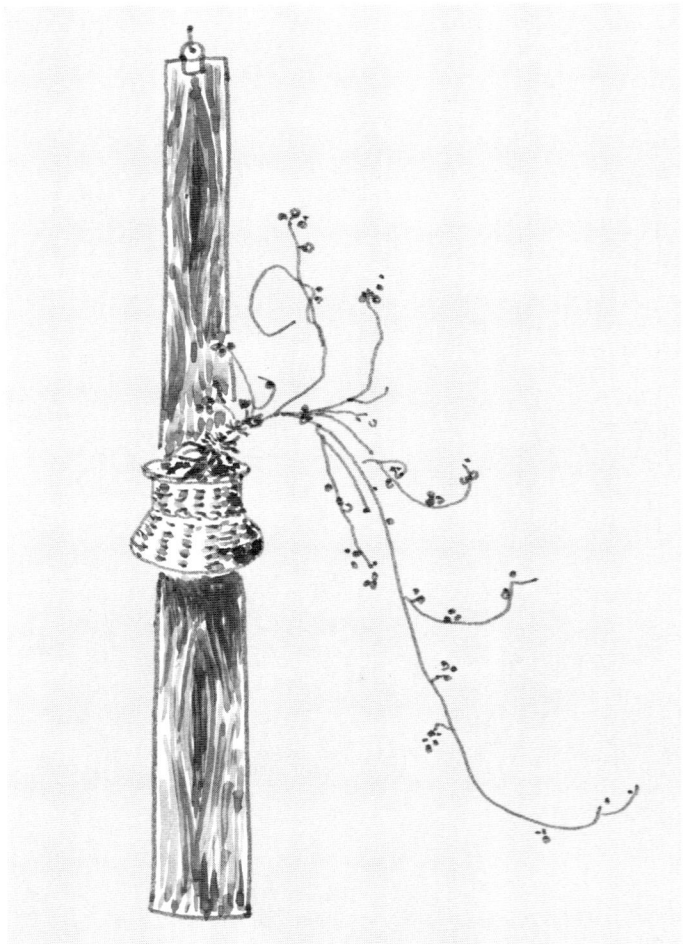

154

Pflanzen Wacholderzweige *(Juniperus)*

Gefäß einfaches Bambusgefäß
(*Shishi-guchi* = Löwenmaulgefäß)

Sie werden feststellen, daß sich so ein Gefäß auch mit wenig handwerklichem Geschick selbst aussägen läßt. Es macht Freude, aus dem vielseitig verwendbaren und ansprechenden Naturmaterial Bambus oder Holz immer neue Ikebana-Vasen zu werken. Die Nachgestaltung traditioneller Formen kann dabei Anfang und Anlaß eigener Kreativität werden.

Dieses Arrangement hat der Meister der Saga-Schule, Shishû Kobayashi aus Kyôto geschaffen.

Modernes und klassisches RIKKA

Was ist Rikka?

Rikka wurde früher *Tatebana* genannt, was *gestellte, aufgebaute Blumen* bedeutete. Auf unserem Exkurs in die Geschichte des Ikebana, zu Beginn dieses Buches, haben wir gesehen, daß Rikka die älteste Form der japanischen Blumenkunst ist. Rikka ist Grundlage und Wurzel des Ikebana. Es ist die schwierigste und komplizierteste Kunstform in diesem Bereich, setzt sich aus 7 oder 9 Hauptelementen zusammen und steht dabei auf einem säulenförmigen *Fuß*.

Rikka hat sich im Laufe seiner langen Geschichte dauernd gewandelt. Im 20. Jahrhundert bildeten sich neue, der Zeit angemessene Formen des Rikka. 1958 regelte Ikenobô das heutige Rikka (Gendai-Rikka) und das kleine Rikka (Shohin-Rikka).

Gefäße für modernes Rikka

1 Keramikvase
2 Keramikpokal mit kurzem Fuß
3 Keramikpokal mit hohem Fuß
4 Keramikpokal mit großer Wasserfläche
5 Keramikgefäß mit zwei Füßen
6 schifförmige Keramikschale mit kurzem Fuß
7 flache Wasserschale aus Keramik, mit Füßen
8 flache, quadratische Wasserschale, Suiban oder Sunabachi

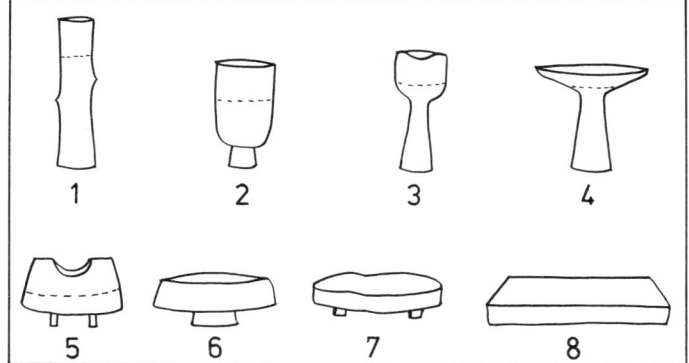

Anmerkung: Bis zu der gestrichelt eingezeichneten Linie werden feine Kieselsteine in das Gefäß eingefüllt. Darauf wird der Blumenhalter gestellt.

Alle Rikka-Formen

A. Koten-Rikka (klassisches Rikka)
1. **Sugu-shin-Form** (Rikka mit geradem Shin)
2. **Noki-jin-Form** (Rikka mit geschwungenem, bewegtem Shin)
   a) bis e) siehe Abbildung!
   a) **Jôdan-no-Rikka** (Shin zweigt in der oberen Position -a- von der Mittelachse ab)
   b) **Tsune-no-Rikka** (Shin zweigt in der normalen Position -b- von der Mittelachse ab)
   c) **Chûdan-no-Rikka** (Shin zweigt in der mittleren Position -c- von der Mittelachse ab)
   d) **Gedan-no-Rikka** (Shin zweigt in der unteren Position -d- von der Mittelachse ab)
   e) **Mizugiwa-no-Rikka** (Shin zweigt in der dem Wasserrand nächstgelegenen Position -e- von der Mittellinie ab)
3. **Sunano-mono-Form** (Rikka in einer sandgefüllten Wanne)
   a) **Hitokabu-ike-Rikka** (einteiliges Rikka)
   b) **Futakabu-ike-Rikka** (zweiteiliges Rikka)
4. **Dôzuka-Form** (niedrige, breite Form des Rikka, in Regalen aufzustellen)
5. **Aioi-jin- und Futatsushin-Form** (Rikka mit zwei einander zugewandten bzw. parallel verlaufenden Shin-Elementen)

B. Gendai-Rikka (heutiges Rikka, modernes Rikka)
1. **Sugu-shin-Form** (Rikka mit geradem Shin)
2. **Noki-jin-Form** (Rikka mit bewegtem Shin)
   a) **Jôdan-no-Rikka** (Shin zweigt in der oberen Position von der Mittelachse ab, siehe Skizze!)
   b) **Chûdan-no-Rikka** (Shin zweigt in der Mitte ab, -c- auf der Skizze)
   c) **Gedan-no-Rikka** (Shin zweigt unten -d- von der Mittelachse ab)
3. **Sunano-mono-Form** (Rikka in einer Sandwanne)
   a) **Hitokabu-ike-Rikka** (einteiliges Rikka)
   b) **Futakabu-ike-Rikka** (zweiteiliges Rikka)

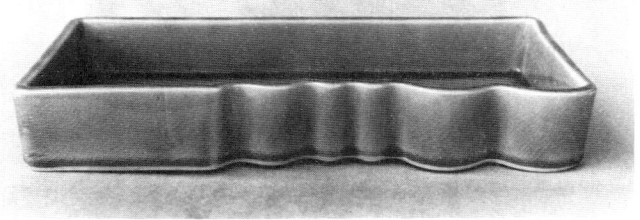

1	2	3
		4
5	6	7

Gefäße für modernes Rikka

1, 2 Schale mit Füßen
5, 6, 7 Keramikpokal
3, 4 Keramikschale

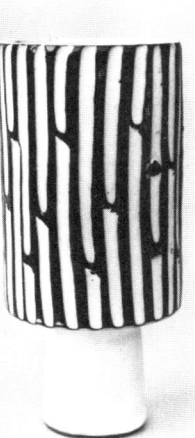

157

Gefäße für modernes Rikka

8 Glasvase
9 Tsubo (Keramik)
10 Keramikpokal

| 8 | 9 | 10 |

| | 6 | |
| | 7 | |

Gefäße für das klassische Rikka

1 Ganryûmimi aus Bronze   5 Sunabachi aus Bronze
2 Marukanmimi aus Bronze   6 Sunabachi aus Bronze
3 Sonshiki aus Bronze   7 Sunabachi aus Bronze
4 Futakugata aus Bronze

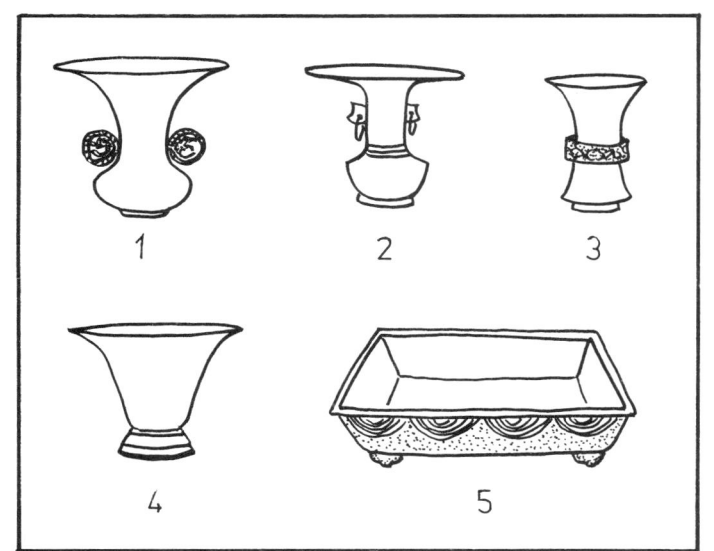

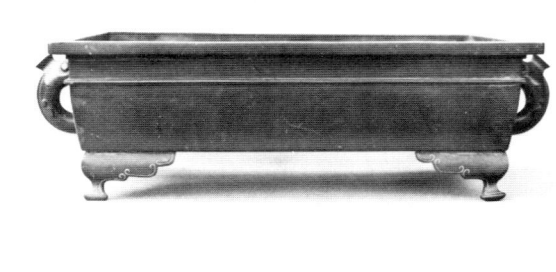

158

Die neun Hauptelemente eines Rikka-Arrangements

Die einzelnen Elemente (Yakueda) haben hier — und auch in den Lektionen — Nummern von 1—9 erhalten und sind dadurch in den Schemazeichnungen und Kompositionsskizzen leicht aufzufinden.

1 Shin (Wahrheit, Herz, früher: Gott, Glaube)
2 Shôshin (shô = richtig; wirklicher Shin)
3 Dô (Rumpf, Körper)
4 Mae-oki (mae = vorne; oku = legen, stellen; Vorderteil)
5 Soe (Unterstützung, Hilfe)
6 Hikae (Zurückhaltung, Enthaltsamkeit)
7 Mikoshi (miru = sehen; kosu = über etwas bewegen; Fernblick)
8 Uke (empfangender Teil; Uke spricht auf Bewegung und Ausdruck des Shin-Teiles an)
9 Nagashi (nagasu = ausschütten; nagareru = fließen, abfließen, strömen; fließende Linie, Strömung)

Die Richtung der neun Hauptelemente (Abbildung)

1 Shin strebt meist nach oben.
2 Shôshin steht auch aufrecht und reicht etwa bis zur Mitte des Rikka.
3 Dô (auf der unteren Skizze von der Seite gesehen dargestellt) richtet sich nach vorne.
4 Mae-oki (ebenfalls unten extra gezeichnet) kommt auch nach vorne.
5 Soe richtet sich schräg nach links hinten.

6 Hikae wendet sich nach der linken Seite.
7 Mikoshi richtet sich schräg nach rechts hinten.
8 Uke bewegt sich nach der rechten Seite.
9 Nagashi weist schräg nach rechts vorne.

Die Richtungen sind am Ende jedes Elementes in kleinen Grundrißskizzen mit einem Pfeil angegeben. Wie die anderen Ikebana-Formen, so kann natürlich auch das Rikka spiegelbildlich zu diesem Modell angeordnet werden. Im übrigen gibt es, wie man sich leicht vorstellen kann, unzählige Variationen dieser Grundform. Gerade diese unbegrenzte Variationsmöglichkeit macht den Reiz des Rikka aus und ist der Grund dafür, daß diese Form über die Jahrhunderte hinweg bis in die heutige Zeit gepflegt wird. Sie bietet immer wieder neuen Anlaß für kreative Gestaltungen und ist trotz ihrer Schwierigkeit auch heute noch das Ziel vieler Ikebana-Liebhaber.

Die Fußordnung beim Rikka

Die Skizze zeigt die Position der einzelnen Hauptelemente im Blumenhalter. Die Pflanzenstiele ohne Bezeichnung sind Hilfslinien für die Hauptelemente und die mit Kreuzchen markierten Stiele dienen der Verschönerung des Fußes, weil dieser immer rund aussehen soll. Der mit einem U beschriftete Stiel ist eine Pflanze, die die Rückseite des Arrangements verschönert (Ushiro-gakoi).

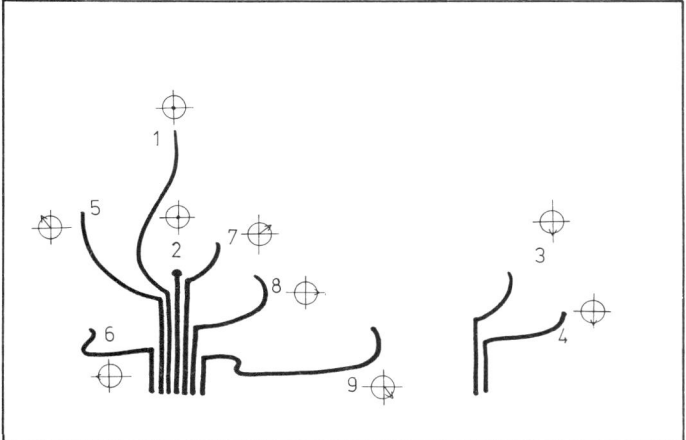

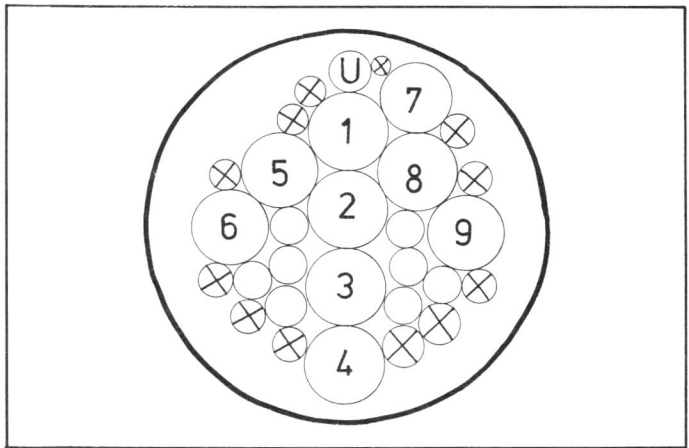

12 praktische Tips für das Arrangieren von modernem Rikka

1. Bei der Auswahl des Pflanzenmaterials für Shin müssen sie mit Bedacht vorgehen, denn die ganze übrige Komposition richtet sich dann in Form, Linie, Charakter, Habitus, Farbe usw. nach diesem Element.

2. Nagashi muß eine wirklich fließende Linie werden. Sie müssen deshalb auch geeignete Pflanzen dafür auswählen.

3. Die für Shôshin verwendeten Pflanzen müssen auch wirklich vom Charakter her stark genug sein, um die eigentliche Mitte des Arrangements darstellen zu können. Es muß durch die Pflanzen klar ausgedrückt werden, daß Shôshin das Herz des Rikka ist. Am besten eignen sich dafür in den meisten Fällen edle Pflanzen, wie Iris, Rosen, Pfingstrosen, Lilien oder Calla.

4. Mikoshi und Uke liegen immer zwischen Shin und Nagashi. Sie sind deshalb in ihrem Ausdruck und in der Gestalt von diesen Elementen abhängig. Manchmal können Mikoshi oder Uke oder alle beide weggelassen werden.

5. Soe und Hikae liegen gegenüber von Nagashi und Uke, also auf der Seite, nach der Shin ausschwingt. Diese beiden Elemente sollen Shin unterstützen, aber selbst zurückhaltend bleiben. Wenn Shin sehr kräftig oder ausdrucksstark ist, können Soe oder Hikae oder beide weggelassen werden.

6. Dô ist der Körper des Rikka und wird nicht als Linie, sondern als Masse arrangiert. Heute erscheint der Dô-Teil nicht mehr so massig und dick wie in früheren Zeiten.

7. Mae-oki ist der dem Betrachter am nächsten liegende Teil. Deshalb soll er eine schöne, klare Form bekommen. Er kann von einer Masse von Pflanzen in einer harmonisch auf das Arrangement abgestimmten Farbe gebildet werden. Oft dienen als Mae-oki Blätter oder Blüten mit klarer Form.

8. Der Fuß des Rikka ist sehr wichtig. Alle Linien und Stiele des Arrangements sollen zunächst gemeinsam wie die Teile eines einzigen Stammes nach oben streben und sich erst dann verteilen. Erst aus dem gemeinsamen Hinaufstreben entwickelt sich der individuelle Ausdruck der einzelnen Elemente des Rikka. Aber dieser muß sich doch harmonisch in die Gesamtgestalt des Arrangements einfügen, außer man möchte bewußt Disharmonie darstellen.

9. Die Linien des Rikka sollen sich in einem Knick vom *Stamm* wegbewegen. Das Rikka-Arrangement erscheint insgesamt etwas kantiger, eckiger, männlicher als z. B. das Shôka, bei dem die Linien weicher geschwungen sind.

10. Beachten Sie bitte, daß das Rikka nicht zu flach wird. Die Linien und Teile streben nach allen Seiten in den Raum und bilden eine plastische, räumliche Gestalt.

11. Ganz wesentlich ist natürlich auch die Harmonie zwischen dem Arrangement und dem dazu verwendeten Gefäß.

12. Alle Hilfsmittel, die sie zum Arrangieren benützen, wie Draht, Floraband oder Bast usw., sollen so versteckt werden, daß man sie nicht sieht.

schwerer Metallring, der den Fuß des Rikka hält

Kenzan in einem schweren Metallring

Blechring als Fußstütze, auf einen Kenzan gesteckt

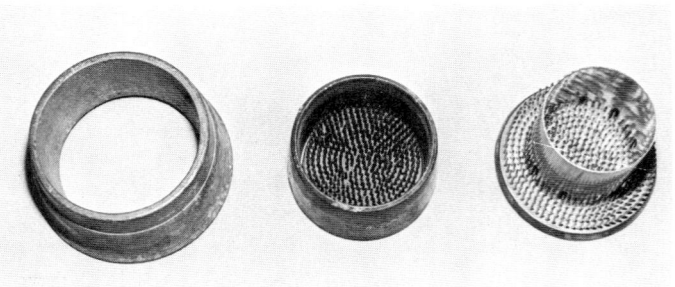

Werkzeuge und Hilfsmittel für Rikka

1 Säge
2 Axt
3 Messer
4 Spitzbohrer
5 Hammer
6 Stecheisen
7 Schraubenzieher
8 Flachzange
9 verschiedene Nägel, Stifte und Dübel
10 Elektrobohrmaschine
11 verschiedene Arten von Draht
12 Komiwara, Stroh, das als Blumenhalter dienen kann, besonders beim klassischen Rikka. Man stellt zunächst kleine Bündel her und schnürt diese dann zu einem Bund zusammen, der in die Rikka-Vase paßt. Die einzelnen Stiele werden da hineingesteckt.

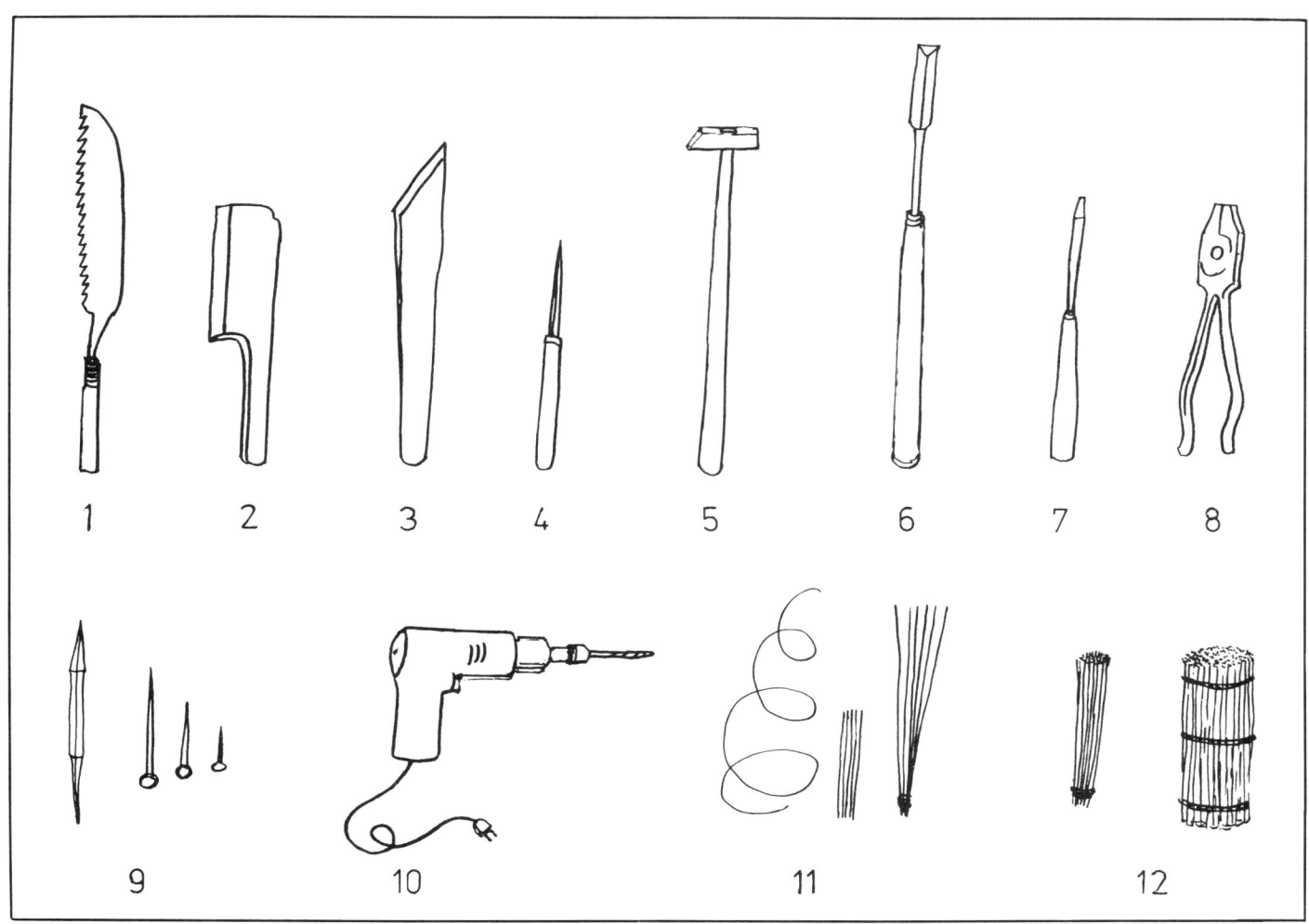

Pflanzen Besenkorn *(Italien Millet)*   Shin, Soe, Mikoshi
kleine Sonnenblume   Shin-Hilfe
Lilie   Shôshin
Chrysanthemen   Dô
Weigelie   Nagashi
Wacholder   Maeoki
verblühte Herbstsonne   Hikae
Gefäß   blaugrüner Keramikpokal mit weißem Fuß

Der Herbst ist hier dargestellt. Statt Millet kann man auch Pampasgras oder Miscanthus chinensis verwenden.
Gestalten Sie ein anderes Sugu-Shin-Arrangement und verwenden Sie dafür Gladiolen als Shin.

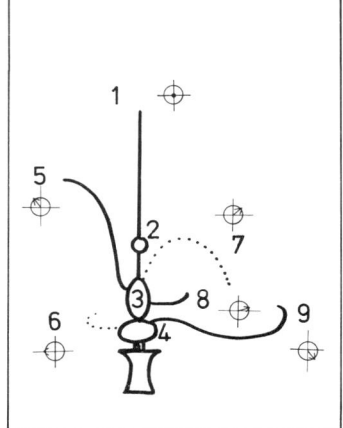

Schema der Sugushin-Form

1	Shin	**6**	Hikae
2	Shôshin	**7**	Mikoshi
3	Dô	**8**	Uke
4	Mae-oki	**9**	Nagashi
5	Soe		

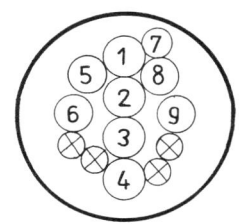

Schema der
Fußordnung

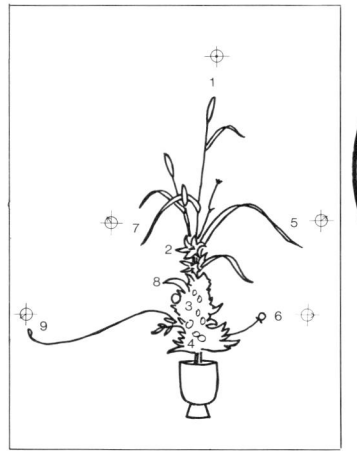

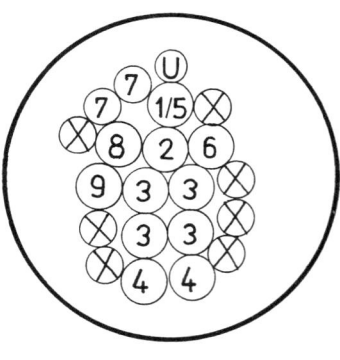

Kompositionsskizze
und Fußordnung
dieses modernen Rikka

Pflanzen	Haselzweige	Shin
	Kiefer	Soe, Hikae
	weiße und rote Nelken	Shôshin, Dô
	Pampasgras, getrocknet	Dô
	rote Hartriegelzweige	Nagashi
	getrocknete Fruchtschale	Mae-oki
	gebleichtes Besenreisig *(Belvedere)*	Uke
Gefäß	schwarzer Keramikpokal	

Winter-Rikka. Hier ist zweimal trockenes Material verwendet worden, weil es zu dieser Jahreszeit in Europa weniger grüne Zweige und weniger Blumen gibt.

Wenn Sie trockene Pflanzen verwenden, müssen Sie für Variation im Habitus sorgen und auch an die harmonische Abstufung der Farben denken.

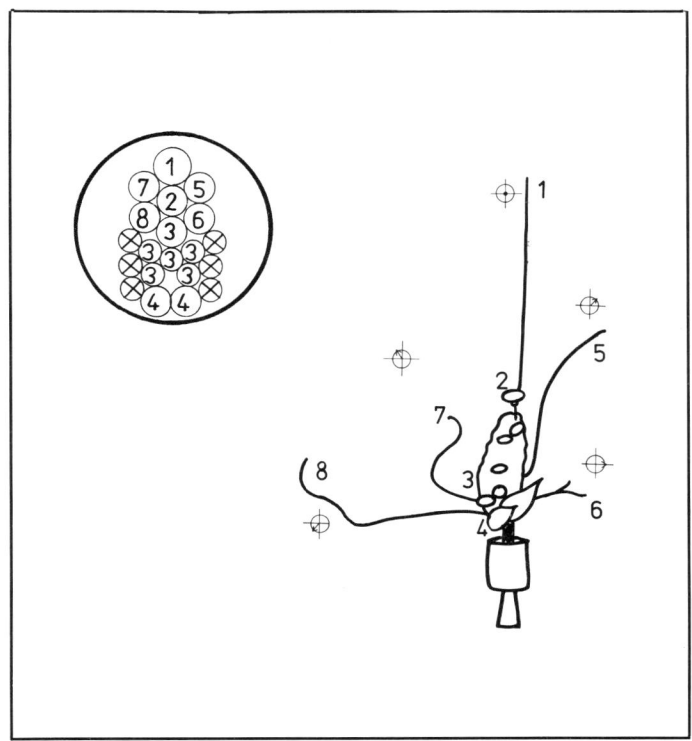

163

MODERNES RIKKA
NOKI-JIN-FORM

Pflanzen

Taglilienblätter	Shin, Soe
Korkenzieherweide, getrocknet	Nagashi
weiße Glockenblume	Shôshin
Iris japonica	Dô
Ahornzweige	Dô
Gerbera	Dô
Callablatt	Uke
Funkienblätter	Mae-oki
gebleichter japanischer Farn	Mikoshi

Gefäß japanischer Keramikpokal, braunweiß gemustert

Arrangieren Sie auf einem großen, runden Kenzan!

Die Lilienblätter für den bewegten Shin (1) werden hinter die Mitte des Blumenigels gesteckt.

Dann folgen die Korkenzieherweidenzweige des Nagashi (2), die sich schräg nach rechts vorne bewegen.

Zwei Glockenblumen stellen wir als Shôshin (3) in die Mitte vor Shin.

Als Dô (4, 5) dienen uns hier Iris, Gerbera und Ahornblätter, die dann im Hikae wieder auftauchen (6).

Auf der rechten Seite, hinter dem Nagashi (2) wird als Uke ein Callablatt (7) gebracht.

Den Raum dahinter füllt als Mikoshi (9) zarter Farn und den vorderen Abschluß (Mae-oki) bilden zwei große Funkienblätter (8).

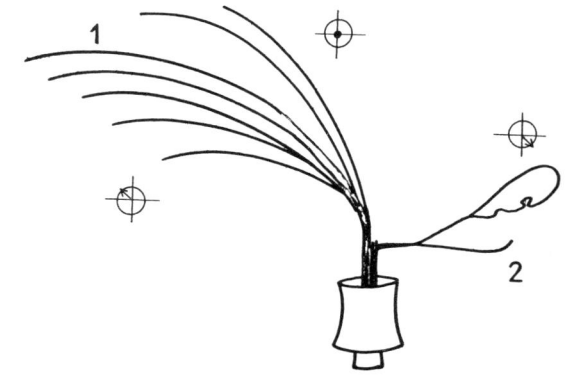

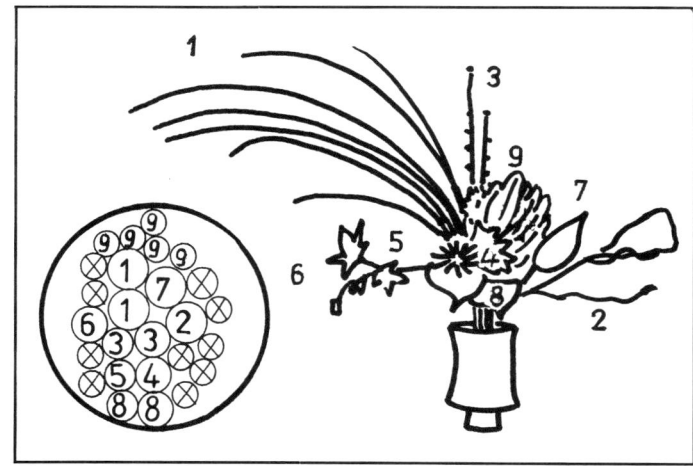

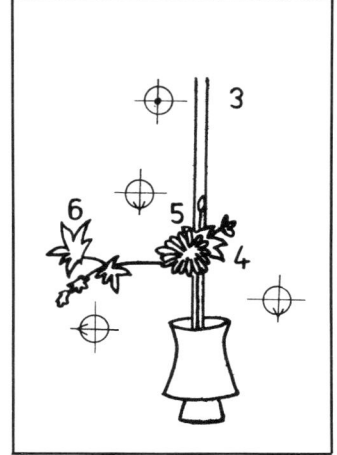

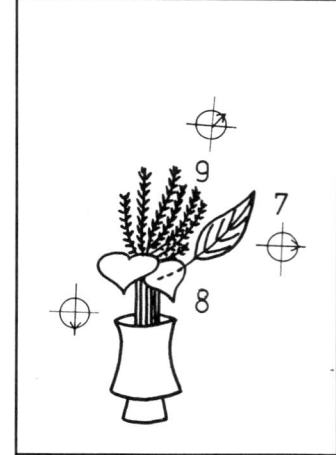

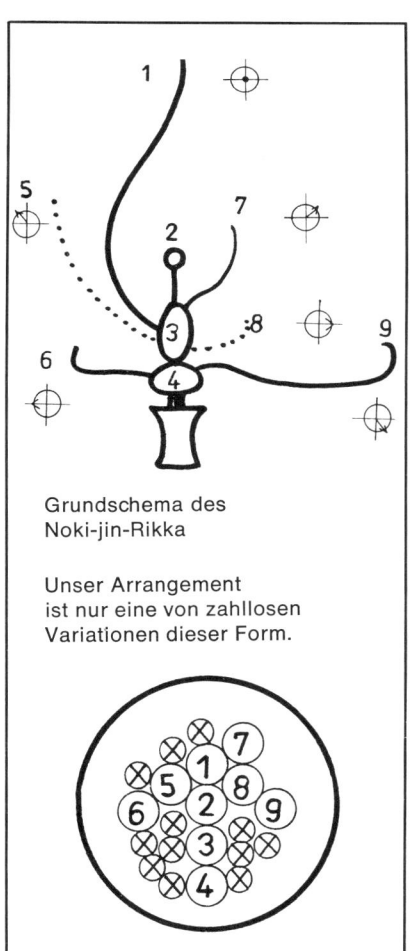

Grundschema des
Noki-jin-Rikka

Unser Arrangement
ist nur eine von zahllosen
Variationen dieser Form.

Pflanzen	Pfaffenhut	Shin, Nagashi
	Pampasgras	Dô
	Gladiolen	Soe
	blaue Iris	Shôshin, Uke
	rote Rosen	Dô, Mae-oki
	Kiefer	Dô
	Funkienblatt	Ushiro-gakoi
Gefäß	blauer Keramikpokal	

Pfaffenhutzweige lassen sich sehr gut biegen. Damit gestalten wir ein Rikka mit bewegtem Shin (Noki-jin) (1), der sich frech nach links neigt.

Für Nagshi (9) verwenden wir dieselben kräftigen Zweige und richten sie nach rechts vorn aus.

Als Shô-Shin (2) stellen wir eine Iris und geben ihr einen Hintergrund aus Pampasgras (7).

Unterhalb des Shin-Zweiges leuchten einige Knospen der Gladiole, unterstützt von einem fein geschwungenen Blatt (5). Diese Soe-Gruppe wendet sich nach links hinten.

Rechts, zwischen Shôshin und Nagashi erscheint eine Irisknospe mit Blättern als Uke (8).

Die drei Rosen für Dô werden unterschiedlich lang geschnitten und nach vorn geneigt (3).

Die zwei nach links herauswachsenden Gladiolenblätter bilden Hikae (6). Sie sind verschieden lang, aber kürzer als das Blatt von Soe.

Zwischen die Rosen und nach vorne geben wir als Abschluß (Mae-oki) noch dunkelgrüne Kiefernzweige (4). Als Ushiro-gakoi dient ein Funkienblatt, hinter Shin (1) gestellt.

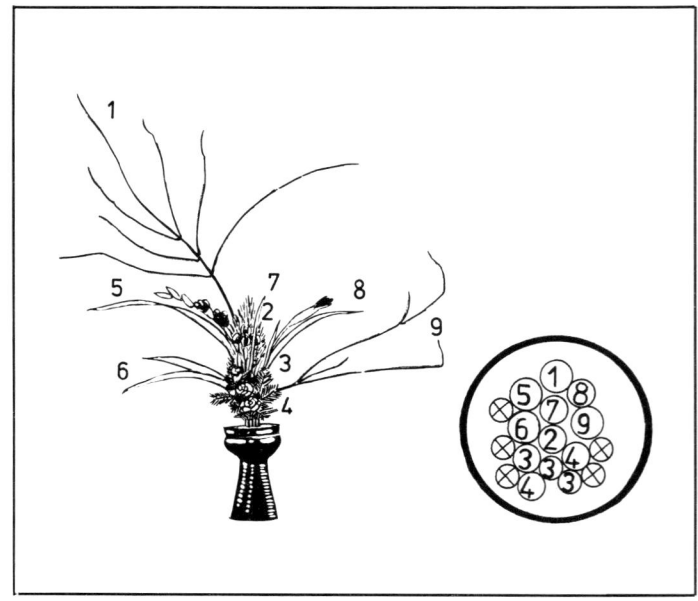

166

Pflanzen herbstlich rot gefärbte Spiraea Shin (1), Nagashi (9), Uke (8)

Liatris	Mikoshi (7)
Pampasgras	Dô (3)
Nelken	Shô-shin (2)
Montbretiablätter	Soe (5)
Chrysanthemen	Dô (3), Mae-oki (4)
	Hikae (6)
Wacholder	Dô (3)

Gefäß Keramikpokal mit heller Glasur

Die schön gefärbten Blätter und die feine Linie der Spiraea eignen sich gut für ein herbstliches Rikka. Wir verwenden sie für Shin (1), Nagashi (9) und Uke (8).

Die zarten Montbretienblätter harmonisieren dazu gut (5). Pampasgras eignet sich als Hintergrund (3) und trägt dazu bei, daß das leuchtende Rot von Nelken (2) und Chrysanthemen (3, 4) gut zur Geltung kommt.

Diese Art des Rikka ist etwas schwierig zu arrangieren. Aber die Nokijin-Form mit wenigen klaren Zweigen sollte man viel üben. Das wirkt sich auch auf die Fähigkeit aus, Moribana, Nageire und Shôka gut zu gestalten.

Pflanzen Pyramidenlilie
         Lilienblätter
         Iris germanica
         Gerbera
         Blutpflaume
         Pfingstrosenblätter
Gefäß   schifförmige Schale mit Fuß, Keramik

In diesem Sommerarrangement sind Shin und Uke aus dem gleichen Material. Wir haben hier besondere Blumen, die Pyramidenlilien, verwendet.

Variationsmöglichkeiten mit anderen Blumen
Rittersporn, Eisenhut, Trichterlilie, Fingerhut, Liatris, Eremurus, Gladiolen — Blütenzweige, Beerenzweige —

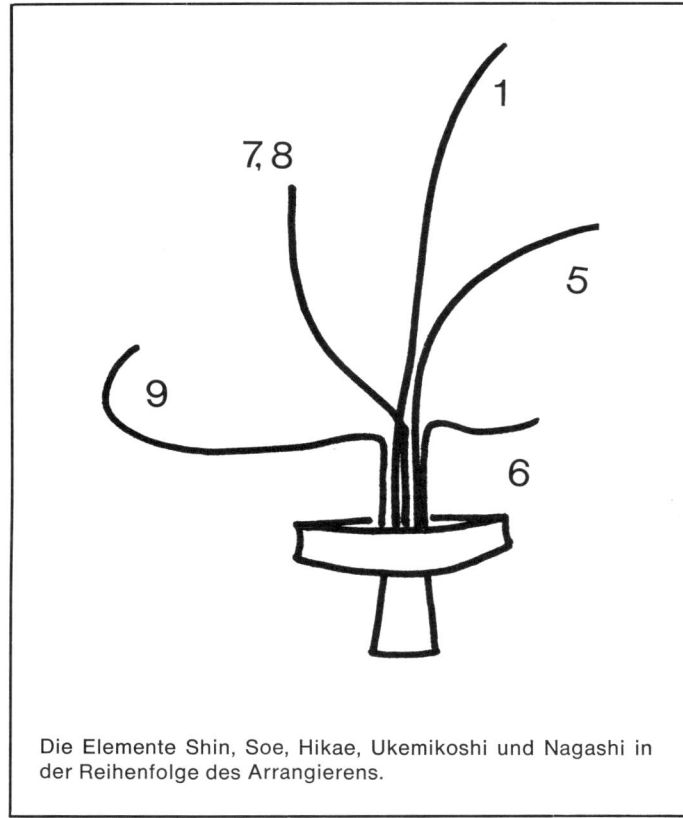

Die Elemente Shin, Soe, Hikae, Ukemikoshi und Nagashi in der Reihenfolge des Arrangierens.

Die Gruppe Shôshin, Dô, Mae-oki von vorne gesehen und von der Seite; Dô und Mae-oki richten sich nach vorne.

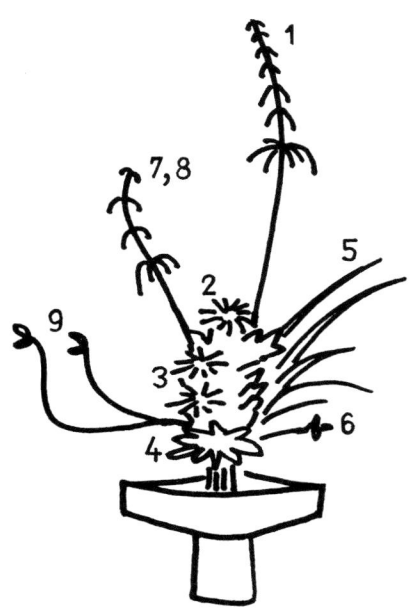

Kompositionsskizze

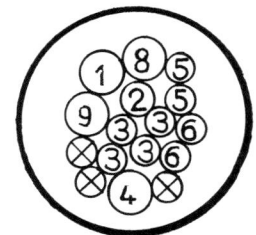

Fußposition

1	Shin	1 Pyramidenlilie
2	Shôshin	1 Gerbera
3	Dô	2 Gerbera und 3 Pfingstrosenblätter
4	Mae-oki	1 Pfingstrosenblatt
5	Soe	Lilienblätter
6	Hikae	1 gelbe Iris mit Blättern
7 und 8	Ukemikoshi	1 Pyramidenlilie
9	Nagashi	1 Blutpflaumenzweig

169

Pflanzen Weidenzweige   Shin (1), Soe (5)
            dunkelblaue Iris   Shôshin (2)
            Pfingstrosen   Dô (3)
            fünf Funkienblätter   Maeoki (4), Uke (8)
            fünf Gräser   Mikoshi (7)
            fünf Gladiolenblätter   Nagashi (9)
            großblättriger Cotoneaster Hikae (6)
Gefäß   große, braune Keramikschale mit Fuß

Aus den wilden Weidenzweigen biegen wir einen eleganten, großen Bogen (1). Die Blätter streifen wir bis auf ein paar ab, da sie sehr schnell verwelken.

Die für Nagashi nach links gestellten Blätter biegen und halten wir mit Blumendraht (9).

Iris (2) werden als Shôshin und die Pfingstrosen mit zwei Blättern als Dô (3) in die Mitte gestellt.

Den Vordergrund (4) bilden wieder die fleischigen, großen Funkienblätter.

Nach hinten neigen sich Gräser (7) und zwei Funkienblätter (8) nach links hinten.

Ein kleiner Cotoneaster-Zweig genügt für die Balance auf der rechten Seite.

Hinten, auf dem Bild nicht sichtbar, verwenden wir ein weiteres Funkienblatt als Ushiro-gakoi.

Soe ist hier kein eigener Zweig, da er schon in Shin enthalten ist.

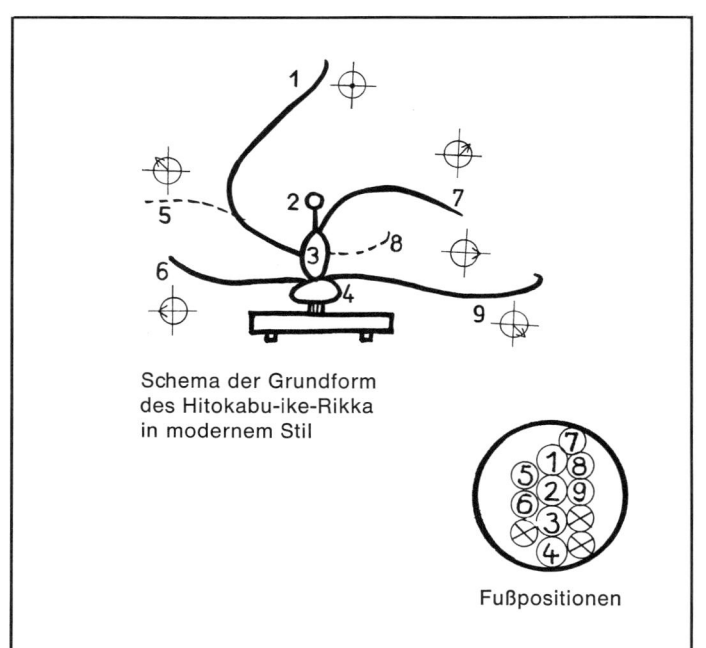

Schema der Grundform
des Hitokabu-ike-Rikka
in modernem Stil

Fußpositionen

Kompositionsskizze

Fußordnung des
nebenstehenden Rikka

171

Pflanzen	Mais	Shin, Mikoshi
	Rosen	Shôshin
	Cotoneaster	Hikae
	Chrysanthemen	Dô
	Forsythia	Uke, Nagashi
	Kiefer	Dô
	Funkienblätter	Ushiro-gakoi
Gefäß	große, tiefblaue Keramikschale	

Der Mais hat große, eindrucksvolle Blätter und, wenn man ihn vor der Reife schneidet, oben eine schirmartige Blüte. Mais ist ein überall gedeihendes, noch wenig benütztes Ikebana-Material.

Zur Jahreszeit passen z. B. auch Dahlien oder Astern.

Nach der Fertigstellung des Arrangements füllen wir die Wanne mit sauberen, farblich passenden, feinen Kieselsteinchen auf.

Schema der Grundform mit Fußpositionen

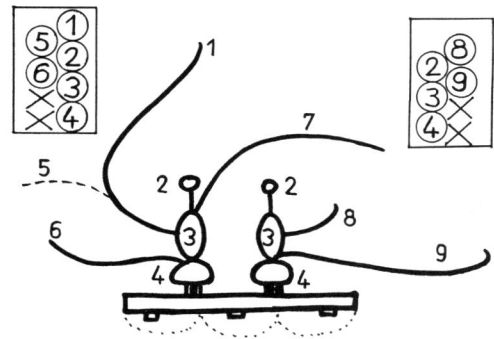

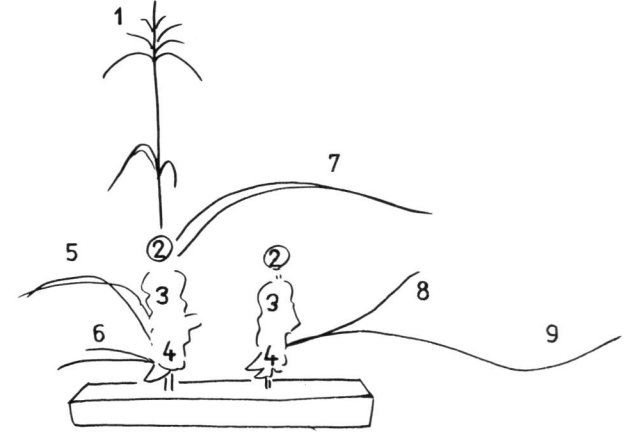

Pflanzen	Neuseeländer Flachs	Shin
	Iris	Shôshin
	orange Gerbera mit Blättern	Dô, soe, Maeoki
	Liguster	Hikae
	gebleichte Wisteriaranken	Shin, Nagashi
	Calla mit Blättern	Shôshin, Dô, Maeoki
	Margeriten	Dô, Maeoki
Gefäß	gemusterter Keramikpokal	

Diese Form mit zwei Shin-Elementen muß sehr sorgfältig und schlank arrangiert werden. Mikoshi (7) und Uke (8) werden durch ein einziges Blatt der Calla dargestellt.

Variationen mit anderen Pflanzen

Als Shin können sie Gladiolen, Königskerzen, Allium (Zierlauch) oder Liatris versuchen. Die beiden Pflanzen sollen aber im Charakter nicht gleich sein.

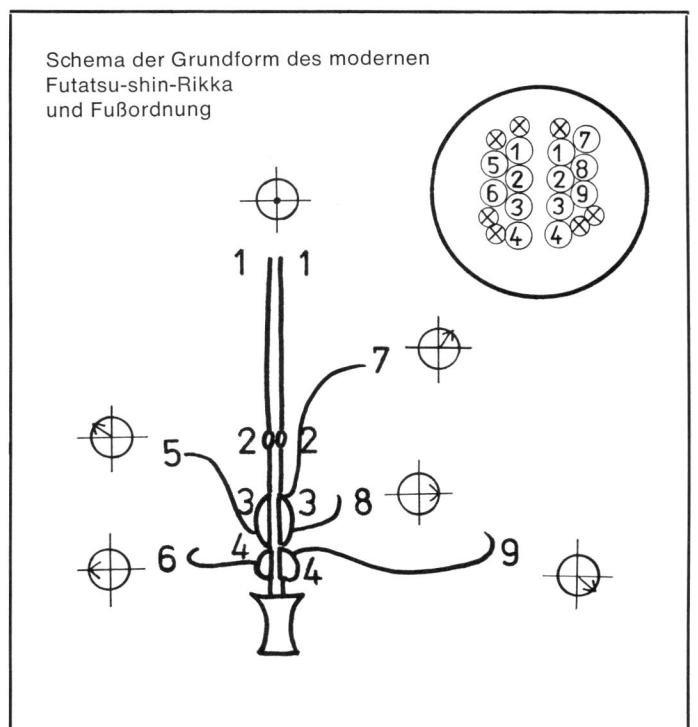

Schema der Grundform des modernen
Futatsu-shin-Rikka
und Fußordnung

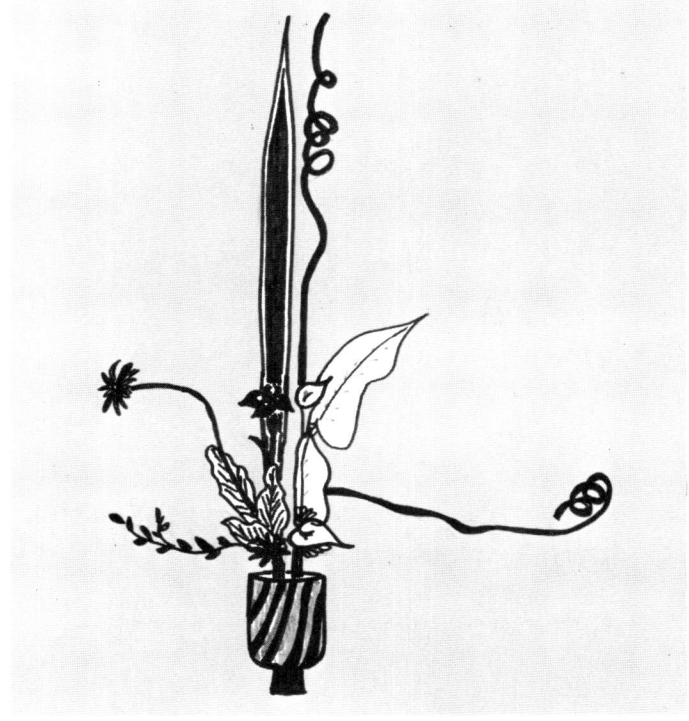

Material Fasanenfedern
Strelitzia mit Blättern
Federzypresse
Zierspargel
Fächerpalmblatt, getrocknet

Gefäß schlanker Keramikpokal

Dieses Arrangement wurde von Frau Prof. Kôshû Murata für die Ikebana-Ausstellung im Nationalmuseum von Tôkyô gestaltet.

ARRANGEMENTS

Der freie Stil läßt individuelles, kreatives Gestalten zu und zeigt mehr von der Eigenart des Gestalters. Deshalb sollen die nun folgenden Arrangements mehr Anregung Ihrer eigenen schöpferischen Fähigkeiten sein, als Vorbilder zur direkten Nachgestaltung.

82 83 84

Farn und gelbe Buschnelke in hellbraunem Keramikpokal

„Am See"
Flaches Tischarrangement in einer schwarzen, japanischen Lackschale aus einer Seerosenblüte, den Blättern von Seerose und Iris und einem kleinen Spiraeazweig

Ein zartes Frühlingsarrangement für die Ikebana-Ausstellung im Nationalmuseum von Tôkyô aus gebleichten Mitsumatazweigen, Narzissen, Zierspargel besonderer Art und Blättern der Eriobotrya japonica

Ein kontrastreiches Arrangement mit interessanter Linienbewegung von Shûsui Katô (Ikenobô) für die Ikebana-Ausstellung im Nationalmuseum, Tôkyô, das aus weißen Federn, Kunststoffstreifen, Lilienblättern und drei Rohrkolben besteht

„verbotener Blick"
Neuseeländer Flachs, Sonnenblume, Ranke (Smilax chinensis), Bergeschenblätter

 85   87

86   88

„miteinander"
Schwarzer Pokal mit geöffneten Tulpen, Nelken und den Blättern der Fatsia japonica

„Kraft"
Kirschbaumstämme mit einem blühenden Trieb, Gladiolen und Anthurien arrangiert zwischen großen Kiessteinen für die Ikebana-Ausstellung im Staatlichen Museum für Völkerkunde in München von Horst Pointner

176

"Welle"
Trockene Lotoskapseln, Kunststoffstreifen, Mohnblumen, Wicken
(Ausstellung im Tôkyô Nationalmuseum)

"fliegen"
Kunststoffstrohhalme, Federn, Orchideenblüte (Cattleya), Zwerg-
kiefernzweige, Drahtspirale (Ausstellung im Tôkyô Nationalmuseum)

89 90
91

"Melodie"
Dieses freie Arrangement wurde von Anneliese Vitense für die
Ikenobô-Ikebana-Ausstellung im Staatlichen Museum für Völker-
kunde, München, geschaffen. Sie benutzte nur drei Gerbera und
Lärchenzweige.

177

華への展開
いけばな池坊展　　　　　村田弘洲

Das letzte Beispiel-Arrangement ist von meiner hochverehrten Lehrerin, Frau Prof. Kôshû Murata für das Tôkyô-National-Museum gestaltet worden.
Es zeigt, welche hohe Sensibilität für Pflanzen auch bei so einem sehr frei anmutenden Ikebana nötig ist. Hier wiederholt sich das zarte Violett der unter der vorderen Wurzel verborgenen Hortensiengruppe in der Beleuchtung des Hintergrundes durch zwei auf der Rückseite des Arrangements verborgene Punktstrahler.

In Japan ist man sehr aufgeschlossen für Gestaltungsversuche, die von den ästhetischen Prinzipien Europas beinflußt sind, und hier in Europa wendet man sich in zunehmendem Maße den positiven Ergebnissen der östlichen Kulturen zu. Das ist es, was wir uns von diesem Buch erhoffen: Die Annäherung von östlicher und westlicher Geisteshaltung, die Verbindung von Tradition und Fortschritt, Einfachheit und doch Stärke, Natürlichkeit und Harmonie, Harmonie des Menschen mit der Natur und mit seiner Umwelt, Harmonie der Gedanken und Wünsche und Frieden durch das *Blumenherz*.
Wir meinen das ohne Pathos. Wir meinen es auch nicht abstrakt. Wir meinen und wünschen das — für unsere Kinder.

In dieser Übersicht sind die wichtigsten Methoden zusammengestellt, die helfen, Pflanzen mit physikalischen und chemischen Mitteln länger frisch zu halten. Manchmal kann man so das Leben der Schnittblumen um mehr als die doppelte Zeit verlängern.

Wie man Blumen und Zweige lange frisch hält

Blumen und Pflanzen recht lange frisch zu halten und alle möglichen technischen Kniffe dafür zu beherrschen, das heißt noch lange nicht, Ikebana gestalten. Die Methoden des Frischhaltens wenden auch die Blumenbinder und Floristen an. Ikebana ist mehr als nur zweckgebundenes, dekoratives Blumenstecken. Ikebana ist auch nicht so sehr auf das Hinauszögern des Welkens angewiesen, wie das kommerzielle Blumengesteck, das in einem Geschäft zum Verkauf angeboten wird. Zum Wesen des Ikebana gehört eben die kurze Dauer und die Sichtbarmachung der Naturvorgänge des Reifens und Vergehens.

Seit fast tausend Jahren übergeben die großen Ikebana-Meister ihren Nachfolgern geheimnisvolle Rezepte, wie man Pflanzen lange am Leben halten kann. Bei den Ikebana-Ausstellungen wurden solche tradierten Tips schon sehr wichtig, obwohl jeder einzelne Meister doch die Erfahrungen wieder selbst sammeln muß, denn jede Pflanzenart ist anders. Ihr Charakter ändert sich je nach Standort und Bodenbeschaffenheit. Eine Treibhauspflanze will anders behandelt werden als eine im Freiland gezogene. Tropische Blumen können nicht wie Hochgebirgspflanzen präpariert werden. Sogar Exemplare ein und derselben Pflanze saugen Wasser und Nährstoffe verschieden gut auf.

Deshalb sollen die folgenden in der Praxis erprobten Hinweise nur als allgemeine Richtlinien verstanden werden. Man muß selbst immer wieder ausprobieren, welche Methode bei bestimmten Blumen am besten wirkt. Blumen sind Lebewesen wie wir. Wenn sie mit Bedacht ihrem Wesen gemäß behandelt werden, dann danken sie es uns durch längere Frische.

TIP	gilt für:
1. Schneiden Sie die Pflanzen, wenn möglich, nicht in der Mittagssonne, sondern am frühen Morgen, abends oder bei Regenwetter!	alle Pflanzen
2. Schneiden Sie die Pflanzen möglichst nicht an trockenen, windigen Tagen!	alle Pflanzen
3. Wenn Sie den Pflanzen etwas Gutes tun wollen, dann gießen Sie während des Schneidens Wasser darüber.	alle Pflanzen
4. Tragen Sie die Pflanzen möglichst in einem feuchten Tuch nach Hause! Das verhindert vorzeitiges Austrocknen.	alle Pflanzen; Vorsicht bei zarten Blüten und Staubgefäßen!
5. Benützen Sie nur ein ganz scharfes Blumenmesser oder eine Ikebana-Schere mit zwei Schneiden! Die sog. Rosenscheren sind für Feinarbeit und zartere Gewächse ungeeignet. Sie zerdrücken die Gefäße.	alle Blumen, Gräser, Blätter
6. Bewahren Sie die Blumen in einem kühlen, dunklen Raum oder in lichtundurchlässiger Folie auf, bis Sie mit dem Arrangieren beginnen!	alle Pflanzen
7. Stellen Sie die Blumen und Zweige vor der Verarbeitung für einige Stunden tief ins Wasser!	alle Blumen

TIP	gilt für:
8. Entfernen Sie möglichst bald für das Arrangement unnötige und abgestorbene Blätter und Nebentriebe! Es verdunstet sonst zu viel Wasser.	die meisten Laubzweige und Blumen; besonders Zweige mit jungen Blättern
9. Schneiden Sie von sehr großen Blättern mit einer scharfen Ikebana-Schere einen Rand von etwa 1—2 cm ab! Das fördert die Kapillarwirkung.	z. B. die Blätter des Philodendron usw.
10. Verwenden Sie für das Arrangement möglichst abgekochtes oder abgestandenes Wasser! Es enthält weniger Bakterien. Auch Luft ist darin weniger gelöst, die Bläschen bildet und die Eingänge der Gefäße versperrt.	die meisten Pflanzen
11. Reinigen Sie alle Ikebana-Gefäße sorgfältig von Schlamm- und Algenablagerungen! Sie verhindern dadurch allzu schnelle Bildung von Fäulniserregern.	alle Gefäße
12. Reinigen Sie Ihren Kenzan regelmäßig vor dem Arrangieren! Sie können dazu einen Nagel, eine alte Bürste oder ein Kenzan-naoshi verwenden, mit dem man auch die Nadeln des Blumenhalters geradebiegen kann.	alle Geräte
13. Auch Schere, Säge und Messer sollten nicht zum Überträger von Fäulnisbakterien werden.	alle Geräte
14. Achten Sie darauf, daß stets möglichst wenig Blätter und andere leicht faulende Pflanzenteile im Wasser sind!	Laubzweige, Blumenblätter

TIP	gilt für:
15. Schneiden Sie die Pflanzen grundsätzlich vor dem Arrangieren noch ein- oder zweimal unter Wasser ab! So kann in die Kapillaren kein Luftbläschen eindringen.	alle Pflanzen, aber besonders: Mimosen, Astern, Kornblumen, Schwertlilien, Dahlien, Sumpfblumen, Glockenblumen, Caladium, Flockenblumen und ähnliche
16. Die hohlen Stiele einiger Pflanzen kann man mit einer Spezialpumpe oder einer Fahrradpumpe mit Wasser füllen.	Lotos, Seerosen, Bambus, Sumpfblumen
17. Besprühen Sie das Arrangement mehrmals am Tag mit kalkfreiem Wasser! Das ist besonders in geheizten Räumen notwendig.	die meisten Pflanzen; aber nicht Orchideenblüten
18. Achten Sie auf möglichst hohe Luftfeuchtigkeit im Zimmer! Ein elektrischer Luftbefeuchter kann gute Dienste leisten.	alle Pflanzen
19. Manche Pflanzen vertragen die Berührung mit Eisen nicht. Deshalb schneidet man sie nicht ab, sondern bricht sie.	Chrysanthemen
20. Wenn gekaufte Blumen schon etwas schlaff sind, dann tut es ihnen gut, wenn man sie 2 bis 3 Stunden bis zum Blütenhals in möglichst vorher abgekochtes und wieder abgekühltes Wasser stellt. Vorher unter Wasser nochmals anschneiden!	die meisten Blumen und Zweige, besonders Rosen

TIP	gilt für:	TIP	gilt für:
21. Blumen in handwarmes Wasser stellen und erholen lassen! Dann erst arrangieren!	welke Blumen	28. Wenn Sie Eiswürfel ins Blumenwasser — aber nicht ins Wasser des vorher erwähnten *Erfrischungsbades* — geben, dann verlangsamt sich der Prozeß des Welkens und die Entwicklung von Fäulniserregern.	Sommerblumen wie Dahlien, Studentenblumen oder Zinnien
22. Wenn Sie Blumen durch Duschen erfrischen wollen, dann halten Sie sie bitte mit der Blütenöffnung nach unten, so daß das Wasser zwar Stiel und Blätter benetzt, aber nicht die Blüte zerstört.	für Schnittblumen und Laubzweige	29. Manche Pflanzen erholen sich schneller, wenn man die Rinde oberhalb der Schnittstelle vorsichtig abschält (2—3 cm).	Laubzweige, Chrysanthemen
23. Manche Blumen müssen vor dem *Erholungsbad* sehr schräg angeschnitten werden, am besten mit einem ganz scharfen Messer oder einer guten Ikebana-Schere.	Rosen, Blumen nach langem Transport ohne Wasser	30. Es gibt auch Zweige, die man wie einen Bleistift anspitzen soll, bevor man sie arrangiert.	Äste, dickere Zweige
24. Man kann die Ansaugfläche außerdem vergrößern, wenn man den Stiel von der Schnittstelle aus einmal oder öfters der Länge nach einschneidet (2—4 cm).	Zweige, Blumen für Arrangements in Vasen, besonders Christrosen und Alpenveilchen	31. Man kann die Schnittstellen verschiedener Pflanzen auch 1—2 Minuten in fast kochendes Wasser halten. Verholzte Stiele vertragen auch 5 Minuten, weichere Stiele wollen nur Wasser von 50 ° C. Vorsicht! Die übrigen Teile der Pflanze müssen sorgfältig vor der Hitze und vor dem heißen Wasserdampf geschützt werden! Deshalb in feuchtes Papier oder Tuch einhüllen!	Disteln, Dahlien, Pfingstrosen, Salomonssiegel, „Milch" ausscheidende Pflanzen wie Euphorbia, mit Vorsicht: Chrysanthemen, Clivien, Narzissen, Rosen
25. Für einige Zweige ist es gut, wenn man den Stiel an der Schnittfläche weichklopft. Dazu verwendet man meist den Griff oder Rücken der Ikebana-Schere.	verholzte Zweige, Chrysanthemen		
26. Sofort alle faulenden Teile entfernen und Wasser erneuern! Fäulnisbakterien vermehren sich sehr schnell! Faulende Pflanzen scheiden Äthylengas aus, das das Welken fördert.	alle Pflanzen	32. *Blutende, Milch* absondernde Stiele kann man auch an der Schnittfläche ansengen. Man muß darauf achten, daß die übrige Pflanze vor der von einer Kerze, einer Gasflamme oder einem Feuerzeug ausgehenden Hitze mit einem feuchten Tuch oder Papier geschützt wird. Anschließend muß der Stiel sofort ins Wasser gestellt werden, damit sich die angesengte Schnittstelle gut vollsaugen kann.	Euphorbien, Gummibaum, Weihnachtsstern
27. Wechseln Sie das Blumenwasser jeden Tag! Mit einer kleinen Handpumpe oder einem einfachen, dünnen Gummischlauch geht das ohne Mühe.	alle Ikebana		

TIP	gilt für:	TIP	gilt für:
33. Besprühen mit Haarspray oder Florist-Spray verhindert schnelles Austrocknen!	Bambus, großblättrige tropische Pflanzen	**38.** Die angefeuchtete Schnittstelle mancher Pflanzen soll man in Alaunpulver (Doppelsalz auch schwefelsaurem Kalium und schwefelsaurem Aluminium) stecken.	Wisteria sinensis, Dahlie, Pfingstrose
34. Der Fachhandel bietet eine Reihe von Frischhaltelösungen für Schnittblumen an. Man muß selbst erproben, welche Lösungen bei welchen Blumen am besten wirken, da Wasserzusammensetzung und Blumenqualität immer verschieden sind. Die Lösungen werden dem Blumenwasser nach Vorschrift des Herstellers zugefügt. Dadurch wird die Bildung von Fäulniserregern nahezu verhindert und gleichzeitig etwas Dünger gegeben.	bestimmte Pflanzen; Gebrauchsanweisung des Herstellers beachten! In Versuchen erproben!	**39.** Einige Minuten in Speiseessig oder Essigsäure verhelfen einer anderen Gruppe von Pflanzen zu längerer Frische.	Schilfrohr, Bambus, Miscanthus
		40. Das Ansaugvermögen der Pflanzen erhöht man seit langer Zeit in Japan durch das Eintauchen der Stiele in Wasser, in dem Asche verrührt wurde.	Campanella
35. Mit Kochsalz kann man die Schnittstelle eines Zweiges einreiben, die man vorher weich geklopft und kurz in Wasser getaucht hat. Anschließend sofort für einige Stunden ins tiefe *Erholungsbad*!	Rosen, Glockenblumen	**41.** Ein recht wirkungsvolles Reizmittel ist auch das Pfefferminzöl. Die Schnittstellen werden darin kurz eingetaucht.	Prachtspiere, Margerite
36. Man kann auch eine Lösung aus einer halben Tasse Wasser und 2 Teelöffeln Speisesalz herstellen und die Schnittstellen der Pflanzen 1—2 Minuten hineintauchen. Das Salz wirkt als Reizmittel. Vor dem Arrangieren müssen sich die Blumen aber noch 1—2 Stunden in tiefem, frischem Wasser erholen können.	Rosen, Glockenblumen	**42.** Andere Pflanzen sprechen wieder mehr auf den scharfen Saft der Peperoni an.	Gräser
37. Für manche Blumen ist es gut, wenn man sie vor dem *Erholungsbad* in Alkohol (med. Alkohol, Rum Klarer) stellt. Die Schnittstelle vorher mit einem Tuch gut abtrocknen!	Ahornzweige, Mohn, Gerbera, Blauregen, Caladium, Mimosen, Disteln	**43.** Bambus ist sehr schwierig frisch zu halten. Man kann aber versuchen, die Schnittstelle etwa 15 Minuten in Salzwasser (2 gehäufte Teelöffel auf 1/4 l Wasser) zu kochen. Vorsicht! Übrige Pflanze gut abdecken! Die Blätter werden dann auf beiden Seiten mit Zuckerwasser eingerieben, damit sie sich nicht so schnell einrollen, und schließlich durchstößt man die Zwischenwände an den Knoten des Rohres bis auf die unterste und füllt dann von oben siedend heiße Kochsalzlösung ein.	Bambus

Wie man Zweige vortreiben kann

Die Zweige der Forsythia, der japanischen Quitte, der Kirsch-, Apfel- und Pflaumenbäume, aber auch — wegen der zarten Blätter — Linden-, Birken-, Spieren-, Buchen-, Kastanien- oder Weißdornzweige sprießen fast immer, wenn sie im Winter 1—2 Wochen im geheizten, aber nicht zu trockenen Zimmer ins Wasser gestellt werden. Es hat sich dabei bewährt, die Zweige anfangs mehrere Stunden in lauwarmes Wasser zu legen und dann immer wieder einmal zu besprühen.

Wie man Blumen trocknet

Wir verstehen Ikebana in erster Linie als Kunst der lebenden Blume und möchten eigentlich Blumen-Mumien weniger oft verwenden, es sei denn als Kontrast zu lebendigen Pflanzen. Trotzdem ein paar Tips: Die Blüten der meisten Blumen behalten beim Trocknen die Farbe, wenn die Stiele vorher fast ganz zurückgeschnitten wurden, wenn das Trockenpulver (Sand-Borax-Gemisch) die ganze Blüte bis in die feinen Zwischenräume zwischen den Blütenblättern hinein einhüllt, und wenn der zum Trocknen benutzte Behälter 1—2 Wochen luftdicht verschlossen bleibt. — Aus Draht und Floristband bekommen die Blumen anschließend wieder einen Stiel.

Wie man Herbstzweige konserviert

Sie holen die Zweige im Frühherbst, klopfen die Schnittstelle faserig oder schneiden sie mehrmals ein und stellen sie in eine Mischung aus 2/3 Wasser und 1/3 Glyzerin. Im Laufe von 3 Wochen verfärben sich die Blätter und bleiben dann bei trockener und staubgeschützter Lagerung monatelang haltbar.

Die 20 größten Ikebana-Schulen

In Japan gibt es etwa 3000 Ikebana-Schulen. Die größten davon unterweisen jährlich mehr als eine Million Schüler. Einige haben es zu Anerkennung in ganz Japan und vielen Ländern der Erde gebracht. Sie unterhalten eigene Akademien. Der Stil einer Schule wird stark geprägt von ihrer Tradition und der Arbeit ihrer leitenden Ikebana-Meister. Der heutige Leiter der Ikenobô-Schule, Ikenobô Senei, ist direkter Nachfahre von jenem Onono Imoko, der im 7. Jahrhundert die Sitte des Blumenopfers für Buddha von China nach Japan gebracht hatte und in seiner „Klause am Teich" — ike-no-bô — in Kyôto zuerst Schüler empfing. Ohara Hôun leitet heute die von seinem Großvater im Jahre 1911 gegründete Schule und Teshigahara Sôfû, wohl der berühmteste Ikebana-Meister unserer Zeit, hat seine Sôgetsu-Schule 1926 selbst ins Leben gerufen.

Als Information für den Lernwilligen nennen wir nun die 20 künstlerisch bedeutsamsten Ikebana-Schulen, etwa nach der Größe geordnet.

1. Ikenobô
2. Sôgetsu-Ryû
3. Ohara-Ryû
4. Adachi-Ryû
5. Ikenobô-Ryûsei-Ha
6. Saga-Go-Ryû
7. Shôgetsudô-Koryû
8. Koryû-Shôtô-Kai
9. Koryû-Shôô-Kai
10. Mishô-Ryû
11. Mishô-Ryû Bumpo-Kai
12. Ichiyô-Shiki
13. Yamato-Kadô
14. Ikaruga-Ryû
15. Enshû-Ryû
16. Mimuro-Ryû
17. Shûhô-Ryû
18. Shin-Ikenobô
19. Sômi-Ryû
20. Shikusei-Ryû

Ikebana-Literatur

Fujiwara, Yûchiku: Ikenobô no Ikebana. Tôkyô 1960 (13)
Herrigel, Gusty L.: Der Blumenweg. Weilheim 1970 (3)
Ikenobô, Senei: Ikenobô-School. Best of Ikebana III. Tôkyô 1974
Ikenobô, Senei: Ikebana. Osaka 1968 (5)
Ishimoto, Tatsuo: Japanische Blumenkunst. München/Zürich 1960
Kaneko, Kashô: Setsugekka. Ikebana Sakuhin-Shû. Tôkyô 1971
Kobayashi, Shishû: Nana Kyoku. Seika I. Kyôto 1973
Kôdan-Sha (Hrsg.): Hana no Hiden. Tôkyô 1972
Koehn, Alfred: Japanese Flower Symbolism. Tôkyô 1954
Koehn, Alfred: Japanese Classical Flower Arrangements. Tôkyô 1951
Leppich, Editha: Ikebana. Köln 1973
Miyamoto, Keiyû: Hana no Shi. Kyôto 1970
Nising SJ, Horst: Ikebana – japanische Blumenkunst. Frankfurt/Main 1973 (2)
Ohara, Hôun: Moribana and Heika. Ôsaka 1937 (4)
Ohara, Hôun: Ikebana of Japan. Heika Style. Tôkyô 1969
Ohchi, Hiroshi: Ikebana. Die Kunst des Blumenarrangements in Japan. Teufen 1961 (2)
Oi, Minobu: History of Ikebana. Best of Ikebana IV. Tôkyô 1962
Okada, Kôzô: Zoku Kadô Kosho Shusei. Bd. I–V. Kyôto 1973
Pointner-Komoda, Shusui: Ikebana verstehen und lieben lernen. München 1969 (2)
Pointner-Komoda, Shusui: Ikebana betrachten. München 1970 (2)
Prenzel, Willi: Kwadô – japanische Blumenlehre. Leipzig 1928
Richie, Donald/Weatherby, Meredith: Ikebana – die japanische Blumenkunst. München 1968
Saga Gosho Kadô Sôshisho (Hrsg.): Sagaryû Ikebana 12 Kagetsu. Tôkyô 1973 (2)
Satô, Shôzô: The Art of Arranging Flowers. New York o. J.
Schaarschmitt-Richter, Irmtraud (Hrsg.): Ikebana. Meisterwerke japanischer Blumenkunst. Frankfurt/M. 1962
Sparnon, Norman: Ikebana-Kurs. Eine Anleitung für das japanische Blumenbinden. Stuttgart 1973
Sudheimer, Hellmuth: Ikebana 2. Landschaftsgestecke in flachen Schalen. Berlin–Hamburg 1968
Teshigahara, Sôfû: The Art of Sôfû. Ikebana Calligraphy and Sculpture. Tôkyô 1971
Yamamoto, Tadao: Gendai Seika Sanshuike. Tôkyô 1971 (33)
Zenkokukadô Koryûkyôkai (Hrsg.): Koryû no Koden. Tokyo 1974 (3)

Literatur zur Kultur Japans

Briessen, Fritz van: Japan, der lächelnde Dritte. Bergisch-Gladbach 1970
Dürckheim, Karlfried Graf v.: Japan und die Kultur der Stille. Weilheim 1949
Hammitzsch, Horst: Cha-Dô. Der Tee-Weg. München 1958
Hasumi, Toshimitsu: Zen in der japanischen Kunst. München 1960
Piper, Annelotte: Japans Weg von der Feudalgesellschaft zum Industriestaat. Köln 1975
Mohl, Max: Made in Japan. Düsseldorf, Wien 1971 (2)

Pflanzenbestimmungsbücher

Aichele, Dietmar: Das blüht an allen Wegen. Stuttgart 1969 (2)
Amann, Gottfried: Bäume und Sträucher des Waldes. Melsungen 1972
Deutsch, Anton: Bestimmungsschlüssel für Grünpflanzen. Wien 1970
Koehler, Horst: Das bunte Blumenbuch. Gütersloh 1966
Raray, Jean: Wildblumen. Europäische Arten. Stuttgart, Zürich 1967
Richter, Walter: Die schönsten aber sind Orchideen. Melsungen, Basel, Wien 1975 (5)
Weymar, Herbert: Lernt Pflanzen kennen. Melsungen, Berlin, Basel, Wien 1971

CIP-Kurztitelaufnahme der Deutschen Bibliotbek

Komoda, Shusui

Ikebanapraxis: Lehrbuch d. klass. u. modernen Formen japan. Blumenkunst / Shusui Komoda, Horst Pointner. — 3. Aufl. — Melsungen, Berlin, Basel, Wien: Neumann-Neudamm, 1978.
NE: Pointner, Horst.